“一带一路”建设与中国制造：战略转型与价值链提升

李 青 韩永辉 著

科 学 出 版 社
北 京

内 容 简 介

改革开放以来，中国创造了经济增长奇迹。2013 年，“丝绸之路经济带”和“21 世纪海上丝绸之路”的提出，给中国制造业的转型升级带来了新的重要契机。本书从“一带一路”倡议、全球价值链和“中国制造 2025”战略的深层关系出发，探讨研究在“一带一路”倡议的带动下，中国与沿线国家的产业，尤其是制造业融入全球价值链的联动升级问题。

本书适合发展经济、产业经济、区域经济等相关专业的研究生、博士生和研究者阅读。

图书在版编目（CIP）数据

“一带一路”建设与中国制造：战略转型与价值链提升/李青，韩永辉著. —北京：科学出版社，2020.9

ISBN 978-7-03-065926-2

Ⅰ. ①一… Ⅱ. ①李… ②韩… Ⅲ. ①制造工业-工业发展-研究-中国 Ⅳ. ①F426.4

中国版本图书馆 CIP 数据核字（2020）第 162953 号

责任编辑：刘英红/责任校对：贾娜娜

责任印制：赵 博/封面设计：华路天然工作室

科学出版社出版

北京东黄城根北街 16 号

邮政编码：100717

http://www.sciencep.com

北京厚诚则铭印刷科技有限公司印刷

科学出版社发行 各地新华书店经销

*

2020 年 9 月第 一 版 开本：720×1000 1/16

2025 年 2 月第四次印刷 印张：13 1/4

字数：264 000

定价：108.00 元

（如有印装质量问题，我社负责调换）

序 言 一

当前，全球和中国经济正处于重大调整转型阶段，全球制造业发展格局与全球价值链也面临着重大调整。中国作为全球唯一拥有全产业链的制造业大国，一直在努力向制造业强国转型。然而，我们应清楚地看到，中国在向制造业强国转型的道路上仍面临诸多挑战。一方面，随着人口老龄化程度持续加深，中国人口红利优势逐渐消失，中国部分产能正不断向印度、越南等国转移。另一方面，日本、美国、德国、法国等世界主要发达国家为了抢占第四次科技革命制高点，相继推出“工业 4.0”“再工业化”等重振制造业的战略，旨在吸引高附加值的制造环节回流。

面对挑战，调整中国制造业的全球布局是关键。“一带一路”作为开放多元的区域合作平台，是深化沿线国家经贸合作的主要载体，也是撬动中国制造业在全球布局的重要支点。可以说，“一带一路”为中国重塑全球价值链，实现从制造大国到制造强国的转型提供了强劲动力。为了证明这个观点，需要回答三个问题：“一带一路”如何推动全球价值链重构？中国制造如何融入“一带一路”建设？“一带一路”如何推动中国制造在全球价值链位势的提升？

李青教授和韩永辉副教授及其团队从不同视角分析了中国与“一带一路”沿线贸易和投资竞合状况及中国制造在“一带一路”建设中所发挥的作用，并从中国与“一带一路”沿线国家制造业比较优势、“一带一路”区域价值链治理及中国制造在全球价值链位势的提升路径三个方面回答了上述问题,为中国制造与“一带一路”建设的对接提供了科学支撑。毫无疑问，该书深入解读了“一带一路”建设与中国制造的关系，并展现了广东国际战略研究院对“一带一路”倡议研究的厚重实力。

张宇燕

2020 年 6 月 9 日

序 言 二

“一带一路”倡议是新时期我国全方位对外开放的旗帜和主要载体，也是推动经济全球化深入发展的重要平台。随着“一带一路”倡议的不断推进，越来越多的中国制造产品通过“一带一路”平台走出国门，“一带一路”倡议的意义也从原来的加强外贸投资合作，逐步升华为推动中国制造业向更高的全球价值链位势迈进。李青教授和韩永辉副教授及其团队将“一带一路”和“中国制造”合并研究，正是看到了两者之间有着不可分割的关系。

要提升中国制造在全球价值链的位势，需要对标西方发达国家的制造业水平，将信息技术与各项实体技术深度融合，以“开放、协作、共享”的互联网精神，扎实有效推动工业互联网建设，由低附加值加工向高附加值创新转变。然而，当前国际环境正在发生深刻变化，“再工业化”浪潮在西方发达国家不断掀起，“封闭、对抗、独占”的“逆全球化”浪潮此起彼伏，世界面临的不确定性令新时代下“一带一路”建设压力陡增，也使得中国制造业在全球价值链位势的提升阻力重重。该书在这样的背景下出版，恰逢其时。

该书梳理了“逆全球化”背景下“一带一路”建设的现状与问题，通过定量方法对比分析了全球主要经济体的制造业发展情况，精准定位“一带一路”倡议在重构全球价值链中的问题所在，进而探讨了“中国制造”战略转型的方向与路径。它不仅从全球价值链的角度系统阐述了“一带一路”倡议的价值意义，更为“一带一路”倡议推动“中国制造”的战略转型提供了科学依据，为中国制造提升在全球价值链的位势指明了方向，同时兼具理论和实践价值，充分展现了研究团队的研究水平和研究实力。

盛 斌

2020 年 6 月 9 日

自　序

2013 年，习近平同志首次提出共建“丝绸之路经济带”与“21 世纪海上丝绸之路”（以下简称“一带一路”），得到了国际社会的高度关注。七年来，“一带一路”建设成果丰硕，中国坚持共商、共建、共享的原则，积极促进国际合作，共同发展推动构建人类命运共同体。“一带一路”倡议的提出，对中国制造业的转型升级也是一个重要契机。

改革开放以来，中国制造业凭借低要素成本的优势嵌入全球价值链，参与国际分工，中国制造业发展成就显著。但是，随着国际大国产业逐渐向其他发展中国家转移输出及中国生产要素低成本优势逐渐消失，中国制造业面临着高端向发达国家回流和中低端向发展中国家迁移的双重压力。“一带一路”倡议的提出，为中国提升在全球价值链的位势创造了新的机遇。中国特色社会主义进入新时代，新时代要有新使命，新时代更要有新作为。制造业是立国之本，在全球化的浪潮下，中国制造业要抓住“一带一路”建设的重大机遇，通过嵌入全球价值链，参与全球竞争，在原有比较优势的基础上，不断创新，转型升级，从而不断提升自身国际竞争力，进而提升在全球价值链中的位势。

本书从“一带一路”倡议、全球价值链和“中国制造 2025”战略的深层关系出发，探讨研究在“一带一路”倡议的带动下，中国与沿线国家的产业，尤其是制造业嵌入全球价值链的联动升级问题。本书包括八章内容。第一章为绪论；第二章为中国产业结构演进与制造业发展；第三章为中国与“一带一路”沿线制造业结构演进状况；第四章为中国与“一带一路”沿线国家制造业比较优势；第五章为中国与“一带一路”沿线贸易和投资竞合状况；第六章为中国与主要制造业强国制造业发展对比分析；第七章为中国与“一带一路”沿线制造业的全球价值链联动治理模式；第八章为中国与“一带一路”沿线制造业的全球价值链提升路径与策略。通过以上八章的详细论述，分析中国与“一带一路”沿线国家的产业结构状况，特别是中国制造在全球价值链中的位势及其变迁情况；弄清楚中国制造如何顺应“一带一路”建设，在与沿线国家的竞合中，实现战略转型，获得国际竞争优势，与沿线国家联动升级，共同嵌入全球价值链更高端的位势？分析中国与沿线国家在贸易与投资上存在怎样的竞合关系，贸易与投资又存在怎样的联动关系？剖析如何构建中国与沿线国家的模块化制造网络，该网络与全球价值链网络如何联动，中国与沿线国家如何在双层次联动中共同升级，如何设计该互惠互利的联动升级治理模式？最后提出在“一带一路”倡议推动中国与沿线国家联动升级同时，怎样支持与呼应“一带一路”的建设。

我们相信本书的出版既能为国内外各界了解中国制造业嵌入全球价值链的过程提供途径，也能为中国制造业嵌入“一带一路”区域价值链提供更为丰富的理论指引。本书的顺利出版还要感谢为撰写本书而辛勤工作的研究人员，感谢他们为撰写本书而付出的时间与精力！

李　青

2020 年 6 月 9 日

前　言

当前，全球化与“逆全球化”并存，世界经济发展面临着贸易保护主义和治理规则重构的双重考验，中国作为全球最大的发展中国家，长期为全球经济发展做出重大贡献。随着中国经济发展进入新常态，中国乃至世界经济需要通过优化国际结构治理获取和平和发展红利。“一带一路”伟大构想是我国构建全方位开放新格局、全面提高开放型经济水平的重大倡议，“一带一路”建设的推进，有助于拉紧我国与世界各国相互利益的纽带，有助于将中国的发展成果惠及全球，有助于中国与沿线国家在更广阔的领域进行更深层次的合作。制造业是国民经济的主体，是立国之本、兴国之器、强国之基。一方面，新的时代与新的背景对我国的制造业发展提出了新的要求和挑战；另一方面，技术创新与模式创新并非闭门造车，对接世界提升竞争力才能体现创新的价值，因此，中国制造业应该承借“一带一路”之东风进行战略转型，通过价值链重构与科学联动治理，提升其在全球价值链中的位势，突破“低端锁定”困境，从内外共同着力，促进价值链全面升级。

本书是国家自然科学基金面上项目“‘一带一路’建设与中国制造：战略转型与价值链提升”的研究成果，共分为八章。第一章为绪论；第二章是中国产业结构演进与制造业发展，分析中国制造业演进的结构性特征、区域性特征、时空演进特征；第三章至第五章分别从中国与“一带一路”沿线国家制造业结构演进状况、中国与“一带一路”沿线国家制造业比较优势及中国与“一带一路”沿线国家贸易和投资竞合状况三个角度，利用指数模型对中国与“一带一路”沿线国家制造业价值链构建现状进行计量分析，为第七章和第八章构建中国与“一带一路”沿线国家制造业的全球价值链联动治理模式及其提升路径奠定了定量分析基础；第六章首先是对中国、美国、德国、日本、韩国等五国的制造业进行对比分析，包括制造业的发展的总体情况、典型特征、主要支撑因素，然后总结了发达国家制造业发展的经验及对我国的启示；第七章是中国与“一带一路”沿线国家制造业的全球价值链联动治理模式；第八章为中国与“一带一路”沿线国家制造业的全球价值链提升路径与策略。

本书由广东外语外贸大学广东国际战略研究院秘书长、博士生导师李青教授和研究员、博士生导师韩永辉副教授主持撰写，具体分工为第一章由广东外语外贸大学曾佳宁撰写，第二章由广东外语外贸大学曾佳宁与钟祖昌教授撰写，第三章至第五章由暨南大学韦东明、广东外语外贸大学曾佳宁合作撰写，第六章由暨南大学韦东明、广东外语外贸大学况丽文合作撰写，第七章和第八章由广东外语外贸大学罗晓斐、陈楚霞和谷文艺合作撰写，最后由韩永辉副教授和罗晓斐副教授统领修订全书。

本书撰写过程中，我们参考了国内外相关研究文献，以及中国一带一路网、商务部、国家统计局、全球价值链和中国贸易增加值核算数据库、世界银行数据库等相关机构及数据库的最新资料，在此一并表示感谢。本书逻辑架构清晰、研究方法丰富、研究内容全面，具有较高的启发性。但受笔者理论基础、实务经验及研究水平的限制，本书难免存在诸多不足，在“一带一路”区域价值链联动治理机制体系构建上仍有发掘的空间，囿于篇幅所限，未能尽善尽美，望业界前辈、同人及读者批评指正。

李青　韩永辉

2019 年 10 月

目 录

第一章 绪 论

“一带一路”倡议为实现中国制造业转型升级和全球价值链重构提供了机遇，如今“一带一路”倡议逐渐成熟且日益为世界各国所认可，沿线国家合作信心逐渐增强，全球价值链及中国制造业面临前所未有的挑战和机遇。

七年来，全球许多国家对于“一带一路”倡议的态度已经逐渐从质疑、观望转变为支持。“一带一路”的持续发展给中国制造业的发展、国际产能合作及全球价值链的重构带来了许多机会。本章从现实情况出发，分析“一带一路”倡议、“中国制造 2025”战略及全球价值链的国内外背景，并且对三者目前的执行情况和三者间的相互关系进行分析。

一、“一带一路”倡议概况

“一带一路”倡议是中国经济发展的国家级战略，是习近平同志顺应国内外形势和发展潮流提出的重大倡议。经过七年的发展，“一带一路”倡议逐渐为世界各国所认可，并且对中国经济乃至世界经济产生了重大影响。在 2019 年举办的第二届“一带一路”国际合作高峰论坛上，习近平同志提出：“论坛期间举行的企业家大会吸引了众多工商界人士参与，签署了总额达 640 多亿美元的项目合作协议。”（习近平，2019）

（一）“一带一路”倡议提出的意义

2013 年 6 月，习近平提出建设“新丝绸之路经济带”的战略构想，此次提出是中国首次正式地提出要建立与“一带一路”沿线国家合作发展的经济带。2013 年 10 月，习近平同志访问东盟时，为进一步深化中国与东盟合作，提出了要建设“21 世纪海上丝绸之路”这一创新的战略构想。随着 2015 年 3 月《推动共建丝绸之路经济带和 21 世纪海上丝绸之路的愿景和行动》的正式发布，“一带一路”重大倡议被正式提出，这一划时代的构想体现出了中国着眼长远、秉持和平与发展的原则，是中国统筹国内国际两个大局、顺应区域和全球合作潮流、契合沿线国家和地区发展需求而提出的重大倡议。

1. “一带一路”倡议的提出顺应了全球化发展潮流

当今世界正发生复杂深刻的变化，国际金融危机深层次影响日益凸显，世界经济缓慢复苏、发展分化，国际投资贸易格局和多边投资贸易规则酝酿深刻调整，各国面临的发展问题依然严峻。共建“一带一路”顺应世界多极化、经济全球化、文化多样化、社会信息化的潮流，秉持开放的区域合作精神，致力于维护全球自由贸易体系和开放型世界经济。共建“一带一路”旨在促进经济要素有序自由流动、资源高效配置和市场深度融合，推动沿线各国实现经济政策协调，开展更大范围、更高水平、更深层次的区域合作，共同打造开放、包容、均衡、普惠的区域经济合作架构。共建“一带一路”符合国际社会的根本利益，彰显人类社会共同理想和美好追求，是对国际合作及全球治理新模式的积极探索，将为世界和平发展增添新的正能量。

2. “一带一路”倡议的提出符合国内经济社会发展要求

改革开放以来，中国的产业结构不断调整，尤其是不断融入全球经济的中国制造业快速发展，造就了“中国奇迹”。然而，这种支撑中国40多年来高速增长的“加工贸易型”的国际代工模式，由于过度消耗资源环境已遇到瓶颈。在全球经济呈现网络化分工态势，中国一些产业却被发达国家主导的全球价值链所制约，长期处于全球价值链的低端位置，尤其是2008年国际金融危机爆发后，经济结构失衡问题愈发严重，中国产业结构急需优化，中国制造亟待战略转型，需要通过增强国际竞争力来提升中国制造业在全球价值链的位势。在自身存在一定缺陷的情况下，中国制造需要以更为积极的姿态融入全球价值链，与区域外经济行为主体交流互动，通过融入全球价值链某个或某几个“战略性环节”，创造、保持和捕捉价值，寻找更加广阔的合作空间，这是中国制造业提升全球价值链位势的重要途径，更是中国助力打造全球价值链发展新引擎的关键。因此，中国提出的“一带一路”倡议也为中国产业，尤其是制造业的转型升级，以及为制造业提升在全球价值链的位势创造了新的重要契机。“一带一路”倡议强调共建共商共享，推动沿线国家互联互通，从而实现沿线区域乃至全球价值链多元、自主、平衡和可持续发展。

从国内环境来看，建设“一带一路”是实现全面建成小康社会目标的要求。为全面建成小康社会，中国需要增强发展协调性，努力促进经济高质量发展，加快发展社会事业，全面提升人民的生活质量。借力“一带一路”建设，西北地区将利用地缘优势，向西打开对外开放大门，一改过往“偏隅一角”的局面，为中国实现区域协调发展与进一步扩大开放格局奠定基础，更为攻克全面建成小康社会难题、加速中国的发展指明新方向。

综上所述，习近平提出“一带一路”倡议是站在历史的高度，结合国际国内两个大局，为全球经济共同发展而提出的伟大构想，是为了实现各国多元自主、公平可持续发展而提出的重大倡议。改革开放以来，中国经济发展较快，综合国力逐步增强，在国际上的地位逐步提高，与周边的许多国家建立了友好的关系。由此可见，“一带一路”倡议的提出，既是顺应历史发展潮流，也是适逢其时。

（二）“一带一路”倡议执行现状

在第二届“一带一路”国际合作高峰论坛期间，中外共达成6大类283项重要合作成果，签署了总额640多亿美元的项目合作协议，超出第一届峰会达成的270项成果。中国积极推进“一带一路”建设，推动与沿线国家实现“五通”，即政策沟通、设施联通、贸易畅通、资金融通、民心相通。在此基础上，中国与沿线国家积极沟通，分工合作，积极重构互利共赢的区域与全球价值链，积极促进提升各国制造业在全球价值链的位势。

1. 政策沟通持续深化

“一带一路”沿线各国政治制度、发展方向、传统文化不同，如何有效进行联动发展，政策沟通是首位。各国基于对经济发展对策和战略充分的沟通，对区域合作的推进展开协商和规划。“政策沟通”是“一带一路”建设里“五通”的第一要素，只有“政通”，才能“人和”。近年来，一些重要的国际机构，如联合国、亚太经济合作组织等，纷纷采纳了共建“一带一路”的倡议和核心理念。七年来，“一带一路”倡议的政策沟通得到了世界各国的普遍认可。

中国一带一路网的相关数据显示，“一带一路”倡议得到了世界各国的广泛关注，仅2017年，中国访问了部分沿线国家元首首脑超过40次，签署推动双边关系发展文件达到15份，参与签署的国家达到11个，其中在举办第一届“一带一路”国际合作高峰论坛期间，共计18个沿线国家元首首脑访华，签署多领域合作文件达270余项。各方之间积极进行政策对接，政策沟通持续深化，为互联互通提供了政策保障。2017年5月，第一届“一带一路”国际合作高峰论坛在北京成功举办，共计有五大类279项成果形成。2019年，中国与印度尼西亚共建“区域综合经济走廊”，与意大利签署“一带一路”合作文件，与伊朗等国家共同建设经济带，与“一带一路”沿线国家的规划与建设不断完善，政策沟通取得显著成效，为共建基础设施奠定了政策基础。

2. 设施联通不断强化

自“一带一路”倡议提出以来，中国着力于与“一带一路”沿线国家合作投入基础设施建设中，沿线各国设施互联互通成果丰硕。目前，中国与沿线众多国家在铁路、公路、航空、港口、电力等交通运输设施建设工程合作进展快速，互惠共赢、共同发展的新格局已逐渐形成。

总体而言，各国之间的基础设施联通正不断强化。一是与沿线国家签署了促进设施联通的协定，如《上海合作组织成员国政府间国际道路运输便利化协定》和《关于沿亚洲公路网国际道路运输政府间协定》。二是建设了一批基础设施项目，如中老铁路、巴基斯坦白沙瓦至卡拉奇高速公路、非洲的蒙内铁路和亚吉铁路、比雷埃夫斯港、汉班托塔港、瓜达尔港等标志性项目。三是设施联通成效初显。截至 2017 年底，中国大陆机场直飞航线网络已覆盖了 40 个“一带一路”沿线国家。截至 2018 年 8 月 26 日，有超过 1 万列中欧班列通行，运输网络覆盖亚欧大陆的主要区域。

在各国的共同努力下，设施联通不断取得新进展。中国与老挝、沙特阿拉伯、土耳其、阿拉伯联合酋长国、泰国等国家的相关部门一同发起了《“一带一路”数字经济国际合作倡议》。现阶段，中国与相关国家一道共同加速推进雅万高铁、中老铁路、亚吉铁路、匈塞铁路等项目的建设，并且建设了瓜达尔港、比雷埃夫斯港等港口，规划的一大批互联互通项目正有序实施，以期打造发达的沿线贸易大通道。

3. 贸易畅通快速提升

作为共建“一带一路”互联互通的重点之一，贸易畅通是促进中国与“一带一路”沿线国家经济发展繁荣与区域间合作的重要途径。自“一带一路”倡议提出以来，在贸易政策沟通和贸易设施联通建设基础上，中国与沿线国家的经贸联系日益密切，硕果累累。据商务部统计，仅 2014—2016 年，中国企业已经在沿线的 20 多个国家建设了 56 个经贸合作区；截至 2018 年底，中国已与 24 个沿线国家签订了 16 个自由贸易协定；截至 2019 年 9 月，中国对“一带一路”沿线国家投资总额累计已经超过 1000 亿美元。由此可见，中国与沿线国家在贸易投资、产能合作方面取得了巨大的进展。通过贸易畅通的快速提升，各国之间的贸易联系日益密切，中国积极推进的立足周边、覆盖“一带一路”沿线国家、延伸全球的高标准自由贸易网络正在加快形成，这为我国制造业的转型升级、创新发展提供了许多重大机遇，也对贸易网络内的资金融通提出了新要求。

4. 资金融通逐步推进

资金融通是顺利推进“一带一路”倡议的重要支撑和推进剂。“一带一路”倡议提出以来，金融服务体系日趋完善。加强沿线各国的金融合作、促进各国的资金融通，能够为“一带一路”建设创造更为稳定的融资环境，从而引导吸引各类资本参与产业链创造和实体经济发展，进一步促进世界经济的健康发展。

5. 民心相通日渐增进

“一带一路”倡议提出以来，民心相通建设效果显著，取得了重大进展，为“一带一路”高质量建设奠定了良好的民意基础。《“一带一路”民心相通报告》提到，中国传承和弘扬丝绸之路精神，同“一带一路”建设参与国广泛开展人文交流与合作，规划实施了一大批品牌项目和活动。中国政府每年向相关国家提供1万个政府奖学金名额，地方政府也设立了丝绸之路专项奖学金奖项，为沿线国家培养了大量行业领军人才和优秀人才。中国与相关国家互办文化年、旅游年、艺术节、电影节、电视周、图书展等活动，推动各国展现各自民族特色，感受不同的文化风采，增进相互了解认知，推进科技、教育、文化、卫生、旅游、智库、青年、城市、社会组织等各领域合作，不断拓展交流宽度、增强交流深度。该报告提醒，“一带一路”人文交流虽然取得了丰硕成果，但还存在语言人才匮乏、民间交流不足、文化交流不平衡、文化产品质量和数量不足、人文交流方式单一等问题，影响了“一带一路”人文交流的效果。从“一带一路”的建设情况来看，“一带一路”已经成为我国加大对外开放、增强经济发展动力的重要举措。而作为国家经济重要发展基石的制造业，应当抓住机遇，借力“一带一路”倡议的建设，加快产业转型升级，推进新的区域价值链或者全球价值链结构重构。从目前制造业融入“一带一路”的情况看，部分产能通过基础设施建设项目转移到沿线国家，有效解决国内产能过剩问题，并为当地提供价廉质优的建设物资。但是，目前中国处于全球价值链的中低端位势，我国制造企业要积极加快寻找与“一带一路”沿线国家的多元合作机会，为正在成长中的中国高端装备提供发展空间，为产业转型升级寻找路径。

（三）“一带一路”倡议未来的发展趋势预测

“一带一路”倡议是习近平同志基于与沿线国家互惠共赢提出的，“一带一路”倡议具有旺盛的生命力，是顺应历史发展潮流和顺应各国民心的重要构想，是中国提出的首个辐射欧亚非三大洲的世界性发展规划，所涉及的领域从贸易到金融再到制造业及产能合作等，几乎覆盖全价值链，全球经济呈现全新的局面，也给中国带来了新的机遇和挑战。

1. 互联互通将促进全球价值链重构

在未来，“一带一路”倡议下各国之间的“五通”持续深化，将减少各合作国家之间的贸易壁垒，其中设施联通可以为新的价值链构建提供基本支持，而资金的融通也为跨国生产提供了资金的支持，为各国合作构建了新的金融体系。“一带一路”所强调的“五通”给重构全球价值链提供了不可或缺的条件。正因如此，未来随着“一带一路”倡议的持续推进，将有越来越多的国家参与其中，有助于为世界经济增长开辟新的空间。

以“一带一路”国际产能合作为契机，积极构建双向“嵌套式”区域价值链分工新体系是新时期我国突破价值链“低端锁定”、提升国际分工地位的关键。

随着“一带一路”的深入发展，中国将逐步与“一带一路”沿线国家实现互联互通，深化落实国际产能合作，引导产业有序转移，逐渐形成合理的产业分工体系。同时，未来将现有合作机制向各沿线国家倾斜，利用“一带一路”倡议推进的契机，基于内需主动构建崭新的、包容性的区域价值链，并以此整体嵌入全球价值链，重塑全球经济增长新机制。

2. “一带一路”将推进中国制造业升级

经济全球化背景下，“一带一路”将进一步促进中国制造强国的建设。当今世界，经济全球化仍然是主流，建设制造强国需要良好的经济全球化的环境。在“一带一路”倡议下，中国将以“命运共同体”理念重构全球价值链。过去中国制造业在全球价值链长期处于低端位置，现在“一带一路”倡议为提升中国制造业在全球价值链的位置提供了重要契机，为构建更具包容性的价值链提供了重大历史机遇。而基于“一带一路”倡议形成的全新的、包容性的全球价值链会极大地加速中国制造业升级和发展的进程，将助推中国制造业进入加速发展的新阶段。

与沿线国家合作实施基础设施建设，极大地促进了中国制造业的发展。自“一带一路”倡议提出以来，大力推动了沿线国家在铁路、能源、通信等基础设施的建设与运营，促进了各国实体经济的发展，激发了各国生产发展的潜力。同时，“一带一路”倡议加强了不同国家间的互联互通，推动了国家间不同要素的相互流通，促进了区域间的经济合作。未来，“一带一路”的持续深入将推动不同国家间的深度合作，促进实现产业链与相关产业的协同发展，为各国制造业的发展拓展新空间，推动各国产业结构升级。

（四）“一带一路”倡议的核心与全球价值链重构两者的关系

1. “一带一路”倡议的核心

“一带一路”倡议的核心是国际分工理论的重要体现。“一带一路”倡议坚持“共商、共建、共享”原则，把“五通”作为发展的重点。中国提出的“一带一路”倡议，不仅为世界提供一个更具有包容性的发展平台，将中国的发展和沿线各个国家的发展联系在一起，还有助于中国与沿线国家资源的配置。共建“一带一路”的目的在于促进各个经济要素更有序地自由流动、资源得以更高效地配置，从而发展和协调沿线国家的经济政策，进一步推动各国区域合作，并且共建一个“开放、包容、均衡、全面、普惠的区域经济合作架构”。通过“一带一路”建设，充分考虑参与国的生产资源互补性，坚持市场运作的原则，国际市场的作用得以充分发挥，能够更好地促进各国资源的优化配置及生产要素的自由流动，从而打造新型价值链，以此促进各国的合作、发展、繁荣。

2. 全球价值链重构

全球价值链重构是全球分工体系发展的结果。习近平同志对“一带一路”倡议的深邃思考和务实推进，不仅体现了中国作为发展中大国的世界担当，也表现出了中国构建包容性全球价值链的决心。制造业的全球化发展，给中国经济的发展带来了巨大的红利。在制造业的发展过程中，长期以来中国都是以融入全球价值链的出口导向发展模式为主，在全球价值链的低端进行代工（刘志彪，2011）。随着全球化的深入发展，这种模式逐渐阻碍了中国经济的转型发展。全球价值链重构理念应运而生，而在“一带一路”倡议下，积极与沿线国家互联互通，合作发展，是全球价值链重构的崭新路径，为中国经济转型发展创造了新的机遇。

3. “一带一路”倡议的核心与全球价值链重构的关系

当前，中国经济发展进入新常态，“一带一路”建设的推进，有助于拉紧我国与世界各国相互利益的纽带，有助于将中国的发展成果惠及全球，有助于中国与沿线国家在更广阔的领域进行更深层次的合作。“一带一路”坚持“共商、共建、共享”原则，是将国际分工理论落到实处的典型。由此，在“一带一路”的带动下，中国产业结构升级、中国制造的战略转型的一条有效路径逐渐清晰：中国与沿线国家产业在全球价值链中联动升级，互惠互利。

“一带一路”倡议推动了中国同沿线国家的国际产能合作，实现了各国的优势互补，将各国的贸易投资联系起来，促进发展中国家的产业升级，共同探寻解决“低端锁定”困境的方法，推动更多发展中国家融入全球价值链。

二、“一带一路”建设研究基础分析

目前有关“一带一路”的研究基础主要集中在四个方面：一是分国别来分析沿线国家人文、经济等的发展情况（王勤，2011）；二是分析中国和沿线国家的相互关系，如贸易投资的竞争互补性（韩永辉等，2015；陈万灵和何传添，2014）；三是探索中国与沿线国家的合作机制研究（夏先良，2015）；四是提出关于“一带一路”的政策建议（郭宏宇和竺彩华，2014；申现杰和肖金成，2014）。中国的“一带一路”虽引起了国内外学者的关注，但其是一个新倡导的理念，当前的国别研究大多是定性的概念、意义、挑战与应对分析，缺乏科学严谨的定量与数理研究。

“一带一路”作为中国推动深化全球化的经济合作新模式，自 2013 年提出以来便一直深受学界的关注。国内学者最早从地缘政治和国际政治角度分析“一带一路”倡议的深刻内涵与政治意义（申现杰和肖金成，2014；金玲，2015；卢锋等，2015）。例如，刘卫东（2015）基于“一带一路”与全球经济格局的变化，提出了“一带一路”空间内涵。也有部分学者从区域国别的角度深入分析了其他国家对“一带一路”倡议的认知态度。例如，林民旺（2015）基于印度社会认知角度，发现印度对“一带一路”倡议持审慎的态度。长期以来，中国是全球价值链的重要参与者，“一带一路”倡议为提升中国在全球价值链的位势，提供了难得的机遇（魏龙和王磊，2016）。一些学者从国际分工和全球价值链方面，深入分析了“一带一路”倡议对中国提升全球价值链位势的影响效用（黄先海和余骁，2017；刘志彪和吴福象，2018）。例如，王恕立和吴楚豪（2018）深入分析了中国与“一带一路”沿线国家的国际分工位置，发现“一带一路”国际合作有利于促进中国价值链升级。而贸易合作和投资合作作为“一带一路”倡议的重要内容，一直以来都受到学界的广泛关注。首先，在贸易合作方面，学界较多从贸易优势、贸易总量及贸易结构等方面分析“一带一路”倡议的贸易功用（徐梁，2016；许统生和梁肖，2016；许家云等，2017；胡再勇等，2019）。李敬等（2016）基于联合国商品贸易数据库的数据，比较分析了中国、俄罗斯、印度和新加坡四国的出口结构和贸易比较优势。马佳羽和韩兆洲（2018）基于“一带一路”沿线国贸易出口数据，分析了“一带一路”倡议提出前后中国对“一带一路”沿线国出口的稳定性，研究发现“一带一路”倡议提出后中国对“一带一路”沿线国出口的稳定性增强，出口结构更加优化。李兵和颜晓晨（2018）研究了中国与“一带一路”沿线双边贸易数据、恐怖袭击数据、死亡人数对进出口额的影响，发现中国在与“一带一路”沿线双边贸易中存在着免疫于恐怖袭击的新比较优势。其次，一些学者从对“一带一路”的投资方式、投资区位、效率溢出及外部社会效应等方面展开研究（吴福象和段巍，2017）。例如，诸竹君等（2016）采用倾向得分匹配法，分析了中国在“一带一路”沿线投资的企业加成率影响，发现对外投资在当期降低了企业加成率，但具有显著的滞后正向效应。蒋冠宏（2017）基于“一带一路”沿线国家的对外直接投资数据，考察了“一带一路”沿线国家制度、资源及企业异质性对中国企业对外直接投资方式的影响。部分学者也从中国对外投资所产生的社会外部效应来进行分析。例如，张原（2018）研究发现中国对“一带一路”沿线的投资援助有助于降低东道国的贫困水平。

共建“一带一路”成为中国参与全球开放合作、改善全球经济治理体系、推动构建人类命运共同体的“中国方案”。学界也越来越关注“一带一路”倡议对中国参与全球经济治理的价值和贡献。例如，王亚军（2018）基于“一带一路”国际公共产品潜在风险，提出了“一带一路”国际公共产品的风险韧性治理方略。

三、“一带一路”倡议与“中国制造 2025”战略

近年来，中国制造业在“一带一路”倡议和“中国制造 2025”国家发展战略

的推动下得到了有序的发展。“中国制造 2025”作为国家重要的发展战略，是党中央结合国内外形势和“工业 4.0”概念兴起两大背景提出的。

（一）提出“中国制造 2025”战略的背景

“中国制造 2025”是部署全面推进实施制造强国的重要战略。虽然中国是制造大国，但离制造强国仍存在一定距离。中国产业虽然发展迅速，但是其核心竞争力不强、创新能力不足。在产业链上，中国很多产业仍处于价值链的中低端，因此，中国打造制造强国任重道远。2015 年，中国政府出台了《中国制造 2025》，旨在推进中国从制造大国向制造强国转变。

1. 国际背景

随着全球化进程与科技的迅速发展，各国纷纷制定制造业发展新战略，“中国制造 2025”应运而生。为了全面对接德国“工业 4.0”，提升中国制造业在全球价值链的位势，中国制造业的发展需要新的政策指导。在德国提出“工业 4.0”，即被称为智能制造的第四次工业革命后，各国纷纷制定新的制造业发展战略。2012 年，美国推出了《美国先进制造业国家战略计划》，并为“吸引制造业回流”采取了各种应对措施。英国提出了“高价值制造业战略”，以应对制造业的新变革。除此之外，日本在《日本复兴战略》的基础上推出“日本复兴计划”，法国也提出了“新工业法国”等战略部署计划。因此，中国出台《中国制造 2025》是趋势使然。目前，我国制造业虽然取得了重大的进展，但是在全球价值链中仍处于中低端的位置，面对发达国家在技术、生产方式和品牌等方面激烈的竞争，中国所面临的国际竞争形势将更加严峻。

2. 国内背景

打造具有竞争力的制造业是实现中华民族伟大复兴中国梦的必经之路。改革开放以来，中国制造业迅速发展，逐渐形成完整的制造体系，目前虽然已经建立了完整的、门类齐全的制造业体系，但是创新能力不高。在信息技术方面，关键技术的研发仍然较为落后，信息化工业化水平也有待提升。与世界先进水平相比，中国制造业在创新能力、产业结构优化、质量效益及资源利用率上都存在较大的差距，中国制造在转型升级和进一步发展方面的任务仍十分艰巨。另外，在当前中国加快转变经济发展方式和国际产业分工格局重塑的交汇发展时期，中国必须抓住这个发展机遇，加速建设引领世界发展的制造强国。“中国制造 2025”是基于这样的背景提出的重大战略，旨在提高创新能力，促进信息化和工业化相融合，推动绿色发展，提升品牌价值，从而迈入制造强国的行列。

（二）“中国制造2025”战略执行现状与未来发展

目前，“中国制造2025”战略在全国贯彻执行，且受到世界各国的关注。不少国内企业已经实现了品牌建设和技术突破，如果能够继续朝着制造业智能化转型升级、提高产品质量和提高定制化程度的方向发展，中国制造业就可以挑战“微笑曲线”更高端位置，在价值链中的位势也将进一步提升。

1. “中国制造2025”战略执行现状

“中国制造2025”战略自提出以来，中国制造业各项工作都取得了进展。据工业和信息化部2017年发布的《中国制造2025》推进实施情况的工作报告，国家一共发布了11个配套规划，组织开展了国家制造业创新中心建设、绿色制造、工业强基、高端装备创新、智能制造等五项重大工程，成立了国家动力电池创新中心，培育建设了19家省级制造业创新中心。同时，互联网与制造业融合效应明显。该报告显示，截至2016年，关键工序数控化率达33.3%，企业数字化研发工具的普及率达到了61.8%;加大五项重大工程等的实施力度;加强“中国制造2025”战略与相关国家工业发展战略对接，扩大国际智能制造合作，深化与“一带一路”沿线国家产业投资合作。“中国制造2025”战略提出后，2017年李克强同志在主持召开国务院常务委员会时指出：“创建‘中国制造2025’国家级示范区，探索实体经济尤其是制造业转型升级新突破，对于推进供给侧结构性改革，建设制造强国，保持经济中高速增长、迈向中高端水平，具有重要意义。”（李克强，2017）

2. 中国制造业的未来发展

立足国情，立足现实，力争通过“三步走”实现制造强国的战略目标。第一步：力争用十年时间，迈入制造强国行列。到2020年，基本实现工业化，制造业大国地位进一步巩固，制造业信息化水平大幅提升。掌握一批重点领域关键核心技术，优势领域竞争力进一步增强，产品质量有较大提高。制造业数字化、网络化、智能化取得明显进展。重点行业单位工业增加值能耗、物耗及污染物排放明显下降。到2025年，制造业整体素质大幅提升，创新能力显著增强，全员劳动生产率明显提高，两化（工业化和信息化）融合迈上新台阶。重点行业单位工业增加值能耗、物耗及污染物排放达到世界先进水平。形成一批具有较强国际竞争力的跨国公司和产业集群，在全球产业分工和价值链中的地位明显提升。第二步：到2035年，我国制造业整体达到世界制造强国阵营中等水平。创新能力大幅提升，重点领域发展取得重大突破，整体竞争力明显增强，优势行业形成全球创新引领能力，全面实现工业化。第三步：新中国成立一百年时，制造业大国地位更加巩固，综合实力进入世界制造强国前列。制造业主要领域具有创新引领能力和明显竞争优势，建成全球领先的技术体系和产业体系。在今后的发展战略中，中国制造业的任务主要是要做大做强，而“中国制造 2025”战略是促进我国制造业实现由大到强转变的一次尝试和努力。同时，“中国制造 2025”战略是“互联网+”技术发展和应对第三次工业革命的背景下提出的，也是发达国家“再工业化”的产物，被认为是中国的“工业化 4.0”。作为国家级发展战略，“中国制造 2025”将与“一带一路”倡议共同发展，中国制造业应抓住这一历史机遇，在积极发展自身的同时与沿线国家进行合作，积极推进转型升级，融入全球价值链，提升中国制造业在全球价值链中的位势。

四、“一带一路”倡议与全球价值链重构

随着全球化的深入发展，全球经济治理和全球价值链的重构引起了世界各国的关注。在“一带一路”倡议的影响下，全球价值链演变逐渐深化，我国产业结构在不断调整，中国融入全球价值链的步伐逐渐加快。

（一）全球价值链现状

当前，对准国际前沿标准，中国正积极推进自身制造业的发展，推动产业向全球价值链中高端迈进，实现当前的主要目标即中国制造业由高速增长转向高质量发展。

1. 全球价值链的国际变化

首先，全球价值链由传统制造业价值链逐步转向创新链。其中，表现较为显著的是包括研发在内的技术创新开始呈现出生命周期差异特征，“国际梯度”转移特征日益凸显。其次，跨国公司开始对自身的发展战略进行调整，其方向开始转向“逆向创新”。随着新兴经济体与发展中经济体迅速崛起，更多的创新研发活动将会转移到新兴经济体。再次，全球价值链逐渐呈现出制造业服务化的现象。随着产品国际生产线的切片化和模块化，全球价值链中服务业所发挥的作用也越来越大，服务业成了连接产品不同生产环节和阶段的“黏合剂”，发挥着协调运营、战略管理的作用，同时服务也成了全球价值链中越来越重要的增值环节。最后，全球价值链进入重塑阶段。后危机时代，世界各主要国家都希望在新一轮的经济全球化中占据优势，因此都在酝酿新的技术革命、产业革命。技术革命和新产业革命的孕育将会影响全球产业链的发展，甚至可能会打破原有的格局，全球价值链将进入一个新的调整期或是重构期。

2. 全球价值链的中国应对

中国应对全球价值链重构离不开科技创新的支撑。全球价值链活动的基石是“契约”，未来中国将会为全球价值链的重构营造良好的制度环境，积极融入国际

社会，继续深化“一带一路”的政策沟通，减少国际交流中的制度阻碍。

中国将牢牢把握价值链延伸的方向，继续在基础设施建设上发挥自身的作用。“一带一路”建设与中国推动重构全球价值链的方向是一致的，都是积极向新兴经济体延伸，这既体现了中国对中国制造业处于全球价值链低端位置的应对，同时体现了中国战略发展的一致性。

（二）全球价值链重构的未来趋势

随着全球价值链的不断变化和演进，全球价值链的演进模式主要有分工形式、驱动模式及治理模式。全球价值链的驱动机制会影响价值链的结构，而治理模式则会影响价值链不同环节的增值能力，加上国际市场环境和企业的发展也会对全球价值链的驱动机制及治理模式产生动态的影响，因此，全球价值链的演进是一个动态过程而非线性演进。由此可见，中国要想突破“低端锁定”的困境，就需要对企业的治理模式进行升级，提升企业的国际竞争力，借助提升其在全球价值链中的位势，进而反驱动企业技术升级，从而进入一个循环上升过程。在“一带一路”倡议的推动下，全球价值链重构的步伐不断加快，中国与沿线国家的政策沟通、产能合作、贸易投资联动及构建新的金融体系等一系列重大合作都为全球价值链的重构提供了支撑。

1. 双链联动促进全球价值链重构

一直以来，中国是“一带一路”倡议的主要参与者和推动者，随着中国制造及世界格局的变化，中国制造业参与全球价值链的方式急需转型升级。未来，中国将借助“一带一路”建设积极融入全球价值链，提高自身在全球价值链的位势，在发展的过程中，中国将结合自身的发展实际，双重融入全球价值链，不断提高在全球价值链的位势。中国将以共建“一带一路”为契机，主动承担起积极参与全球经济治理的大国责任，整合“一带一路”区域内的产业发展资源，引领沿线国家实现联动式发展，进而以双链联动的模式，驱动本国产业转型升级。

2. 中国制造走向全球价值链中高端

我国制造业转型发展的当务之急是将“中国制造”升级成为“中国智造”。中国智造实际上是信息化与工业化的结合，意味着产业的转型升级，这是一个从价值链的中低端逐渐走向中高端的过程，如果能够实现中国智造，那么在国际市场上，中国制造业产品的竞争力将大大提升。在“一带一路”倡议下，中国制造业将进一步发展，在双链联动发展的带动下，中国制造业将向全球价值链的中高端迈进。

五、制造业战略转型与竞争力提升

制造业战略转型的话题已经被广泛讨论了很多年，不同学者对其内涵有不同的看法。在制造业转型的过程中，从不同的角度研究其自身竞争力的提升也形成了不同的成果，而且目前仍然是研究的重点。

（一）制造业战略转型的内涵

制造业作为我国的支柱产业，其转型通常主要包括产业界限、竞争基础和产业结构三个方面。通过对文献的阅读和分析，我们发现现有研究对制造业转型的定义为：拓宽原来的产品线、从低附加值环节向高附加值环节转变及改变原有的生产方式。随着全球经济的发展，学界对制造业的定义引入了一些新要素，如把环境因素视为影响国家政策和产业发展的重要因素。

经过 40 多年的改革开放，我国制造业总量持续增长，对我国的经济发展做出了重要贡献（马晓河，2014）。目前在国内的研究中，往往将企业的转型升级看作企业的系统性变革过程（金碚等，2011；杨桂菊和刘善海，2013）。除此之外，也有部分学者认为企业的转型升级分为转型和升级两个阶段（吴家曦和李华燊，2009），其中企业转型是企业改变其产品生产方式或改变增长方式，而升级是工业化结构的整体优化，是从低附加值环节向高附加值环节转变。目前普遍的研究是将转型和升级结合起来共同讨论，转型和升级从本质上讲是具有一致性的（盛世豪，2008）。

在国外，对制造业转型升级的研究主要集中在制造业参与价值链的位势研究方面，大多把企业转型升级定义为生产更好的产品、利用更先进的生产方式、转向更易获取利润的环节，从低附加值环节向高附加值环节转变。同时，国外对制造业转型升级的路径及制造业竞争力的研究也是从全球价值链的位置转变和跨产业位置提升来研究转型升级的路径与模式等（Azadegan and Wagner，2011）。

（二）对制造业竞争力的研究

全球价值链的多元化发展给全球制造业竞争力的研究带来了许多新的挑战。目前国内对于中国制造业国际竞争力的研究主要是从中国增加贸易值的视角展开的。有关制造业竞争力的研究可追溯到 Porter 对于产业竞争力的研究，目前对于制造业竞争力的研究主要是对相关理论的不断深化。

目前，对于制造业竞争力的研究有不同的评价体系，不同的评价体系所得出的结果也不尽相同。随着全球价值链的发展，影响制造业竞争力的因素越来越多，因此出现了一种把贸易增加值作为统计口径的方法。Hummels 等（2001）是首次通过测算某国贸易中的国外增加值来对竞争力进行研究的学者。

（三）在战略转型下中国制造业竞争力的提升

随着对制造业竞争力研究的不断深入及全球价值链的多元化发展，在我国战略转型升级的背景下，有关制造业竞争力提升的研究成果也不尽相同。

目前普遍认同的观点是，中国制造业仍位于全球价值链中的低增加值位势，发达国家企业大多处于全球价值链的高增加值位势（卓越和张珉 2008）。例如，施炳展（2010）认为，很多中国制造业产品仍然处于全球价值链的低端位置，而且在全球价值链中，中国产品的国际竞争力较弱。

也有学者认为，中国制造业的国际竞争力在不断增强，且逐渐往高端位置发展。例如，余娟娟（2014）发现，在全球价值链分工下，中国出口产品技术结构的趋势是在不断优化的。邱斌等（2008）研究表明，2001—2009 年全球生产网络促进了中国制造业分工地位的提升。综上所述，基于此观点的学者皆认为中国在参与全球价值链分工的过程中，价值链的位置逐渐在提升，并非保持在“低端锁定”的状态。

六、全球价值链重构与联动治理

关于全球价值链治理的研究成果较多，并且许多学者提出了关于全球价值链治理的建议。

（一）全球价值链及其治理模式研究

很多学者从全球价值链（global value chain，GVC）、全球商品链（global commodity chain，GCC）和全球生产网络（global production network，GPN）[①]等不同视角对于全球价值链类型和发达国家企业如何治理链上企业进行了广泛的研究。

价值链理论最早是 Porter（1985）在分析公司行为和竞争优势时提出的，他认为，公司的价值创造过程主要由两部分内容组成，分别是基本活动和支持性活动，在创造企业价值的过程中，这些活动相互联系，共同创造企业价值。为了能在全球经济或产业组织中应用价值链理论，在 20 世纪 90 年代，一些学者基于价值链理论提出了全球商品链理论。目前对 GVC 问题研究较为深入的是英国 Sussex 大学的学者，他们将 GVC 定义为产品在全球范围内的所有创造价值的活动的总和，范围涵盖了从概念的设计、使用直到报废循环等全生命周期。组成价值链的

① 因描述的问题相似，后文将全球价值链理论、全球商品链理论和全球生产网络理论统称为全球价值链理论。

这些活动，可以是聚集的，也可以是分散的。目前与 GVC 相关的研究主要集中于两个学派——国际贸易学派和产业经济学派，两者基于不同的理论基础、采用不同的研究方法、关注不同的政策焦点。前者基于国际经济学、政治经济学和跨国公司理论，采用宏观研究方法，主要采用产业层面的数据和贸易数据来支持，主要关注劳动力的国际分工、双边贸易协议的作用和对外直接投资等政策焦点；后者基于产业研究、当地发展和集群研究，采用微观研究方法，主要采用案例研究和定性分析，主要关注集群竞争力、当地和集群的发展策略。但两者关注的主要问题是一样的，都是研究 GVC 的治理和发展中国家企业的转型升级。研究的对象涵盖世界各个发展中国家的各种产业，如巴西的制鞋产业、南非的葡萄酒产业、韩国的电子产业、中国的服装产业、泰国的家具产业等。

近年来，一些国内学者开始将注意力转移到国内价值链的构建上来。国内价值链（national value chain，NVC）在一些研究中也被称为“国家价值链”，如岳中刚和刘志彪（2011）将 NVC 定义为：基于国内本土市场需求发育而成，由本土企业掌握产品价值链的核心环节，在本土市场获得品牌和销售终端渠道，以及自主研发创新能力的价值链分工体系。有关国内价值链的研究基础较为薄弱，目前仍停留在概念性介绍与现状描述阶段。国外学者中，Bazan 和 Navas-Alemán（2003）以巴西的西诺斯鞋谷为研究对象，发现该制鞋产业集群中的企业嵌入具有不同治理特征的价值链中，包括美国客户和欧洲客户主导的准科层治理型价值链、拉丁美洲客户主导的准科层治理型和市场混合治理型价值链、本土市场主导的市场治理型价值链。近年来，在逐渐认识到“中国的产业升级，要在战略层面上充分重视从被‘俘获’与‘压榨’的 GVC 中突围的问题”，以南京大学经济学教授刘志彪为代表的研究团队对 NVC 进行了较为深入的探讨。例如，刘志彪和张杰（2007）指出，中国制造企业并没有更“偏好”构建基于本土市场需求的 NVC，却更热衷于参与基于出口市场的 GVC。他们认为，应当加快构建以本土市场需求为基础的 NVC 的网络体系和治理结构。

采用 GVC 分析框架，首先要分析中国与沿线国家产业在全球价值链的位势及其演进过程。张咏华（2015）在研究价值链及其动态演变时提出，中国已成为制造业全球价值链上关联最多的国家之一，但无论是拉动需求还是推动投入，它对制造业全球价值链上的其他经济体的影响力仍较小。

1. 全球价值链的治理模式

Gereffi 等（2005）按照市场交易转换程度、供应商的能力和交易的复杂程度等三个关键变量，将 GVC 的治理模式细分为五种：市场型（market）、关系型（relational）、模块型（modular）、领导型（captive）和层级型（hierarchy）。其中，市场型治理模式是 GVC 治理的最简单模式，价格机制是其核心治理机制，而层级型治理模式则是将纵向一体化作为代表，将管理控制作为运行的核心机制。而模块型、关系型和领导型治理模式共同归类为网络型 GVC 治理模式，介于市场型和层级型的治理模式之间，属于协调型治理模式。

然而，也有部分学者对全球价值链治理模式的"五分法"提出了质疑。Gibbon 和 Ponte（2008）指出，GVC 治理研究范围的缩小会导致难以把握整条价值链的变化。在另一项研究中，Gibbon 和 Ponte（2008）对此划分标准内的三个关键变量提出质疑，他们通过研究发现，由于销售市场终端地理位置不相同（欧洲销售与美国销售），同样是从毛里求斯进口的服装价值链会存在较大的差异。

2. 全球价值链治理的动态性

Gereffi 等（2005）在对全球价值链治理模式进行研究时指出，GVC 的治理模式并不是静止不变的，而是会不断发生变化，在不同的地点或不同的时间，GVC 可能会转变为不同的治理模式。产生这种变化主要有以下几点原因：第一，出现新的供应商，或者原有生产商的供应能力有所提升；第二，核心企业对发展战略进行的调整，为了建立维系严格的科层型治理，企业为此会投入一笔数额巨大的直接投资；第三，企业和企业群往往同时参与多条价值链，在一条价值链中所学到的先进经验，往往可以应用到另一条价值链上。由此可见，价值链治理的类型是动态变化的，并不是严格与某个特定行业相伴发生的。

此外，Gereffi 等（2005）还认为，影响 GVC 治理模式的因素主要有以下几种。第一，交易信息的复杂性。各主体之间相互作用的强弱与价值链中的交易复杂性呈正相关，相互作用越强，治理模式会越倾向于网络型治理和层级型治理。第二，交易的可编码程度。在部分价值链当中，如果用编码化处理如生产过程、产品等复杂的信息，这些信息会更高效快捷地在价值链中进行传递，此时，若供应商方面能力足够，能够接受、使用并广泛采纳此类编码化信息，则可使用模块型治理；但当这些信息被价值链主导企业垄断时，则更适用于层级型治理。第三，供应商的竞争能力。当供应商具备较高的能力时，便能够接受并使用来自主导企业传递出的复杂信息。相反，当供应商能力不足时，无法处理此类复杂的信息，只能由主导企业实施领导型或层级型治理。部分国内的研究学者也从价值链治理演变角度，提出了一些与国外研究不同的新观点。熊宇（2011）指出，全球价值链治理的内涵存在着阶段性变化，即从驱动型治理过渡到协调型治理，再到最高层次的标准化治理，他认为全球价值链理论发展的主线是治理内涵的变化。

显然，GVC 的治理模式也是影响企业转型升级的重要因素之一。目前，学术界关于 GVC 治理模式的类型划分仍没有形成统一结论。Gereffi 等(2005)的 GVC 治理范式是目前较为严谨的一种，它涵盖了目前发现的多种典型的 GVC 治理类型。但这一范式中的治理模式是基于高级供应商或主导厂商的视角，研究具有一定的局限性和片面性，事实上，整条价值链中可能会有更多的上游和下游主体甚至超主体的视角，本书将在第七章从不同视角详细讨论GVC联动治理模式。

（二）中国与"一带一路"沿线国家的产业结构与全球价值链治理现状

随着世界各国工业化的迅速发展，"一带一路"联通的东南亚、南亚、波斯湾、东非等沿线国家的产业结构都发生了一系列重大变化。因此，不少学者对东南亚、南亚、西亚和东非等"一带一路"沿线国家的产业结构进行了分析。

相较于中国，东南亚国家联盟（以下简称东盟）的产业结构特点可归纳为以下三个方面。第一，东盟较早开始调整其产业结构。早在20世纪80年代，东盟就开始优化调整其产业结构，到20世纪90年代后期，东盟主要国家的产业结构已经进入了从劳动密集型转变为劳动密集型与资本密集型并存的阶段。随着发达国家对国际分工的调整，东盟各国的分工开始逐步从垂直分工发展为水平与垂直分工并存（陈文慧，2009）。第二，东盟国家与中国的产业结构非常相近，几乎趋同，呈现出新加坡、泰国、马来西亚、菲律宾、印度、柬埔寨、老挝、缅甸、越南等国依次递减的阶梯形分布。第三，除文莱和新加坡外，东盟其他国家的产业结构调整速度相对都比较快，这种迅速的结构调整极有可能形成整个东盟地区内产业结构趋同的状态。

在全球价值链体系中，东南亚产业结构的演变具有发展中国家的明显特征，产业结构演变过程中表现出：第一产业劳动生产率偏低；第二产业内部结构不均衡、制造业基础薄弱；第三产业的发展相对滞后；整体产业技术升级缓慢，技术层次相对较低（王勤，2014）。

随着中国现代工业制造业的迅速崛起和产业结构的转型升级，中国与西亚、东非国家的禀赋优势从劳动密集型向资本技术密集型转变，双边产业结构实现了强互补性。中国与西亚经贸交往的主要特征逐渐转变为中国以工业制成品换取西亚国家的能源资源（韩永辉等，2015）。一方面，中国从西亚进口了大量原油成品油、天然气、初级塑料、化肥等；另一方面，西亚地区所需要进口的大部分制造业材料、工业制成品和轻工业产品等都源自中国。另外，波斯湾地区国家多为产油国，除石油外其他资源很少。因此，石油对波斯湾国家来说，既能推动经济发展，也常因国际市场石油价格波动的影响而制约其产业结构升级（王京烈，2014）。

现有研究虽阐述了沿线国家的产业结构概况，但尚不系统，且全面性与科学性有待提高。首先，对于产业结构的研究多为对问题的定性描述和诠释，缺乏严谨的数理分析和实证支撑。其次，只是零星的国别研究，综合性有待提高。需要指出的是，这种国别对比研究，缺乏系统的理论框架。再次，对于产业结构的描述，并没有充分体现中国与沿线国家竞合中的联动效应与过程。最后，以往分析并没有结合共建“一带一路”的背景，因而政策含义不够深入。

（三）“一带一路”建设对中国与沿线国家产业联动升级的对策建议

随着“一带一路”建设的推进，对内有助于带动区域经济增长，助推产业或经济转型，对外有助于深化国家间在投资、能源资源等方面的合作，还有助于与相关地区和国家实现互惠互利共赢。从学术研究的角度来看，关于中国与有关国家共建“一带一路”的发展及其影响问题上，学者大多侧重基于中国的角度来分析和探讨与沿线国家产业转型升级的战略意义与对策建议。

王海运等（2014）根据俄罗斯与中亚五国的历史渊源，提出中国在共建“一带一路”中应适当调整针对中亚的宏观经济政策，借助中亚五国与俄罗斯已有的传统合作领域，以上海合作组织作为合作平台，加强传统领域的深度合作，共同探索传统与新型产业的创新发展，构建以点带面、从线到片的合作模式。蒋希蘅和程国强（2014）提出旅游业可作为“一带一路”建设的先导产业，立足产业分工大布局，促进中亚、南亚、东南亚、西亚等次区域基础设施互通、贸易畅通、资金融通等。在促进产业链对接整合、提高区域经济深度融合的同时，两位学者还建议中国要在“一带一路”建设中形成国内合力，突出企业主体作用，搭建产业合作平台。总体上看，现有研究为“一带一路”的建设提速提供了前瞻性观点，但这些观点多缺乏严谨的理论与机制支撑，而且上述政策建议过于宏观，仍存在许多值得深入研究的地方。未来需要基于现实情况进行深入系统的分析，从不同层面提出更为具体的、有价值的产业转型升级战略思路。以往相关研究，一方面缺乏从全球视野，尤其是缺乏从全球价值链角度构建中国与沿线国家的模块化制造网络。另一方面，忽略了“一带一路”互利共赢的建设根本，未结合兼容并蓄、合作共需同发展的创新发展背景来研究经济合作带问题。

第二章 中国产业结构演进与制造业发展

改革开放以来，中国经济发展迅速，无论是从“质”还是从“量”上都取得了举世瞩目的成就，经济总量不断增长，产业结构日趋合理，已连续多年位列全球制造业第一大国的位置。本章将全面评估和系统梳理改革开放以来中国产业结构现状、演进特征及制造业发展的一般规律，并与主要发达经济体、陷入“中等收入陷阱”的部分拉美和东南亚国家的工业化进程和制造业发展进行比较分析，识别出现阶段我国产业结构和制造业发展存在的主要问题，为我国产业转型升级提供决策参考。

第一节 中国产业结构演进分析

改革开放以来，中国经济发展取得了举世瞩目的成就。中国的产业结构也发生了重大的变化，产业结构逐渐趋于合理。本节对中国产业结构的演进过程进行梳理与分析，同时对中国制造业的发展情况进行分析，以总结出目前中国产业结构与制造业发展的主要问题，推动中国产业结构的转型升级。

一、中国产业结构总体演进特征分析

（一）中国工业化阶段的判断

改革开放 40 多年来，中国经济社会发展取得了巨大成就，1978—2016 年，中国的国内生产总值（gross domestic product，GDP）平均年增长率达到了 9.6%[①]，在同一时期内，远超其他主要经济大国。2000 年以来，中国经济总量相继超过意大利、法国、英国、德国、日本等国家，2010 年中国成为世界第二大经济体，与第一大经济体美国的差距正日益缩小。在我国经济实现快速增长的同时，我国的产业结构也发生了深刻的变化，为了全面考察我国产业结构所处的阶段，我们借鉴大部分研究采用的第二产业化水平评价指标体系来识别当前我国工业化所处的阶段。

① 资料来源：根据国家统计局历年统计年鉴的数据整理而得。

目前，常用的工业化阶段划分方法有配第-克拉克定律、钱纳里标准模式、库兹涅茨模式和霍夫曼工业化经验法则等，每一种方法所选用的指标存在较大差异，其划分的结果也不尽相同，为了从不同角度客观地反映我国工业化所处的阶段，这里我们借鉴了陈佳贵等（2006）的研究成果，综合运用不同的工业化阶段划分方法。在评价指标的选择上，既考虑经济总量及其人均指标，也考虑经济结构指标；在经济总量和人均指标方面，我们选择了人均 GDP 作为经济发展的基本指标；在结构指标方面，我们选择了产业结构、就业结构和空间结构三个指标，其中产业结构用第一、第二、第三产业的产值比重来衡量，就业结构用第一产业的就业人数占比来衡量，空间结构用人口城市化率来衡量。关于工业化所经历的阶段划分，我们也采取大部分研究所采用的陈佳贵等（2006）的划分方法，将经济发展和工业化划分为不发达经济阶段、工业化初期阶段、工业化中期阶段、工业化后期阶段、后工业化社会阶段和现代化社会阶段，并结合相关理论研究和国际经验估计确定了工业化不同阶段的基准值。表 2-1 列出了工业化不同阶段的判断标准。

表 2-1 工业化不同阶段的判断标准

判断指标	不发达经济阶段	工业化实现阶段			后工业化社会阶段	现代化社会阶段
		初期阶段	中期阶段	后期阶段		
1970 年人均 GDP/美元	140～280	280～560	560～1 120	1 120～2 100	2 100～3 360	3 360 以上
1980 年人均 GDP/美元	300～600	600～1 200	1 200～2 400	2 400～4 500	4 500～7 200	7 200 以上
2005 年人均 GDP/美元	706～1 411	1 411～2 822	2 822～5 645	5 645～10 584	10 584～16 934	16 934 以上
三次产业的产值比重（产业结构）	$A>I$	$A>20\%$，且 $A<I$	$A<20\%$，$I>S$	$A<10\%$，$I>S$	$A<10\%$，$I<S$	—
第一产业的就业人数占比（就业结构）	60%以上	45%～60%	30%～45%	10%～30%	10%以下	—
人口城市化率（空间结构）	30%以下	30%～50%	50%～60%	60%～75%	75%以上	—

注：根据陈佳贵等（2006）、刘伟等（2008）相关资料整理，*A*、*I*、*S* 分别代表第一、第二、第三产业增加值在 GDP 中所占的比重。

党的十八大在十六大确立的全面建设小康社会的目标基础上提出到 2020 年全面建成小康社会和基本实现工业化，那么我国距离基本实现工业化还有多大的距离？从人均 GDP 来看，2010 年我国人均 GDP 为 2891.1 美元，刚刚进入工业化中期，2016 年我国人均 GDP 为 4635.0 美元，属于工业化中后期。从产业结构上看，2012 年我国第三产业增加值占 GDP 的比重首次超过第二产业增加值占比，而第一产业增加值占 GDP 的比重从 2009 年开始就低于 10.00%。2017 年，我国第一、第二、第三产业增加值占 GDP 的比重分别为 7.90%、40.50%、51.60%，这表明我国从 2012 年开始产业结构就已经进入后工业化阶段，且近年来第一产业增加值占 GDP 的比重持续下降，然而，第三产业增加值占 GDP 的比重却在持续上升，产业结构进一步优化。从就业结构来看，我国在 1990 年前后进入工业化初期阶段，2005 年进入工业化中期阶段，2014 年进入工业化后期阶段。2016 年我国第一产业就业人数占比为 27.70%，比 1978 年的 70.53%下降了近 43 个百分点，目前仍属于工业化后期的早期阶段，但距离后工业化社会阶段还有一定距离。从空间结构来看，我国于 1996 年进入工业化初期阶段，2011 年进入工业化中期阶段，2016 年我国人口城市化率为 57.35%，仍属于工业化中期，但比较靠近工业化后期[①]。综合上述指标来看，我国目前的产业结构大致处于工业化中后期阶段，正在向工业化后期阶段迈进，距离基本实现工业化的目标为期不远。

（二）中国产业结构演进特征分析

改革开放以来，伴随着经济总量的快速增长，我国的产业结构调整经历了以第一产业为主导、第二产业部门崛起、第三产业快速发展、第二产业和第三产业双轮驱动发展、第三产业逐渐成为主导产业的过程，从长期变动趋势来看，我国三次产业之间的比例关系发生了较为明显的变化，产业结构正朝着高级化的方向发展。具体来讲，改革开放以来我国产业结构演进具有如下几个方面的特征。

1. 三次产业结构变化明显，第三产业占比持续上升

改革开放以来，我国三次产业占 GDP 的比重发生了深刻的变化，产业结构高级化趋势日益显现。如图 2-1 所示，第一产业增加值占比持续下降，由 1978 年的 27.7%下降到 2017 年的 7.9%，第一产业增加值占比已连续多年位于 10.0%以下；第二产业增加值占比基本维持在 40.0%～50.0%，波动幅度不大，值得注意的是，第二产业增加值占比在 2006 年达到历史最高点，之后稳步下降，近年来维持在 40.0%左右；第三产业结构总体呈现出上升的态势，由 1978 年的 24.6%上升到 2017 年的 51.6%，其间经历了三次较快的上行周期，分别是 1980—1992 年、1996—2003 年、2007—2017 年等三个阶段，2016—2017 年第三产业增加值占比均超过 50.0%，2012 年第三产业增加值占比首次超过第二产业，之后两者之间的差距逐渐拉大。

① 资料来源：《中国统计年鉴》。

总体上来看，产业结构总体呈现出由“二一三”向“二三一”再向“三二一”的演进趋势，这说明当前我国经济发展正逐渐由以第二产业主导、第二产业和第三产业双轮驱动向以第三产业为主导的方向转变。但从目前我国经济发展情况来看，第二产业在国民经济中仍发挥着重要作用，与发达国家的以第三产业为主导的产业结构仍有一定的差距。

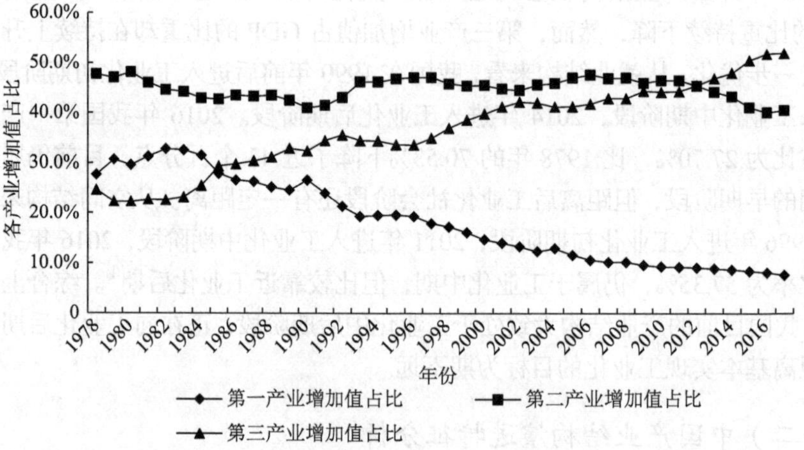

图 2-1 1978—2017 年三次产业增加值占 GDP 的比重变化趋势

2. 劳动力资源配置逐步优化，三次产业的就业结构日趋合理

改革开放以来，我国不断调整产业结构，第一产业在 GDP 中所占的比重不断下降，第三产业在 GDP 中所占的比重不断上升，在产业结构不断调整的过程中，劳动力的流动和人力资源的优化配置是一个突出的表现。如图 2-2 和表 2-2 所示，第一产业就业人员所占的比重从 1978 年的 70.5%下降到 2016 年的 27.7%，下降幅度较大；第二产业就业人员所占的比重从 1978 年的 17.3%上升到 2016 年的 28.8%，呈现出稳步上升的态势；第三产业就业人员所占的比重从 1978 年的 12.2%大幅上升到 2016 年的 43.5%。值得注意的是，第三产业就业人员所占的比重在 1994 年就超过了第二产业，并在 2011 年也超过了第一产业，目前第三产业已成为吸纳劳动力的主力军，这与第三产业在国民经济中不断增强的地位和竞争力高度相关。总体来看，我们发现在全体就业人员中，第一、第二、第三产业的就业人员占比与产出占比的变化趋势非常相似，这从侧面反映出我国正从劳动和资源密集型产业结构逐步转变为技术密集型产业结构。

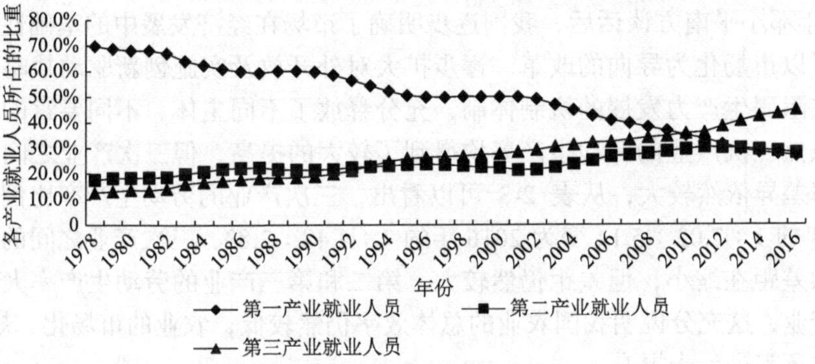

图 2-2　1978—2016 年三次产业就业人员占比变动趋势

表 2-2　1978—2016 年产业结构和就业结构

年份	产业结构			就业结构		
	第一产业增加值所占的比重	第二产业增加值所占的比重	第三产业增加值所占的比重	第一产业就业人员所占的比重	第二产业就业人员所占的比重	第三产业就业人员所占的比重
1978	27.7%	47.7%	24.6%	70.5%	17.3%	12.2%
1980	29.9%	47.9%	22.2%	68.7%	18.2%	13.1%
1985	28.1%	42.6%	29.3%	62.4%	20.8%	16.8%
1990	26.7%	40.9%	32.4%	60.1%	21.4%	18.5%
1995	19.7%	46.7%	33.7%	52.2%	23.0%	24.8%
2000	14.7%	45.4%	39.8%	50.0%	22.5%	27.5%
2005	11.7%	46.9%	41.4%	44.8%	23.8%	31.4%
2010	9.6%	46.2%	44.2%	36.7%	28.7%	34.6%
2015	8.8%	40.9%	50.2%	28.3%	29.3%	42.4%
2016	8.6%	39.8%	51.6%	27.7%	28.8%	43.5%

资料来源：《中国统计年鉴》。

3. 三次产业劳动生产率均有所提高，但产业之间差异较大

改革开放以来，随着我国经济发展水平的不断提高，整体经济效率也得到不断提升。如图 2-3 和表 2-3 所示，1978 年以来，三大产业的劳动生产率均持续提高，其中，第一产业的劳动生产率由 1978 年的 360 元/人增加到 2016 年的 29 621 元/人，在三次产业中上升速度最为缓慢；第二产业的劳动生产率由 1978 年的 2527 元/人增加到 2016 年的 132 684 元/人，在三次产业中上升速度最快；第三产业的劳动生产率由 1978 年的 1851 元/人增加到 2016 年的 113 566 元/人，上涨速度较快。20 世纪 90 年代以来，第二和第三产业的劳动生产率均取得了较快的增长，

1992 年邓小平南方谈话后，我国逐步明确了市场在经济发展中的基础性作用，确定了以市场化为导向的改革、逐步扩大对外开放及实施创新驱动战略，破除了一些阻碍生产力发展的机制体制，充分释放了不同主体、不同要素的生产效率。虽然三次产业的劳动生产率均得到了较大的提高，但三次产业之间的劳动生产率差异依然较大，从表 2-3 可以看出，三次产业的劳动生产率比例关系由 1978 年的 1：7.02：5.14 变为 2016 年的 1：4.48：3.83，三次产业之间的劳动生产率的差距在缩小，但差距仍然较大，第二和第三产业的劳动生产率大大高于第一产业，这充分说明我国农业的总体效率仍然较低，农业的市场化、规模化、产业化还需进一步提升。

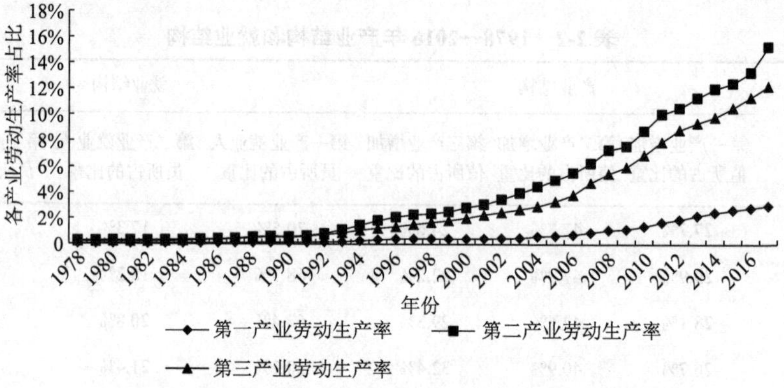

图 2-3　1978—2017 年三次产业劳动生产率变动趋势

表 2-3　1978—2016 年三次产业劳动生产率（单位：元/人）

年份	三次产业劳动生产率		
	第一产业劳动生产率	第二产业劳动生产	第三产业劳动生产率
1978	360	2 527	1 851
1980	467	2 861	1 850
1985	816	3 743	3 195
1990	1 289	5 589	5 102
1995	3 383	18 318	12 229
2000	4 083	28 155	20 127
2005	6 521	49 580	33 033
2010	4093	87 734	69 131
2015	27 767	124 285	105 408
2016	29 621	132 684	113 566

资料来源：《中国统计年鉴》。

4. 三次产业贡献率波动较大，第三产业逐渐成为经济增长的新引擎

如图 2-4 所示，从三次产业对 GDP 的贡献率来看，在大部分年份，第二产业的贡献率都高于第一产业和第三产业，且贡献率基本上都超过了 40%，这也从侧面反映出改革开放以来，第二产业尤其是制造业在我国经济发展中的重要地位；第一产业对 GDP 的贡献率相对较低，自 1991 年以来，第一产业对 GDP 的贡献率均处于 10%以下，远远低于第二和第三产业；第三产业对 GDP 的贡献率呈现出比较平稳的上升趋势，2015 年第三产业对 GDP 的贡献率首次超过第二产业。近年来，我国第三产业发展速度较快，到 2018 年上半年，第三产业增加值的同比增速已经连续 24 个季度超过第二产业、连续 25 个季度超过 GDP 同比增速[①]，第三产业已成为经济平稳较快增长的“压舱石”。同时，随着制造业的服务化趋势不断加强及以互联网为核心的知识经济的兴起，服务业与第一、第二产业的深度融合已成为培育经济发展新动能的重要途径，而与互联网相关的新兴服务业成为推动服务业结构优化升级的“生力军”，新兴服务业已逐渐成为培育经济发展新动能的新引擎。

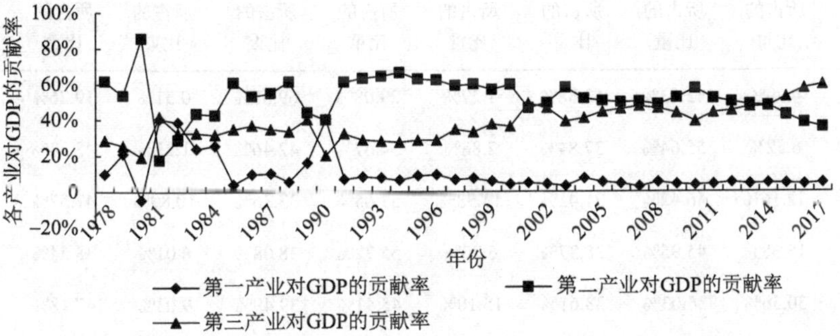

图 2-4 1978—2017 年三次产业对 GDP 的贡献率变动趋势

二、中国各区域产业结构演进特征分析

（一）各省区市产业结构存在较大差异，但区域差异性正逐渐减弱

改革开放以来，东部沿海地区由于独特的地理优势和政策优势，经济发展迅速，而中西部地区的发展则相对滞后，从各省区市产业结构现状来看（表 2-4），2016 年第三产业比重超过 60%的省市有北京和上海，其中北京最高，达到了 80.23%，服务业已成为北京经济发展的主导力量，这与北京的全国政治经济中心的定位相吻合。第三产业比重超过 50%低于 60%的省区市有天津、江苏、浙江、黑龙江、辽宁、山西、广东、海南、西藏、甘肃，而 1995 年，大部分省区市第三

① 资料来源：国家统计局。

产业占比低于 40%，高于 40%的省市只有北京、上海和海南，目前对于大部分省区市来讲，服务业已成为推动经济发展的重要力量。从第一产业占比情况来看，1995 年大部分省区市的第一产业占比高于 20%，低于 10%的只有北京、上海和天津，到 2016 年，有一半以上省区市第一产业占比低于 10%，第一产业占比高于 10%的省区市大部分是中西部省区市，第一产业占比较高的省区是海南、黑龙江、新疆，这些省区均是农业资源较为丰富，农业都是当地优势特色产业之一。从第二产业的结构变动趋势来看，1995—2016 年，第二产业占比增加的省份有 19 个，大部分都是中西部省份，是国际和国内产业转移的重要承接地，而第二产业占比减少的省份大部分都在东部沿海发达地区，1995—2016 年，这些省区市的大量制造业转移到中西部地区，这说明从 20 世纪 90 年代后期开始的区域产业转移对不同省区市的产业结构都产生了较大的影响。

表 2-4 各省区市部分年份产业结构

省区市	1995 年			2005 年			2016 年		
	第一产业所占的比重	第二产业所占的比重	第三产业所占的比重	第一产业所占的比重	第二产业所占的比重	第三产业所占的比重	第一产业所占的比重	第二产业所占的比重	第三产业所占的比重
北京	4.79%	42.83%	52.38%	1.27%	29.08%	69.65%	0.51%	19.26%	80.23%
天津	6.52%	55.64%	37.84%	2.88%	54.67%	42.46%	1.23%	42.33%	56.44%
河北	22.16%	46.42%	31.42%	13.98%	52.65%	33.36%	10.89%	47.57%	41.54%
山西	15.68%	45.95%	38.37%	6.20%	55.72%	38.08%	6.01%	38.54%	55.45%
内蒙古	30.36%	36.03%	33.61%	15.10%	45.41%	39.49%	9.03%	47.18%	43.78%
辽宁	14.04%	49.76%	36.20%	10.97%	48.08%	40.95%	9.77%	38.69%	51.55%
吉林	26.73%	41.79%	31.48%	17.28%	43.67%	39.05%	10.14%	47.41%	42.45%
黑龙江	18.64%	52.66%	28.70%	12.42%	53.90%	33.69%	17.36%	28.60%	54.04%
上海	2.39%	56.79%	40.82%	0.98%	47.38%	51.65%	0.39%	29.83%	69.78%
江苏	16.80%	52.67%	30.53%	7.86%	56.59%	35.55%	5.27%	44.73%	50.00%
浙江	15.46%	52.13%	32.41%	6.65%	53.40%	39.95%	4.16%	44.86%	50.99%
安徽	32.26%	36.46%	31.28%	18.06%	41.98%	39.96%	10.52%	48.43%	41.05%
福建	22.19%	42.12%	35.69%	12.62%	48.45%	38.92%	8.20%	48.92%	42.88%
江西	32.03%	34.52%	33.46%	17.93%	47.27%	34.80%	10.30%	47.73%	41.97%
山东	20.39%	47.56%	32.05%	10.69%	57.05%	32.26%	7.25%	46.08%	46.68%

续表

省区市	1995年			2005年			2016年		
	第一产业所占的比重	第二产业所占的比重	第三产业所占的比重	第一产业所占的比重	第二产业所占的比重	第三产业所占的比重	第一产业所占的比重	第二产业所占的比重	第三产业所占的比重
河南	25.53%	46.68%	27.79%	17.87%	52.08%	30.05%	10.59%	47.63%	41.78%
湖北	29.38%	36.99%	33.63%	16.42%	43.28%	40.30%	11.20%	44.86%	43.94%
湖南	32.14%	36.15%	31.71%	16.69%	39.61%	43.71%	11.34%	42.28%	46.37%
广东	14.57%	48.88%	36.55%	6.33%	50.35%	43.32%	4.57%	43.42%	52.01%
广西	30.26%	35.78%	33.96%	22.90%	37.92%	39.18%	15.27%	45.17%	39.56%
海南	35.49%	21.60%	42.91%	32.73%	26.21%	41.05%	23.40%	22.35%	54.25%
重庆	23.52%	43.87%	32.61%	13.36%	45.10%	41.54%	7.35%	44.52%	48.13%
四川	27.11%	40.15%	32.74%	20.06%	41.53%	38.41%	11.93%	40.84%	47.23%
贵州	35.70%	36.55%	27.75%	18.40%	40.95%	40.66%	15.68%	39.65%	44.67%
云南	24.77%	43.76%	31.48%	19.11%	41.19%	39.70%	14.84%	38.48%	46.68%
西藏	41.85%	23.60%	34.56%	19.31%	25.53%	55.16%	10.06%	37.27%	52.67%
陕西	20.95%	42.60%	36.45%	11.08%	49.61%	39.32%	8.73%	48.92%	42.35%
甘肃	19.84%	46.05%	34.12%	15.93%	43.36%	40.71%	13.66%	34.94%	51.41%
青海	23.61%	38.49%	37.90%	12.03%	48.70%	39.27%	8.60%	48.59%	42.81%
宁夏	20.21%	42.62%	37.16%	11.76%	45.88%	42.36%	7.62%	46.97%	45.40%
新疆	29.54%	34.85%	35.61%	19.58%	44.73%	35.69%	17.09%	37.79%	45.12%

资料来源：《中国统计年鉴》。

注：本表的数据未经修约，可能存在比例合计不等于100%的情况（数据不含港、澳、台地区）。

通过表 2-4 可以看出，各省区市之间的产业结构存在较大差异。那么，区域产业转移政策和区域经济的协调发展是否缩小了区域产业结构之间的差异？这里我们通过计算 1993—2017 年各省区市的产业结构的变异系数来考察，各省区市的产业结构系数用第二、三产业占 GDP 的比重来衡量，一般来说，一个地区第二、三产业占 GDP 的比重越高，其经济的发达程度也就越高。如图 2-5 所示，1993 年以来，基于各省区市产业结构系数计算的变异系数呈现出逐步下降的趋势，这反映了我国各省区市之间的产业结构差异正在逐渐缩小，也从侧面说明了我国区域经济协调发展所取得的成效。

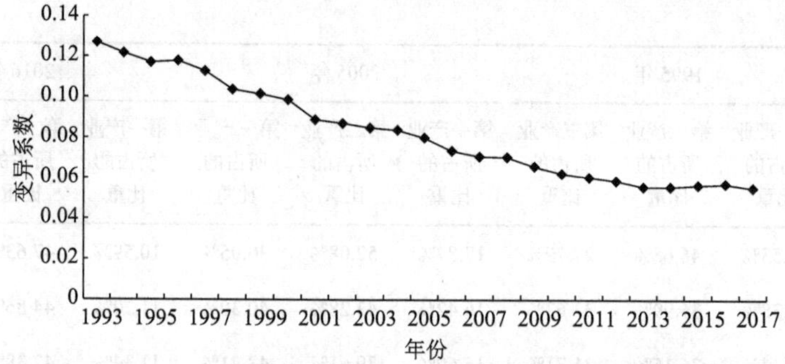

图 2-5　1993—2017 年第二、三产业所占比重的变异系数

改革开放以来，我国的区域经济大致经历了两个主要的发展阶段：非均衡发展阶段（1979—1999 年）和区域经济协调发展阶段（2000 年以后）。2000 年以来，我国政府以西部大开发战略作为区域协调发展的突破口，出台了一系列旨在推动区域经济协调发展的政策措施、规划文件，基本上涵盖了长三角、珠三角、北部湾、环渤海、海峡西岸、东北三省、中部和西部地区（表 2-5），在国家政策的强力推动下，我国“四大板块”（东部地区、中部地区、西部地区、东北老工业基地）区域发展总体战略深入实施，区域政策不断创新，协调机制不断完善。值得注意的是，近年来，“一带一路”建设、京津冀协同发展、长江经济带发展与“四大板块”区域协调发展叠加效应逐步显现，沿江、沿路形成了一批新的增长极和增长带，大大推动了区域经济的协调发展，缩小了区域之间产业结构的差距。

表 2-5　2000 年以来区域协调发展的国家级政策文件

规划或政策名称	实施年份
《国务院关于实施我国西部大开发若干政策措施的通知》	2000 年
《关于实施东北地区等老工业基地振兴战略的若干意见》	2003 年
《国务院关于进一步推进西部大开发的若干意见》	2004 年
《珠江三角洲地区改革发展规划纲要（2008—2020 年）》	2008 年
《国务院关于进一步实施东北地区等老工业基地振兴战略的若干意见》《国务院关于支持福建省加快建设海峡西岸经济区的若干意见》《国务院关于推进海南国际旅游岛建设发展的若干意见》《关中—天水经济区发展规划》《辽宁沿海经济带发展规划》《横琴总体发展规划》《中国图们江区域合作开发规划纲要》《促进中部地区崛起规划》《黄河三角洲高效生态经济区发展规划》	2009 年
《皖江城市带承接产业转移示范区规划》《长江三角洲地区区域规划》	2010 年
《成渝经济区区域规划》	2011 年
《中共中央国务院关于大力实施促进中部地区崛起战略的若干意见》《西部大开发“十二五”规划》	2012 年

续表

规划或政策名称	实施年份
“一带一路”倡议	2013 年
《京津冀协同发展规划纲要》《中共中央 国务院关于打赢脱贫攻坚战的决定》	2015 年
《关于贯彻落实区域发展战略促进区域协调发展的指导意见》《中共中央 国务院关于全面振兴东北地区等老工业基地的若干意见》《长江经济带发展规划纲要》《促进中部地区崛起“十三五”规划》《长江三角洲城市群发展规划》	2016 年
《中共中央 国务院关于建立更加有效的区域协调发展新机制的意见》	2018 年

（二）东中西部三大产业结构的演进趋势高度相似，但在发展阶段上存在差异

从表 2-6 东中西部三大地区产业结构的演进来看，东部地区的三次产业结构从 1993 年的 15.54∶50.47∶33.99 变化为 2016 年的 5.57∶42.10∶52.33，第一产业占比持续下降，第二产业波动幅度较小，第三产业呈现出较为平稳的上升态势。从 2013 年开始，东部地区的第三产业占比首次超过第二产业，产业结构层次不断提高，但与大部分发达国家第三产业占比达到 70%的水平仍有较大差距。1993—2016 年，中部地区第一产业占比持续下降，第二产业占比总体呈现先上升后下降的态势，第三产业在 2011 年后占比上升趋势较为明显，第三产业占比于 2016 年才首次超过第二产业占比。1993—2016 年，西部地区与东部和中部地区相比，西部地区的第一产业占比降幅最大，2016 年比 1993 年下降了近 15 个百分点，第二产业占比也呈现下降、上升、下降的趋势，2011 年达到历史最高点，第三产业占比也有大幅提高，产业层次日趋合理。从东中西部三大地区的三次产业占比的变化情况来看，总体的变化趋势较为相似，但在发展阶段上存在较大差异，这与三大区域之间的产业转移路径有关，自 2000 年国家正式实施西部大开发战略以来，中西部地区的第二产业占比开始逐渐上升，大量东部地区的制造业开始向中西部地区转移，区域之间的产业转移推动了中西部地区产业的升级和高级化进程。

表 2-6　东中西部三大地区产业结构演变情况

年份	东部地区			中部地区			西部地区		
	第一产业增加值占比	第二产业增加值占比	第三产业增加值占比	第一产业增加值占比	第二产业增加值占比	第三产业增加值占比	第一产业增加值占比	第二产业增加值占比	第三产业增加值占比
1993	15.54%	50.47%	33.99%	24.50%	44.65%	30.85%	24.50%	44.65%	30.85%
1994	15.53%	50.29%	34.18%	26.09%	43.11%	30.81%	27.05%	40.43%	32.52%

续表

年份	东部地区			中部地区			西部地区		
	第一产业增加值占比	第二产业增加值占比	第三产业增加值占比	第一产业增加值占比	第二产业增加值占比	第三产业增加值占比	第一产业增加值占比	第二产业增加值占比	第三产业增加值占比
1995	15.63%	49.28%	35.10%	26.85%	41.82%	31.33%	26.79%	39.86%	33.34%
1996	15.11%	48.68%	36.20%	26.62%	41.62%	31.77%	26.68%	39.41%	33.90%
1997	13.88%	48.59%	37.53%	25.19%	41.75%	33.06%	25.84%	39.25%	34.91%
1998	13.12%	48.11%	38.77%	23.89%	41.69%	34.43%	24.71%	39.07%	36.23%
1999	12.25%	47.74%	40.01%	21.75%	41.91%	36.34%	22.98%	38.78%	38.23%
2000	11.02%	48.02%	40.96%	19.99%	42.25%	37.77%	21.44%	38.97%	39.59%
2001	10.45%	47.34%	42.21%	19.21%	42.43%	38.36%	20.18%	38.79%	41.03%
2002	9.67%	47.30%	43.03%	18.41%	42.55%	39.04%	19.23%	38.91%	41.86%
2003	8.81%	49.21%	41.99%	16.57%	44.28%	39.15%	18.51%	40.23%	41.26%
2004	8.76%	50.48%	40.76%	17.11%	45.18%	37.71%	18.65%	41.53%	39.82%
2005	7.97%	51.12%	40.91%	15.77%	47.38%	36.85%	17.36%	43.20%	39.44%
2006	7.23%	51.35%	41.41%	14.50%	49.00%	36.50%	15.62%	45.34%	39.05%
2007	7.04%	50.75%	42.21%	14.29%	49.53%	36.18%	15.55%	46.12%	38.33%
2008	6.93%	50.83%	42.24%	14.13%	50.50%	35.37%	14.73%	47.65%	37.62%
2009	6.74%	49.53%	43.72%	13.58%	49.93%	36.49%	13.73%	47.46%	38.81%
2010	6.49%	49.72%	43.79%	12.91%	51.99%	35.10%	13.15%	49.99%	36.87%
2011	6.40%	49.35%	44.24%	12.44%	52.90%	34.66%	12.74%	50.92%	36.34%
2012	6.39%	48.23%	45.38%	12.36%	52.05%	35.58%	12.58%	50.13%	37.28%
2013	6.10%	46.57%	47.33%	11.92%	49.88%	38.20%	12.08%	48.26%	39.66%
2014	5.92%	45.80%	48.28%	11.63%	48.71%	39.66%	11.90%	47.39%	40.71%
2015	5.83%	43.69%	50.49%	11.41%	45.76%	42.83%	11.97%	44.64%	43.39%
2016	5.57%	42.10%	52.33%	10.98%	44.21%	44.81%	11.87%	42.95%	45.18%

资料来源：《中国统计年鉴》。

注：本表的数据未经修约，可能存在比例合计不等于100%的情况。

三、中国产业结构演进的国际比较分析

目前，中国的经济发展已进入工业化的中后期阶段（叶林和余江，2014），能否成功跨越“中等收入陷阱”进入高收入国家，是今后一个时期的主要任务，而产业结构的转型对于实现上述目标有重要影响。因此，通过对发达国家，尤其是对成功跨越“中等收入陷阱”典型国家产业结构演进规律的分析，对我国产业结构的转型升级具有一定的借鉴意义。

表 2-7 列出了 2016 年主要发达国家和部分发展中国家产业结构的发展现状，其中，美国、英国、德国、法国、西班牙、澳大利亚、日本均在 1970 年之前完成了工业化，进入了高收入国家行列，2016 年中国三次产业结构各自占比，与发达国家仍存在较大的差距，大部分发达国家农业增加值占比低于 2%，工业增加值占比低于 30%，服务业增加值占比超过 70%，美国、英国、法国的服务业增加值占比均超过 80%；与发展中国家和转型国家相比，中国的工业增加值占比较高，而服务业增加值占比则相对较低。结合各个国家的人均 GDP 水平，我们还可以发现，人均收入越高的国家，其工业增加值占比和服务业增加值占比相对更高，农业增加值占比则更低。在发达国家产业结构演进过程中，工业增加值占比基本上呈现出倒 U 形结构，在人均 GDP 水平较低时，工业增加值占比会持续增加，达到峰值后会出现拐点，在此之后，工业增加值占比会呈现出持续下降的态势。

表 2-7 2016 年主要发达国家和部分发展中国家产业结构状况

国家	农业增加值占比	工业增加值占比	服务业增加值占比	人均 GDP/美元（按 2010 年美元计）
中国	8.56%	39.88%	51.56%	6 894.46
美国	1.01%	18.88%	80.11%	52 319.16
日本	1.15%	29.30%	69.55%	47 660.89
德国	0.55%	27.47%	71.98%	45 923.01
英国	0.54%	17.99%	81.48%	42 039.74
法国	1.45%	17.56%	80.99%	41 968.98
韩国	1.93%	35.13%	62.94%	25 484.04
澳大利亚	2.43%	22.26%	75.31%	55 731.50
西班牙	2.51%	21.30%	76.19%	31 505.61
俄罗斯	4.18%	29.28%	66.53%	11 279.63
印度	16.28%	26.58%	57.14%	1 862.43
墨西哥	3.35%	29.33%	67.31%	9 871.67
南非	2.18%	26.01%	71.81%	7 519.51
巴西	4.89%	18.28%	76.83%	10 868.65
马来西亚	8.66%	38.34%	53.01%	11 031.82
印度尼西亚	13.47%	39.29%	47.24%	3 974.73
中等收入国家	8.77%	31.58%	59.65%	4 811.03

续表

国家	农业增加值占比	工业增加值占比	服务业增加值占比	人均 GDP/美元（按 2010 年美元计）
中高等收入国家	6.77%	32.64%	60.59%	7 908.04
高收入国家	1.31%	22.90%	75.79%	40 858.42

资料来源：世界银行数据库。

根据世界银行的数据，截至 2018 年，在 1960 年的 101 个中等收入经济体中，只有赤道几内亚、希腊、爱尔兰、以色列、日本、毛里求斯、葡萄牙、西班牙、波多黎各、新加坡、韩国、中国台湾和中国香港等 13 个经济体先后进入高收入经济体①，而日本和韩国则是比较大的经济体，对我国而言具有一定的参考价值，而那些陷入“中等收入陷阱”的部分拉美和东南亚国家，如巴西、墨西哥、印度尼西亚等，其产业结构演进过程中出现的问题我国应予以重视。其中，巴西在 1984 年左右，工业增加值占比达到峰值，为 41.68%，之后开始持续下降，1995 年，其工业增加值占比仅为 23.38%，之后一直维持在 20.00%左右。墨西哥在 1987 年时工业增加值占比达到峰值，为 34.31%，之后持续下降，南非在 1980 年时工业增加值占比达到峰值，为 45.28%，之后有所下降，而 2016 年其人均 GDP 只有 7519.51 美元（按 2010 年美元计），仍属于中等收入国家②。这些国家产业结构演进的共同特征是工业增加值占比到达拐点后的大幅下降使得经济过早向服务业转型，此时国家的基本工业化尚未完成，经济增长的长期动力和基础明显不足，因此导致经济停滞，人均收入水平难以有较大的提高。而转型成功的韩国，其 1988 年工业增加值占比达到峰值，此时韩国经济已进入工业化中后期，之后韩国的工业增加值占比并未像其他陷入“中等收入陷阱”的国家一样出现持续下降，而是保持在一个较高的水平，人均 GDP 也实现了快速增长，仅用了 8 年的时间就实现了从中等收入经济体向高收入经济体的跨越，成功跨越“中等收入陷阱”。而日本的产业结构演进过程与韩国相似，日本在 1970 年之前就已经完成了工业化并进入高收入国家的行列，其工业增加值占比一直保持在较高的水平，2016 年日本的工业增加值占比仍然高达 29.30%。因此，要想跨越“中等收入陷阱”，完整的工业化过程是关键，经济过早由工业向服务业转型可能会牺牲一个国家经济长期增长的动力和基础。

从中国的产业结构演进情况来看，2006 年中国的工业增加值占比达到历史峰值，为 47.56%，而人均 GDP 仅为 3069.30 美元（按 2010 年美元计）③，还处在

① 资料来源：世界银行和国务院发展研究中心，《中国 2030——世界银行发展报告》，2013 年。

② 资料来源：世界银行和国务院发展研究中心，《中国 2030——世界银行发展报告》，2013 年。

③ 资料来源：商务部全球价值链与中国贸易增加值核算数据库。

工业化的初期阶段，经济发展水平仍然较低，这与转型失败的大部分国家的情况非常相似。值得注意的是，从2007年开始，中国的工业增加值占比并未出现大幅的下降，下降速度较为缓慢，到2012年才初步完成了工业向服务业的转型。2016年以来，中国的工业增加值占比仍然高达40.00%左右，经济发展已进入工业化中后期，经济长期增长的动力和基础较好。

第二节　改革开放以来中国制造业发展

改革开放以来，我国制造业实现持续快速发展，总体规模大幅提升，自主创新能力不断增强，已建立了门类齐全的现代工业体系。同时，中国制造业结构不断优化，中国制造业产业集聚效应显著。

一、中国制造业总体增长趋势分析

《中国统计年鉴》有部分年份的制造业增加值数据未予统计，在工业增加值中制造业增加值的占比一般都在85%以上，因此，我们选用1978年以来的工业增加值数据作为制造业总量分析的替代指标。改革开放以前，我国制造业基础比较薄弱，如图2-6所示，1978年工业增加值仅为1622亿元，改革开放以后，我国制造业实现持续快速发展，总体规模大幅提升，自主创新能力不断增强，已建立了门类齐全的现代工业体系，到2017年我国工业增加值接近280 000亿元，工业在整个国民经济中占据着非常重要的地位，是促进国民经济增长的第一推动力。

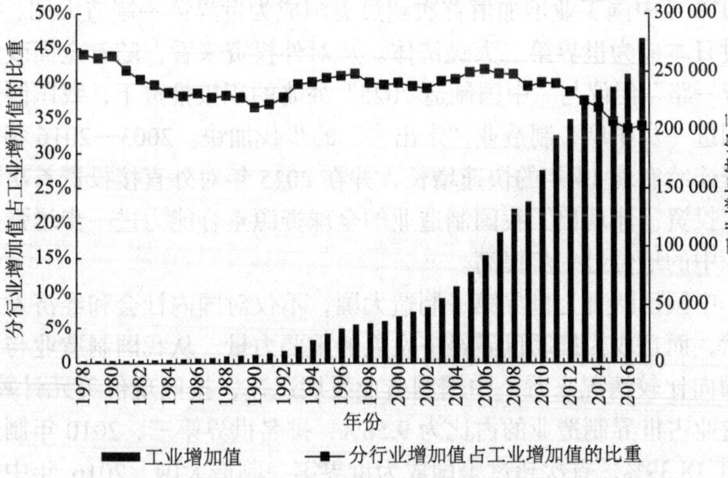

图2-6　1978—2017年我国工业增加值及其份额变动趋势

从我国制造业发展历程来看，大致经历了四个发展阶段。

第一阶段：1978—1987 年，这一阶段是制造业复苏阶段，制造业主要满足人民生活的基本需求，制造业的产品主要以电子产品和轻工产品为主。近年来，乡镇企业蓬勃发展，为制造业发展注入了强大的动力，这一阶段制造业的发展为我国制造业融入全球价值链奠定了初步的基础。

第二阶段：1988—1997 年，这一阶段是民营制造业崛起和外资制造业大举进入中国的阶段，1992 年邓小平南方谈话后，党中央进一步明确了以市场化为导向的改革及扩大对外开放战略，随着国家政策的不断放开，大量外资企业进入中国，在中国东南沿海地区投资建厂。与此同时，以“苏南模式”和“温州模式”为代表的民营经济快速崛起，东部沿海地区的制造业得到了空前的发展，制造业的竞争力得到了较大的提升，为我国制造业参与全球价值链、融入全球价值链奠定了良好的基础。

第三阶段：1998—2007 年，这一阶段是中国制造业融入全球价值链的关键时期，外资企业尤其是世界 500 强企业占据着全球价值链的高端环节，随着这些外资企业大量投资中国企业，加之巨大的政策和劳动力成本的优势，特别是加入世界贸易组织（World Trade Organization，WTO）之后，中国已逐渐成为国际产业转移的重要承接地，世界制造的中心正在逐渐由发达国家向中国转移，本土企业在嵌入制造业全球价值链的同时，也在尝试实现自身的转型升级，如何摆脱全球价值链“低端锁定”是本土企业所面临的巨大挑战。

第四阶段：2008 年以来，这一阶段是中国制造业参与全球价值链从被动跟随向主动治理的关键实践期。2008 年国际金融危机爆发以后，全球投资贸易秩序加速重构，全球价值链的重构给中国制造业带来了巨大的发展机遇。世界银行的数据显示，2010 年中国工业增加值首次超过美国成为世界第一制造大国，并在经济总量上超过日本成为世界第二大经济体。从对外投资来看，随着全面改革日益深化、“一带一路”倡议与“中国制造 2025”战略的积极推进下，我国制造业的国际发展空间进一步拓展，制造业“走出去”的步伐加快。2003—2016 年，中国对外直接投资连续实现 14 年的快速增长，并在 2015 年对外直接投资首次超过吸引的外商直接投资，体现出了我国制造业的全球资源整合能力进一步增强，在全球价值链分工中的地位进一步提高。

目前，中国已跃升为世界第一制造大国，不仅对国内社会和经济发展做出了重要的贡献，而且成为推动世界经济发展的重要力量。从我国制造业与发达国家制造业的横向比较情况来看，中国制造业发展迅速，按照现价美元计算的 2005 年中国制造业占世界制造业的占比为 9.56%，排名世界第三，2010 年制造业增加值占比达到 18.39%，首次超过美国成为世界第一制造大国，2016 年中国制造业增加值占比达到 26.20%，大大超过了排名第二位和第三位的美国与日本，而且是美国和日本的总和，制造业增长速度大大高于同期的欧美发达国家（表 2-8）。截至 2019 年，中国已连续 10 年保持世界第一制造大国的地位，提高了我国在全球化格局中的国际分工地位。

表 2-8 世界主要国家制造业增加值占世界比重排名

国家	1997 年			2005 年			2010 年			2016 年		
	排名	制造业增加值/万亿美元	占比	排名	制造业增加值/万亿美元	占比	排名	制造业增加值/万亿美元	占比	排名	制造业增加值/万亿美元	占比
中国	—	—	—	3	0.73	9.56%	1	1.92	18.39%	1	3.23	26.20%
美国	1	1.38	23.21%	1	1.69	22.02%	2	1.81	17.28%	2	2.16	17.55%
日本	2	1.03	17.40%	2	1.03	13.42%	3	1.19	11.35%	3	1.04	8.46%
德国	3	0.45	7.58%	4	0.58	7.58%	4	0.68	6.52%	4	0.72	5.83%
韩国	7	0.13	2.26%	8	0.23	2.99%	5	0.30	2.91%	5	0.38	3.08%
印度	11	0.07	1.19%	11	0.13	1.75%	9	0.27	2.57%	6	0.35	2.82%
意大利	5	0.23	3.82%	5	0.29	3.75%	6	0.30	2.89%	7	0.27	2.21%
法国	6	0.21	3.59%	6	0.27	3.51%	8	0.27	2.61%	8	0.25	2.07%
英国	4	0.24	3.99%	7	0.25	3.28%	10	0.22	2.08%	9	0.24	1.94%
印度尼西亚	12	0.06	0.97%	15	0.08	1.02%	13	0.17	1.59%	10	0.19	1.55%
巴西	8	0.11	1.93%	12	0.13	1.71%	7	0.28	2.69%	11	0.18	1.50%
墨西哥	9	0.10	1.70%	10	0.14	1.80%	14	0.16	1.57%	12	0.18	1.47%
西班牙	10	0.10	1.65%	9	0.16	2.13%	12	0.17	1.66%	13	0.16	1.29%
俄罗斯	—	—	—	13	0.12	1.56%	11	0.20	1.87%	14	0.15	1.25%
土耳其	13	0.04	0.69%	14	0.08	1.11%	15	0.12	1.11%	15	0.14	1.16%

资料来源：世界银行数据库。

二、中国制造业结构演进分析

（一）制造业内部结构不断优化，技术密集型行业产值比重大幅增加

我国于 1984 年发布了《国民经济行业分类标准》（GB/T 4754），并在 1994

年、2002 年、2011 年和 2017 年经历了四次修订，部分行业的口径发生了变化，也出现了一些新的行业，因此，如果直接对制造业行业进行历史对比分析可能会存在误差，为了更准确地反映我国制造业不同行业结构的变化趋势，我们将制造业分行业的数据分成 2003—2011 年和 2012—2016 年两个时间段来进行分析，各个行业的产值我们用规模以上工业企业的销售产值来衡量。

鉴于数据的延续性和可获得性，我们从分析的 29 个行业[①]中选取主要的 17 个行业，并根据其 2003—2011 年产值占比的变化趋势分析制造业结构的变动情况（表 2-9）。由表 2-9 可知，产值占比增加的行业有黑色金属冶炼及压延加工业、化学原料及化学制品制造业、电气机械及器材制造业等 11 个行业，大部分为资本密集型和技术密集型行业，另外有 6 个行业产值占比出现了不同程度的下降，以劳动密集型行业居多，如纺织业等行业。2003—2011 年，产值占比排名前五名的行业并未发生太大变化，这说明我国制造业的支持产业发展较为稳定，且这些行业的技术含量相对较高，创新的引领支撑作用较为明显。

表 2-9 2003—2011 年部分行业产值占比变化趋势

行业	2003 年	2004 年	2005 年	2006 年	2007 年	2008 年	2009 年	2010 年	2011 年
黑色金属冶炼及压延加工业	7.97%	9.73%	9.86%	9.34%	9.64%	10.20%	8.92%	8.57%	8.78%
通信设备、计算机及其他电子设备制造业	12.46%	12.71%	12.37%	12.03%	11.12%	9.97%	9.33%	9.08%	8.70%
交通运输设备制造业	8.84%	7.90%	7.32%	7.41%	7.66%	7.63%	8.72%	9.13%	8.66%
化学原料及化学制品制造业	7.26%	7.35%	7.51%	7.44%	7.56%	7.67%	7.69%	7.85%	8.27%
电气机械及器材制造业	6.15%	6.39%	6.36%	6.61%	6.75%	6.88%	6.96%	7.05%	6.97%
农副食品加工业	4.80%	4.75%	4.88%	4.73%	4.94%	5.43%	5.85%	5.73%	6.02%
通用设备制造业	4.45%	4.82%	4.84%	5.00%	5.18%	5.57%	5.71%	5.74%	5.56%
非金属矿物制品业	4.41%	4.28%	4.20%	4.25%	4.39%	4.73%	5.19%	5.25%	5.46%
石油加工、炼焦及核燃料加工业	4.98%	5.15%	5.57%	5.58%	5.12%	5.18%	4.53%	4.84%	5.08%
有色金属冶炼及压延加工业	2.80%	3.45%	3.65%	4.72%	5.12%	4.72%	4.29%	4.62%	4.88%
纺织业	6.07%	5.90%	5.81%	5.58%	5.29%	4.85%	4.81%	4.69%	4.46%
专用设备制造业	2.99%	2.87%	2.76%	2.87%	2.97%	3.25%	3.49%	3.50%	3.53%
金属制品业	3.03%	2.93%	3.02%	3.10%	3.24%	3.40%	3.34%	3.29%	3.18%

① 29 个制造业行业划分范围依据：国家统计局发布《国民经济行业分类》（GB/T 4754—2011）中第二产业的 C 类制造业中除去“其他制造业”的 29 个分类产业名称。

续表

行业	2003 年	2004 年	2005 年	2006 年	2007 年	2008 年	2009 年	2010 年	2011 年
塑料制品业	2.41%	2.40%	2.32%	2.32%	2.29%	2.25%	2.29%	2.28%	2.12%
医药制造业	2.18%	1.79%	1.88%	1.77%	1.73%	1.74%	1.93%	1.87%	1.98%
食品制造业	1.78%	1.64%	1.73%	1.71%	1.71%	1.73%	1.92%	1.85%	1.92%
纺织服装、鞋、帽制造业	2.67%	2.27%	2.27%	2.22%	2.14%	2.13%	2.17%	2.01%	1.84%

资料来源：国家统计局公布的相关数据。

从 2012—2016 年制造业结构变化趋势来看，在产值占比排名前五的产业中，计算机、通信和其他电子设备制造业以及化学原料和化学制品制造业的产值占比一直位居前二位，但汽车制造业产值占比增长最快，从2012年的6.31%提高到2016年的 7.72%，位次上升到第三位（图 2-7）。我国汽车工业虽然起步较晚，但发展较为迅速，从 2012 年到 2015 年，我国汽车年均销量复合增长率达到 8.30%，2016 年全年销量超 2800 万辆，同比增长 14.46%，2017 年全年销量达 2887.89 万辆，同比增长 3.04%，销量连续九年居全球第一[①]。

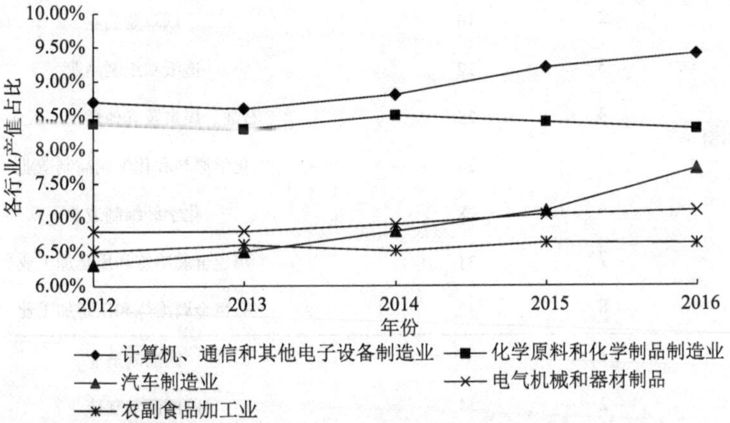

图 2-7　2012—2016 年制造业产值占比排名前五的产业

为了进一步考察不同要素密集型行业的结构变化趋势，我们将 29 类制造业产业分为劳动密集型、资本密集型和技术密集型三种类型，具体分类情况见表 2-10。

表 2-10　按照要素密集程度的制造业 29 个行业分类

类型	序号	国家标准编号	行业名称
劳动密集型	1	13	农副食品加工业

① 资料来源：中国汽车工业协会。

续表

类型	序号	国家标准编号	行业名称
劳动密集型	2	14	食品制造业
	3	17	纺织业
	4	18	纺织服装、服饰业
	5	19	皮革、毛皮、羽毛及其制品和制鞋业
	6	20	木材加工和木、竹、藤、棕、草制品业
	7	21	家具制造业
	8	23	印刷和记录媒介复制业
	9	24	文教、工美、体育和娱乐用品制造业
	10	29	橡胶和塑料制品业
	11	30	非金属矿物制品业
	12	33	金属制品业
资本密集型	1	15	酒、饮料和精制茶制造业
	2	16	烟草制品业
	3	22	造纸和纸制品业
	4	25	石油、煤炭及其他燃料加工业
	5	26	化学原料和化学制品制造业
	6	28	化学纤维制造业
	7	31	黑色金属冶炼和压延加工业
	8	32	有色金属冶炼和压延加工业
技术密集型	1	27	医药制造业
	2	34	通用设备制造业
	3	35	专用设备制造业
	4	36	汽车制造业
	5	37	铁路、船舶、航空航天和其他运输设备制造业
	6	38	电气机械和器材制造业
	7	39	计算机、通信和其他电子设备制造业
	8	40	仪器仪表制造业
	9	42	废弃资源综合利用业

从分制造业产业部门来看，2017 年研发经费投入强度大于 1%的制造业行业大部分都为技术密集型产业，高技术制造业研发经费投入强度为 2%左右。2013—2017 年，大部分技术密集型产业的研发经费投入强度都呈现出上升的趋势，研发经费投入强度的不断增加推动了制造业结构的不断优化，也推动了传统密集型产业的转型升级（表 2-11）。

表 2-11　2013—2017 年部分制造业行业研发经费投入强度

行业	2013 年	2014 年	2015 年	2016 年	2017 年
铁路、船舶、航空航天和其他运输设备制造业	2.41%	2.40%	2.30%	2.38%	2.53%
仪器仪表制造业	1.99%	2.04%	2.08%	1.96%	2.11%
医药制造业	1.69%	1.67%	1.72%	1.73%	1.97%
计算机、通信和其他电子设备制造业	1.59%	1.63%	1.76%	1.82%	1.88%
专用设备制造业	1.57%	1.55%	1.58%	1.54%	1.78%
电气机械和器材制造业	1.32%	1.38%	1.46%	1.5%	1.73%
通用设备制造业	1.26%	1.32%	1.35%	1.38%	1.53%
汽车制造业	1.14%	1.16%	1.27%	1.29%	1.38%
化学纤维制造业	0.95%	1.05%	1.09%	1.08%	1.34%
化学原料和化学制品制造业	0.86%	0.9%	0.95%	0.96%	1.11%
橡胶和塑料制品业	0.72%	0.76%	0.78%	0.86%	1.01%

资料来源：国家统计局。

（二）制造业全球创新资源布局加速，PCT 国际专利申请数量大幅提高

从年度专利合作条约（patent cooperation treaty，PCT）专利申请量来看，2017 年我国 PCT 专利申请量 48 882 件（绝大部分为制造业的专利），超过了日本的申请量，仅次于美国的 56 624 件，排名全球第二位。从占比来看，2017 年我国 PCT 专利申请量占全球的比重为 20.1%，美国和日本的占比分别为 23.2%和 19.9%。从占比提升幅度看，与 2012 年相比，我国 PCT 专利申请量占全球比重提升了 10.6 个百分点，美国和日本分别下降了 3.3 个和 2.4 个百分点，我国占比提升幅度远远超出其他国家，居全球第一位。从平均增速来看，在排名前 15 位的国家当中，只有中国是唯一一个保持了 PCT 专利申请量两位数增长（增长了 13.4%）的国家，2012—2017 年，我国 PCT 专利申请量年均增长 20.0%，而全球年均增速仅为 4.9%[①]。

① 资料来源：世界知识产权组织数据库。

从制造业企业角度来看，长时间以来，国际巨头企业一直占据着国际专利申请的前十名①，而随着中国制造业渐渐在核心技术上的崛起，逐渐在排名上有所提升。在 2017 年全球企业 PCT 国际专利申请量排名当中，位于深圳的华为技术有限公司（4024 件）和中兴通讯股份有限公司（2965 件）占据了 2017 年 PCT 申请人前两名的位置，紧跟其后的是美国的英特尔公司（2637 件）、日本的三菱电机株式会社（2531 件）和美国高通公司（2163 件）（图 2-8）。2017 年，全国共有 12 家企业跻身世界 PCT 国际专利申请 100 强，深圳占据 6 个席位，“深圳创新”表现亮眼。同时，从全国 PCT 国际专利申请企业的类型角度来看，排名靠前的企业也大多是信息通信类企业（表 2-12），这反映出了我国计算机与信息通信领域已经在全球专利网络占据重要的地位，并在全球具有一定的竞争力，而广东在这方面具备相当大的优势。

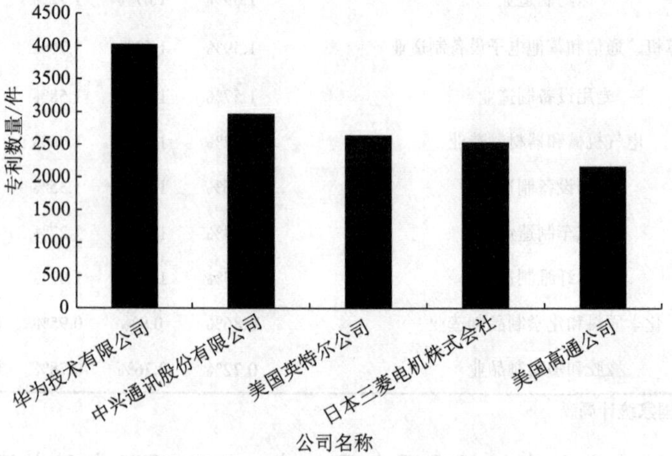

图 2-8　2017 年全球企业 PCT 国际专利申请前五名

资料来源：IPRdaily 及世界知识产权组织数据库。

表 2-12　2017 年全国 PCT 国际专利申请前十名企业

排名	企业名称	所在城市	PCT 国际专利申请受理量/件
1	华为技术有限公司	深圳	4024
2	中兴通讯股份有限公司	深圳	2965
3	京东方科技集团股份有限公司	北京	1818
4	乐视控股（北京）有限公司	北京	1397
5	深圳市华星光电技术有限公司	深圳	972
6	阿里巴巴集团	杭州	707
7	腾讯科技（深圳）有限公司	深圳	560

① 资料来源：IPRdaily 及世界知识产权组织数据库。

续表

排名	企业名称	所在城市	PCT 国际专利申请受理量/件
8	宇龙计算机通信科技（深圳）有限公司	深圳	517
9	广东欧珀移动通信有限公司	东莞	474
10	小米科技有限责任公司	北京	354

资料来源：世界知识产权组织数据库。

三、中国制造业集聚的时空演进特征分析

产业的集群化发展是区域经济发展的重要特征之一，有较多关于产业集聚度量的方法，常用的有产业集中度、区位熵（location entropy，LQ）、空间基尼系数等指标，这里我们选择区位熵系数和产业集中度来测算我国制造业的区域集聚程度。具体方法介绍如下。

（一）制造业区位熵

区位熵是一种衡量产业专业化程度的重要指标，可以通过比较不同地区制造业的集聚程度，进而确定该地区制造业集聚状况在全国所处的位置。计算公式为

$$LQ_i = \frac{e_i / e}{E_i / E} \tag{2-1}$$

其中，e_i为 i 地区的制造业增加值，e 为 i 地区的生产总值，E_i为全国的制造业增加值，E 为全国的 GDP。如果该系数大于 1.25，说明该地区的制造业在当地具有较为明显的比较优势，表现为高度集聚；如果该系数为 1～1.25，说明该地区制造业属于一般集聚，规模较大，专业化程度较高；如果该系数小于 1，说明该地区制造业缺乏集聚，专业化程度较弱。

（二）制造业在前 n 个地区的集中度

通过计算 CR_{kn} 指数来考察制造业在前 n 个地区的集聚程度，其计算公式为

$$CR_{kn} = \sum_{i=1}^{n} S_{ki} / \sum_{i=1}^{N} S_{ki} \tag{2-2}$$

其中，S_{ki} 表示 k 产业在 i 地区的工业增加值，n 表示全部地区数。由于部分省区市制造业增加值数据缺失，我们这里利用 31 个省区市 1993—2016 年工业增加值的数据来替代制造业增加值的数据，运用式（2-1）和式（2-2）进行测量，具体测算结果见表 2-13。由表 2-13 可以看出，总体上来看，1993—2016 年，我国各

省区市制造业的区位熵具有明显的波动性，有一些省区市是从没有专业化优势转变为具有专业化优势，即制造业区位熵从小于 1 变为大于 1，如内蒙古、安徽、福建、江西、广西、湖北、陕西、广东等省区；有一些省份则逐渐失去了专业化优势，即制造业区位熵从大于 1 变为小于 1 或区位熵下降趋势明显，如上海、辽宁、黑龙江等省市；有一些省区市的制造业区位熵基本上始终小于 1，也就是基本上不具有专业化优势，如北京、四川、湖南、贵州、云南、西藏、青海、宁夏、新疆、甘肃等省区。还有一些省区市的制造业区位熵始终大于 1，即具有较大的专业化优势和较为雄厚的制造业基础，如天津、河北、江苏、浙江、山东等省市，各省区市制造业集聚程度的变化反映了各省区市基础设施投入差异、产业结构演进及政府对制造业发展支持力度的不同。从 2016 年的区位熵测算结果来看，各地区制造业集聚存在着明显的差异，制造业集聚指数大于 1 的有 15 个省区市，聚集程度比较高的省份有河北、吉林、安徽、福建、山东、河南、广东等，聚集程度较低的省区市有西藏、海南、黑龙江、云南、北京、上海等，北京和上海的经济发展已进入现代社会发展阶段，基本完成了制造业的梯度转移，并依托其独特的区位优势、人才优势、市场优势及先进的基础设施，大力发展高端制造业和服务业，第三产业已成为经济发展的主导力量，因此制造业的集聚程度较低。而西藏、海南、云南等省区，虽拥有独特的自然资源，但制造业发展的基础较为薄弱，专业化优势难以显现。

表 2-13　中国各省区市制造业区位熵测算结果

省区市	1993 年	1995 年	1998 年	2000 年	2003 年	2005 年	2008 年	2010 年	2014 年	2015 年	2016 年
北京	0.93	0.88	0.73	0.68	0.61	0.57	0.43	0.44	0.43	0.42	0.43
天津	1.27	1.26	1.17	1.18	1.17	1.17	1.14	1.08	1.11	1.11	1.04
河北	1.09	1.01	1.10	1.12	1.08	1.09	1.11	1.06	1.12	1.11	1.14
山西	1.06	1.02	1.05	1.04	1.12	1.16	1.19	1.15	1.06	0.90	0.87
内蒙古	0.74	0.74	0.78	0.80	0.80	0.88	1.02	1.09	1.10	1.14	1.09
辽宁	1.12	1.10	1.10	1.16	1.06	0.98	1.04	1.08	1.09	1.03	0.84
吉林	1.05	0.91	0.82	0.86	0.87	0.88	0.94	1.03	1.15	1.14	1.12
黑龙江	1.18	1.19	1.24	1.27	1.15	1.14	1.04	0.97	0.78	0.71	0.65
上海	1.36	1.31	1.13	1.07	1.09	1.01	0.89	0.86	0.77	0.75	0.73
江苏	1.18	1.20	1.13	1.15	1.20	1.18	1.11	1.05	1.02	1.05	1.08
浙江	1.11	1.16	1.27	1.23	1.14	1.10	1.08	1.03	1.03	1.05	1.08

续表

省区市	1993年	1995年	1998年	2000年	2003年	2005年	2008年	2010年	2014年	2015年	2016年
安徽	0.91	0.78	0.78	0.78	0.79	0.80	0.89	0.99	1.12	1.11	1.13
福建	0.84	0.89	0.92	0.97	1.03	0.99	0.95	0.98	1.07	1.09	1.11
江西	0.79	0.67	0.71	0.69	0.76	0.83	0.94	1.03	1.08	1.09	1.07
山东	1.06	1.06	1.10	1.12	1.17	1.19	1.15	1.09	1.05	1.08	1.11
河南	1.00	1.05	1.01	1.01	1.04	1.07	1.16	1.17	1.12	1.12	1.15
湖北	0.87	0.81	0.86	0.90	0.88	0.87	0.87	0.95	0.99	1.03	1.05
湖南	0.78	0.77	0.82	0.79	0.79	0.77	0.84	0.89	0.98	0.99	0.98
广东	0.98	1.03	1.08	1.06	1.08	1.08	1.06	1.06	1.06	1.09	1.10
广西	0.76	0.77	0.76	0.75	0.72	0.74	0.84	0.91	0.95	0.99	1.02
海南	0.33	0.30	0.34	0.34	0.46	0.45	0.46	0.42	0.36	0.34	0.33
重庆	0.97	0.97	0.92	0.91	0.91	0.87	1.01	1.06	0.90	0.93	0.95
四川	0.81	0.85	0.80	0.75	0.75	0.80	0.88	0.98	1.02	0.96	0.92
贵州	0.79	0.82	0.82	0.82	0.82	0.82	0.75	0.75	0.84	0.83	0.86
云南	0.89	0.98	0.99	0.90	0.86	0.78	0.81	0.82	0.75	0.74	0.72
西藏	0.18	0.18	0.25	0.22	0.19	0.16	0.17	0.18	0.18	0.18	0.21
陕西	0.90	0.91	0.88	0.89	0.97	0.98	1.00	1.02	1.11	1.07	1.07
甘肃	0.90	1.02	0.90	0.80	0.79	0.82	0.84	0.88	0.82	0.69	0.67
青海	0.82	0.77	0.73	0.76	0.74	0.87	1.03	1.03	1.02	0.97	0.96
宁夏	0.87	0.91	0.82	0.84	0.84	0.87	0.95	0.86	0.87	0.88	0.91
新疆	0.77	0.67	0.69	0.79	0.74	0.86	0.94	0.90	0.85	0.77	0.76

从各省区市制造业集聚的平均水平变动情况来看，1993—2016 年，制造业集聚变动经历了下降、上升、再下降的过程，其中 2003—2011 年是制造业集聚水平快速上升的过程，2001 年底中国加入世界贸易组织之后，市场的进一步开放及实施各种优惠政策吸引了大量的外资企业来中国投资建厂，我国实际利用外资从 2003 年的 561.40 亿美元增加到 2011 年的 1176.98 亿美元，在一定程度上带动了中国制造业的迅速发展，使得中国的人口优势得到发挥（图 2-9）。同时，随着国际关税的大幅降低，商品出口大幅增加，中国制造开始开辟全球市场，产业集群化发展水平逐步提高，到 2010 年中国已超过美国成为全球第一制造大国。受 2008 年国际金融危机的影响，一些国家国内经济增长停滞、收入增长慢、失业率较高，

导致需求大幅下降，外部需求不足在一定程度上也影响了我国的经济增长，制造业集聚水平也随之下降，制造业面临结构调整和转型升级的挑战。

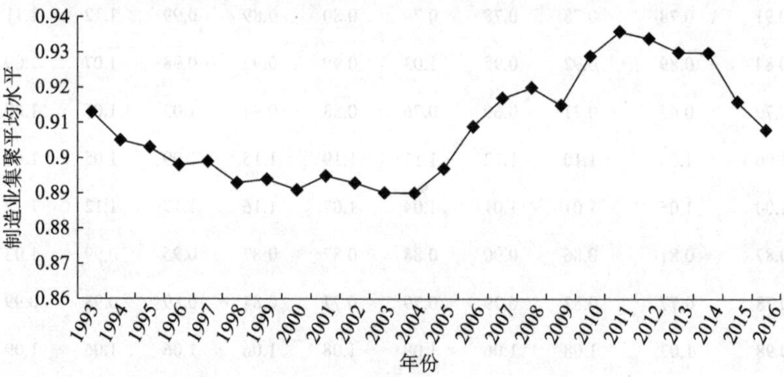

图 2-9　各省区市制造业集聚平均水平变动情况

从制造业地理集中系数来看，1993 年以来，排名前五位省市的制造业占比均高于 40%，2005 年达到最高水平，制造业占比达到 47.36%，之后开始缓慢下降，截至 2016 年排名前五位省市的制造业占比仍保持在较高的水平（表 2-14）。这说明我国制造业在区域上呈现出比较明显的空间集聚的现象，东部沿海地区集聚了大量的制造业，但随着区域经济协调发展战略的深入推进，东中西部之间的差距正在逐渐缩小。值得注意的是，2000 年以来，广东省制造业占比一直占据全国第一的位置，排名第二位的是江苏，排名第三位的是山东，自 1989 年至今，广东的经济总量已经连续 28 年稳居全国各省区市第一位，广东经济发展对全国的经济增长起到了重要的支撑作用，党的十八大以来对全国经济增长的贡献率超过 10%。2005 年以来，随着西部大开发和中部崛起战略的深入实施，东部沿海地区的制造业大规模向中西部地区转移，河南作为中部地区的重要省份和全国人口大省，其制造业表现突出，工业经济总量稳居全国第五位，中部第一位。党的十八大以来，河南聚焦发展装备制造、食品制造、新型材料制造、电子制造、汽车制造等五大主导产业，至 2019 年已形成若干个千亿级产业集群，有力推动了当地经济的发展。

表 2-14　1993—2016 年制造业排名前五位省市的地理集聚程度

项目	1993 年	1994 年	1995 年	2000 年	2005 年	2010 年	2015 年	2016 年
地理集聚前五位省市	江苏、广东、山东、浙江	江苏、广东、辽宁、山东、辽宁	江苏、广东、山东、浙江、上海	广东、江苏、山东、浙江、河北	广东、江苏、山东、浙江、河南	广东、江苏、山东、浙江、河南	广东、江苏、山东、浙江、河南	广东、江苏、山东、浙江、河南
占比	41.54%	42.68%	43.28%	44.39%	47.36%	43.87%	42.6%	44.32%

第三章 中国与“一带一路”沿线国家制造业结构演进状况

分析中国制造业在全球价值链和“一带一路”区域价值链中的位势，以及中国与“一带一路”沿线国家的产业结构演进状况是探索中国产业转型升级路径的关键所在。一般而言，越微观的数据、越细分的产业越能有效地反映区域产业结构的现状和演进情况，本章借助全球价值链指数、产业结构化指数和产业结构差异化指数，力图从宏观产业层面考察中国与“一带一路”沿线国家在全球价值链的位势。

第一节 全球价值链指数

本节根据制造业贸易附加值分解数据，选择全球价值链地位指数和全球价值链参与度指数作为指标，深入分析中国制造业各细分行业在全球价值链中的位势和中国制造业融入全球价值链的发展现状。

一、构造方法

随着全球价值链分工的不断细化，全球 GDP 增长速度加快，极大地影响了国际贸易。各国不断开发并完善国家间的投入产出数据库以进行价值链分析，并发现投入产出表中国内投入与国外进口矩阵越来越重要。

鼓励发展中国家积极融入全球价值链对其自身而言是有益的，这能促进它们转向开展价值链中具有更高附加值的经济活动。根据 Dollar 的观测结果，目前深度参与全球价值链的国家有三个，中国属于其中之一。与发达国家相比，在融入全球价值链进程中，那些参与率较低、处于价值链上游的发展中国家往往会受到更大的影响（盛斌和黎峰，2016）。为测算中国制造业参与全球价值链的参与度指数与地位指数，本节参考 Koopman 等（2010）和李焱等（2018）的指数分析方法，通过构建全球价值链地位指数和全球价值链参与度指数，研判中国制造业全球价值链地位参与度状况，深入探索中国在制造业细分行业的位势及其贸易出口附加值发展现状，以期为中国制造业增加贸易利得和提高国际地位提供实证参考。

依据 Koopman 等（2010）对一国总出口的分解方法，出口增加值包括以下五个部分，具体分解公式为

$$E_r = V_r B_{rr} \sum_{s \neq r} Y_{rs} + V_r B_{rr} \sum_{s \neq r} A_{rs} X_{ss} + V_r B_{rr} \sum_{s \neq r} A_{rs} X_{st} + V_r B_{rr} \sum_{s \neq r} A_{rs} X_{sr} + FV_r \tag{3-1}$$

其中，第一个多项式表示直接进口国吸收的包含在最终产品和劳务出口中的 r 国国内价值增值。第二个多项式表示直接进口国用来生产国内需求产品的包含在中间产品出口中的 r 国国内价值增值。第三个多项式表示直接进口国用来生产产品并出口给第三国，包含在中间产品中的 r 国国内价值增值，即 r 国的间接附加值出口。第四个多项式表示直接进口国用来生产产品出口并返回 r 国，包含在中间产品中的 r 国国内价值增值。第五个多项式表示出口的国外价值增值。

全球价值链地位指数是指比较一国某产业中间品出口额及其进口额，即为一国某产业向其他国家出口的中间品的对数值与本国该产业出口品中使用的进口中间品的对数值之差。全球价值链地位指数的具体公式为

$$\text{GVC\_Position}_{ir} = In(1 + \text{IV}_{ir}/E_{ir}) - In(1 + \text{FV}_{ir}/E_{ir}) \tag{3-2}$$

其中，GVC_Position_{ir} 代表 r 国的产业 i 的全球价值链分工地位；IV_{ir} 表示 r 国 i 产业出口贸易附加值；FV_{ir} 代表 r 国 i 产业出口产品中的国外附加值；E_{ir} 代表 r 国 i 产业的附加值贸易总额。若全球价值链分工地位指数越大，说明 r 国 i 产业的全球价值链地位越高，处于全球价值链的高端或优势地位，拥有较强的国际竞争优势；若该指数越小，则说明 r 国 i 产业位于全球价值链的低端或劣势位置。

而一国某行业在全球价值链中的参与程度则通过全球价值链参与度指数来表示。全球价值链参与度指数的公式具体为

$$\text{GVC\_Participation}_{ir} = (\text{IV}_{ir} + \text{FV}_{ir}/E_{ir}) \tag{3-3}$$

同样地，全球价值链参与度指数正向反映了 r 国 i 产业在全球价值链中的参与程度：数值越大意味着参与度越高，反之亦然。

二、指数分析

本节基于 2016 年世界投入产出数据库（Word Input-Output Database，WIOD）中的数据进行指数测算。数据库内包含 2000—2016 年世界 44 个主要国家或地区 56 个部门[①]的中间产品的投入产出数据和最终产品消费的来源数据。由该数据库

① 56 个部门中，1 至 4 为提供生产资料的部门，5 至 22 为制造业部门，23 至 56 为服务业部门。

提供的2000—2016年的投入产出数据，我们能够准确地判断中国制造产业在参与全球价值链中的真实情况。

基于世界投入产出数据库中的数据，本节利用全球价值链指数公式，测算出了2000—2016年中国出口贸易参与全球价值链的地位指数和参与度指数（表3-1）。

表3-1　中国出口贸易参与全球价值链的地位指数和参与度指数

年份	整体全球价值链地位指数	整体全球价值链参与度指数	制造业全球价值链地位指数	制造业全球价值链参与度指数
2000	−0.0101	0.2610	−0.0379	0.2663
2001	−0.0045	0.2544	−0.0329	0.2598
2002	−0.0146	0.2651	−0.0451	0.2731
2003	−0.0427	0.2844	−0.0709	0.2948
2004	−0.0600	0.3040	−0.0846	0.3155
2005	−0.0653	0.3022	−0.0891	0.3125
2006	−0.0604	0.3031	−0.0801	0.3140
2007	−0.0631	0.3022	−0.0831	0.3140
2008	−0.0442	0.2938	−0.0635	0.3071
2009	−0.0290	0.2571	−0.0483	0.2702
2010	−0.0354	0.2747	−0.0544	0.2894
2011	−0.0260	0.2769	−0.0443	0.2919
2012	−0.0216	0.2631	−0.0399	0.2781
2013	−0.0177	0.2614	−0.0320	0.2768
2014	−0.0013	0.2519	−0.0131	0.2665
2015	−0.0011	0.2567	−0.0121	0.2656
2016	−0.0008	0.2500	−0.0012	0.2578

就中国与“一带一路”整体全球价值链指数而言，虽然在全球价值链分工体系中，中国已经有了较高的参与度，但是由于与国外增加值相比，出口中含有的间接增加值仍较低，因此全球价值链地位指数一直小于零，这说明中国的出口贸易整体地位不高。从制造业全球价值链指数来看，中国制造业参与全球价值链程度较深，但是在全球价值链的地位指数小于零，地位仍然不高。

在改革开放初期，中国占有主导地位的对外贸易形式变成了加工贸易。中国在2001年加入世界贸易组织后，加工贸易更是进入高速发展阶段，在全球价值链中的位置持续下移，导致全球价值链参与地位指数也在迅速下降。

为了进一步分析不同类别的制造业参与全球价值链的地位和程度，将制造业部门细分为劳动密集型制造业、资源密集型制造业和知识密集型制造业三大行业类别，以考察不同行业的具体情况。由表 3-2 可以看出，在全球价值链地位指数方面，资源密集型制造业最大，劳动密集型制造业和知识密集型制造业相当。而在全球价值链参与度指数方面，知识密集型制造业最大，资源密集型制造业次之，劳动密集型制造业最低。这说明知识密集型制造业虽然参与国际分工的程度较高，但是在全球价值链的地位表现却与此相反，说明目前仍处于低端生产环节。由此可见，中国应加大推进知识密集型制造业的高端布局，充分发挥中国制造业的发展优势，深度融入全球价值链体系，进而带动经济的增长。

表 3-2 中国制造业分产业参与全球价值链的地位指数和参与度指数

年份	劳动密集制造业		资源密集制造业		知识密集制造业	
	地位指数	参与度指数	地位指数	参与度指数	地位指数	参与度指数
2000	−0.0788	0.1931	0.0500	0.2678	−0.0527	0.3166
2001	−0.0762	0.1893	0.0481	0.2525	−0.0426	0.3098
2002	−0.0798	0.2018	0.0418	0.2580	−0.0640	0.3206
2003	−0.0879	0.2118	0.0257	0.2780	−0.1011	0.3420
2004	−0.0905	0.2271	0.0169	0.3031	−0.1222	0.3558
2005	−0.0909	0.2145	0.0062	0.3004	−0.1227	0.3562
2006	−0.0829	0.2089	0.0207	0.3084	−0.1154	0.3568
2007	−0.0811	0.1985	0.0219	0.3097	−0.1196	0.3578
2008	−0.0655	0.1892	0.0302	0.3133	−0.0968	0.3426
2009	−0.0433	0.1602	0.0179	0.2638	−0.0736	0.3074
2010	−0.0516	0.1797	0.0035	0.2841	−0.0765	0.3197
2011	−0.0429	0.1860	0.0075	0.2957	−0.0665	0.3185
2012	−0.0338	0.1700	0.0068	0.2833	−0.0631	0.3055
2013	−0.0300	0.1705	0.0088	0.2790	−0.0529	0.3053
2014	−0.0177	0.1648	0.0263	0.2703	−0.0318	0.2922
2015	−0.0157	0.1654	0.264	0.2704	−0.0218	0.3012
2016	−0.0116	0.1624	0.266	0.2707	−0.0118	0.3145

第二节 中国在“一带一路”沿线国家的全球价值链指数

通过第一节全球价值链指数的相关阐述可知，中国在全球价值链中处于中低端的位置。本节根据制造业贸易附加值分解数据，选择全球价值链地位指数和全球价值链参与度指数作为指标，深入分析中国制造业各细分行业在“一带一路”沿线国家全球价值链中的国际位势和发展现状。

一、构造方法

随着“一带一路”倡议的推进与全球价值链分工的深化，产能合作是“一带一路”建设的主要方向，推动中国与“一带一路”沿线国家制造业的合作及发展，对全球价值链的重塑有重要影响。近年来，我国开发并逐步完善国家间投入产出数据库，这使得价值链分析变得愈加重要。

为测算中国制造业参与全球价值链在“一带一路”沿线国家的分工程度与地位，本节继续运用第一节的测算方式，通过构建中国在“一带一路”沿线国家的价值链地位指数和参与度指数，深度解析中国制造业在“一带一路”沿线国家价值链中的参与度指数和地位指数，深入分析中国制造业在贸易出口附加值和细分行业的发展现状，了解中国在“一带一路”沿线国家中的价值链位势，以期为提升中国制造业在全球价值链中的位势、增加贸易利得和增强国际竞争力提供实证参考。

中国在“一带一路”沿线区域价值链地位指数是指比较“一带一路”沿线国家中某一国某产业中间品出口额和该国该产业的中间品进口额，全球价值链地位指数具体公式为

$$\text{GVC\_Position}_{ir} = In(1+\text{IV}_{ir}/E_{ir}) - In(1+\text{FV}_{ir}/E_{ir}) \tag{3-4}$$

其中，此处 GVC_Position_{ir} 区别于式（3-2），代表 r 国的产业 i 的“一带一路”沿线国家区域价值链分工地位。若中国在“一带一路”沿线区域价值链分工地位指数较大，说明 r 国产业 i 在全球价值链的地位较高，处于区域价值链的高端位势，拥有更大的行业国际竞争优势；若该指数越小，则说明 r 国产业 i 位于区域价值链的低端位置。

“一带一路”沿线国家区域价值链参与度指数表示一国某行业在此区域价值链中的参与程度。具体公式为

$$\text{GVC\_Participation}_{ir} = (\text{IV}_{ir} + \text{FV}_{ir} / E_{ir}) \tag{3-5}$$

同样地，"一带一路"沿线国家区域价值链参与度指数正向反映了 r 国 i 行业在全球价值链的参与程度，即指数越大，程度越高，反之越低。

二、指数分析

本节基于 2016 年世界投入产出数据库中的数据进行指数测算。该数据库内包含了 2000—2014 年"一带一路"沿线 26 个主要国家 56 个部门的中间产品的投入产出数据和最终产品消费的数据。

基于世界投入产出数据库提供的数据，利用全球价值链指数公式，来测算 2000—2016 年中国出口贸易在"一带一路"沿线区域价值链的地位指数和参与度指数（表 3-3）。从中国与"一带一路"整体全球价值链指数而言，中国已经广泛地参与到全球价值链分工体系中，且出口地位指数超过了零，相比于全球价值链，中国在"一带一路"沿线国家的出口地位较高，位于价值链的中高端位置。从制造业全球价值链指数来看，中国制造业参与全球价值链的程度较深。

表 3-3　中国出口贸易参与"一带一路"沿线国家的全球价值链的地位指数和参与度指数

年份	整体全球价值链地位指数	整体全球价值链参与度指数	制造业全球价值链地位指数	制造业全球价值链参与度指数
2000	−0.046	0.650	−0.017	0.666
2001	−0.043	0.660	−0.032	0.659
2002	−0.052	0.662	−0.045	0.673
2003	−0.065	0.665	−0.050	0.694
2004	−0.053	0.690	−0.024	0.615
2005	−0.041	0.680	−0.019	0.612
2006	−0.024	0.685	0.000	0.614
2007	0.000	0.682	0. 131	0.614
2008	0.036	0.670	0.235	0.607
2009	0.033	0.675	0.483	0.670
2010	0.025	0.680	0.544	0.689
2011	0.028	0.780	0.643	0.691
2012	0.030	0.700	0.699	0.678
2013	0.032	0.720	0.620	0.676
2014	0.030	0.780	0.631	0.666
2015	0.031	0.790	0.650	0.700
2016	0.028	0.760	0.630	0.720

“十一五”期间，中国适时提出了对加工贸易进行转型升级，特别是要重点提高加工贸易的技术水平和加工深度。此外，随着我国劳动力成本逐年上升，发达国家的传统制造业逐渐将部分加工贸易转移到诸如印度、孟加拉国、缅甸等劳动力成本更低的发展中国家。因此，在总出口方面，2006年开始，中国加工贸易出口所占的比重虽有所下降，与“一带一路”沿线国家相较而言，中国的全球价值链地位指数却逐步提高。目前，在“一带一路”沿线国家的地位指数中，与26个“一带一路”沿线主要国家相比，中国的全球价值链地位指数仅排在第16位，但总体呈现出上升的趋势。这表明在国际分工中，中国不仅在对大量的进口中间品进行加工处理，还在将部分中间品出口至第三国，投入当地的加工生产中。

第三节　产业结构高度化指数

本节通过构建产业结构高度化指数，以分析中国与“一带一路”沿线国家的制造业结构调整状况。

一、构造方法

产业的结构调整、转型升级体现了一个国家或地区产业、经济、科技的发展水平和竞争力。随着产业结构的不断调整和转型升级，产业会经历一个从劳动密集型过渡到资本密集型再转向知识技术型的发展过程，而产业优势也会从低端初次产品向中端制造中间产品再向高端最终产品升级，刘伟等（2008）将这两个过程称为“产业结构的高级化”。黄亮雄等（2013）从技术水平的角度重新定义了产业结构高度化，认为其是资源和要素从低技术部门向高技术部门转移配置的过程。因此，我们综合上述学者的观点发现，产业结构高度化包含两层含义：一个是比例关系的变化；另一个是技术复杂度和生产率的提高。

构建产业结构高度化指数度来分析中国与“一带一路”沿线国家的制造业结构调整状况，发现中国与“一带一路”沿线国家中高技术复杂度和高生产率的产业所占的比例越来越高。所构建的产业结构高度化指数采用了黄亮雄等（2013）的方法，具体公式为

$$H_{it} = \sum_{j=1}^{J} S_{ijt} \times F_{ijt} \tag{3-6}$$

其中，S_{ijt}表示t世界i地区产业j的增加值占所有产业总增加值的比重；F表示生产效率，主要从两个维度加以衡量：全要素生产率及劳动生产率。劳动生产率

可表示为

$$LP^t = Y^t / L^t = \sum_{i=1}^{n} Y_i^t L_i^t / L_i^t L^t = \sum_{i=1}^{n} LP_i^t \times S_i^t \tag{3-7}$$

其中，LP^t表示某地 t 期的经济总体的劳动生产率，LP_i^t表示产业部门在 t 期的劳均生产率，S_i^t表示其对应的劳动所占份额。

二、指数分析

指数测算的基本数据源于联合国数据库、联合国工业发展组织数据库、国际劳工组织数据库、《国际统计年鉴》及相关统计公报。按照“一带一路”沿线国家所在区域可分组为东盟、西亚、中亚、南亚、独立国家联合体、中东欧等六大区域。表 3-4 为中国与“一带一路”沿线国家的制造业高度化指数。1995 年，产业高度化最高的是独立国家联合体，中东欧地区次之，中亚地区最低。但到 2010 年后，分布状况有了较大的变化，中东欧地区制造业高度化指数位列第一名，而中国次之。

表 3-4　中国与“一带一路”沿线国家的制造业高度化指数

年份	中国	东盟	西亚	中亚	南亚	独立国家联合体	中东欧
1995	0.49	0.70	0.56	0.16	0.54	0.90	0.77
1996	0.61	0.78	0.65	0.15	0.63	0.97	0.85
1997	0.71	0.87	0.75	0.14	0.70	1.03	0.93
1998	0.76	1.02	0.86	0.12	0.78	1.05	1.07
1999	0.83	1.06	0.98	0.13	0.87	1.14	1.09
2000	0.91	1.32	1.05	0.15	0.94	1.28	1.35
2001	0.96	1.21	1.11	0.14	1.00	1.29	1.30
2002	1.00	1.28	1.20	0.12	1.07	1.35	1.40
2003	1.20	1.39	1.31	0.14	1.17	1.44	1.53
2004	1.32	1.49	1.39	0.17	1.25	1.61	1.71
2005	1.57	1.57	1.48	0.23	1.31	1.70	1.84
2006	1.66	1.69	1.57	0.29	1.41	1.85	2.02
2007	1.74	1.84	1.72	0.24	1.57	2.01	2.20
2008	1.92	1.91	1.79	0.29	1.65	2.01	2.25
2009	2.21	2.12	1.98	0.30	1.81	2.29	2.52

续表

年份	中国	东盟	西亚	中亚	南亚	独立国家联合体	中东欧
2010	2.35	2.19	2.12	0.35	1.94	2.24	2.54
2011	2.57	2.31	2.26	0.40	2.07	2.27	2.66
2012	2.62	2.46	2.43	0.44	2.23	2.39	2.81
2013	2.81	2.65	2.65	0.46	2.42	2.49	3.01
2014	2.93	2.83	2.82	0.40	2.57	2.70	3.20
2015	2.94	2.73	2.80	0.40	2.60	2.71	3.02
2016	2.96	2.85	2.79	0.44	2.62	2.70	3.11

第四节　产业结构差异化指数

一、构造方法

中国与“一带一路”沿线国家之间在产业结构和贸易方面具有一定的内在关联性，若国家之间的产业差异度越高，表明彼此产业互补优势越大，也表明双方之间的产业间贸易越强。我们可以采用产业结构差异化系数来衡量地区经济结构差异，参考赵永亮（2012）构建的公式为

$$\mathrm{PS}_{ij}=\frac{1}{2}\sum_{k=1}^{n}\left|S_{ik}-S_{jk}\right| \tag{3-8}$$

其中，S_{ik}和S_{jk}分别代表i地和j地区中彼此产业在其GDP中所占的平均份额，显然，指数越大，表明跨国的制造业结构存在的差异越大。若$\mathrm{PS}_{ij}=0$，则可以认为两个地区间不存在分工，两者拥有完全相同的产业结构，它们能够自给自足，或者如果存在贸易，也只是局限于产业内的贸易；若$\mathrm{PS}_{ij}=1$，则表明两个地区之间处于完全分工的状态，有着完全不相同的产业结构，其中以互补优势所致的产业贸易较为显著。

二、指数分析

本节用于测算的基本数据来自1995—2014年的《国际统计年鉴》、中国经济网、国务院发展中心信息网及世界银行数据库。表3-5反映了中国与“一带一路”

沿线国家制造业结构差异情况，从整体来看，中国与“一带一路”沿线国家的国际分工程度属于中等，有较为明显的产业结构雷同现象，尤其是在中东欧、东盟、独立国家联合体的分工程度指数较低。1995 年，东盟制造业结构差异化指数为 0.459，到 2014 降至 0.347，中国与东盟的分工程度越趋于低水平，反映在制造业产业方面，中国与东盟的制造业分工水平越低；独立国家联合体的该指数由 1995 年的 0.336 上升至 2014 年的 0.470，制造业向差异化方向发展，说明中国和独立国家联合体的制造业分工越来越细化，可能由竞争转向双方合作发展；而中东欧地区在 1995—2014 年该指数维持在 0.4 左右。另外，中国与西亚、中亚和南亚地区的产业结构差异化指数较高，说明双方的产业结构有一定的差异，存在一定程度上的国际分工合作。具体来说，中亚地区从 1995 年的 0.568 上升至 2014 年的 0.644，制造业国际分工渐趋明显；南亚地区则从 1995 年的 0.626 下降至 2014 年的 0.522，制造业产业结构趋于雷同，中国和南亚地区愈来愈处于竞争态势；而西亚地区则比较稳定，大致分布于 0.6 左右。

表 3-5　中国与“一带一路”沿线国家制造业结构差异分析

年份	东盟	西亚	中亚	南亚	独立国家联合体	中东欧
1995	0.459	0.581	0.568	0.626	0.336	0.436
1996	0.467	0.616	0.691	0.623	0.352	0.431
1997	0.434	0.639	0.749	0.622	0.374	0.421
1998	0.388	0.593	0.638	0.585	0.340	0.394
1999	0.369	0.597	0.644	0.584	0.305	0.409
2000	0.381	0.621	0.749	0.599	0.427	0.446
2001	0.363	0.586	0.664	0.601	0.425	0.424
2002	0.343	0.586	0.650	0.575	0.425	0.441
2003	0.380	0.628	0.624	0.623	0.430	0.486
2004	0.362	0.613	0.524	0.604	0.412	0.467
2005	0.374	0.623	0.515	0.600	0.454	0.470
2006	0.389	0.640	0.530	0.610	0.478	0.482
2007	0.398	0.639	0.577	0.592	0.494	0.495
2008	0.394	0.632	0.703	0.586	0.496	0.507
2009	0.392	0.624	0.679	0.579	0.517	0.519
2010	0.400	0.642	0.682	0.574	0.526	0.492
2011	0.396	0.632	0.711	0.564	0.502	0.467
2012	0.379	0.617	0.699	0.536	0.496	0.455
2013	0.355	0.596	0.662	0.524	0.483	0.429
2014	0.347	0.588	0.644	0.522	0.470	0.399

第四章　中国与“一带一路”沿线国家制造业比较优势

中国要提升在全球价值链的位势，从制造业大国转型升级为制造业强国，关键在于遵循比较优势，并在比较优势中挖掘竞争优势。本章采用显示性比较优势指数（revealed comparative advantage index，RCA）、显示性对称比较优势（revealed symmetrical comparative advantage，RSCA）和拉菲指数（lafay iades）反映中国与“一带一路”沿线国家各自的优势产业及总体的比较优势情况，同时反映中国与沿线国家相对于世界的比较优势情况。

第一节　基于显示性对称比较优势分析

一、RSCA 指数定义

在对中国与“一带一路”沿线国家制造业国际竞争力进行初步测度的基础上，我们试图进一步分析中国与“一带一路”沿线国家制造业的比较优势问题。目前，有较多研究文献度量比较优势的指数，其中美国经济学家贝拉·巴拉萨提出的显示性比较优势指数使用最为广泛。RCA 指数的公式可表示为

$$\mathrm{RCA}_{ij} = \frac{X_{ij} / X_{tj}}{X_{iw} / X_{tw}} \tag{4-1}$$

其中，X_{ij} 表示国家 j 出口产品 i 的出口值，X_{tj} 表示国家 j 的总出口值，X_{iw} 表示世界出口产品 i 的出口值，X_{tw} 表示世界总出口值。为了体现出中国相较于“一带一路”沿线国家的比较优势，我们用 X_{iw}、X_{tw} 表示“一带一路”沿线国家的出口产品 i 的出口值及总出口值。

一个国家中不同贸易部门的比较优势程度可以由显示性比较优势指数来衡量。通常，我们认为，若 RCA 指数大于 1，则说明某国在某企业中具有比较优势，反之，如果 RCA 指数小于等于 1，则说明其具有比较劣势。需要指出的是，使用 RCA 指数也存在一些不足，为了克服其自身的不足，我们采用了尚涛（2010）所

提出的显示性对称比较优势指数，令

$$RSCA=(RCA-1)/(RCA+1) \tag{4-2}$$

显然，完善后的RSCA指数在分布上是对称的，其取值范围为（–1，1），当0<RSCA<1时，说明该部门的比较优势较大；反之，当–1<RSCA<0时，说明该产业部门不再具有比较优势。

二、计算结果分析

上述变量数据源于世界贸易数据库、世界银行数据库、联合国贸易数据库及相关统计年鉴，受数据可得性的影响，乌兹别克斯坦、老挝和缅甸未予以测算。我们测算了1995—2016年中国制造业各部门显示性对称比较优势指数，并依据《国民经济行业分类代码》（GB-T4754-2011），整合与其相关的制造业，将制造业部门分为酒水烟草业、食品加工制造业、木材制品业、非金属矿物制品业、金属冶炼加工业、化学加工制造业、医药制造业、皮革制品业、造纸印刷业、服装纺织业、金属制品业、文教日用业、设备制造业和汽车制造业等14个制造业部门（表4-1）。

首先，我们可以观察研究制造业部分年份的指数变化规律，中国的皮革制品业、服装纺织业、文教日用业和金属制品业的比较优势指数一直是正值，而酒水烟草业、食品加工制造业、金属冶炼加工业、化学加工制造业、医药制造业、造纸印刷业、汽车制造业等7个制造业部门的比较优势指数一直为负值。这反映出中国在服装纺织业、皮革制品业、金属制品业及文教日用业这类资源密集型或劳动密集型的制造业行业具有长期稳定的比较优势，而在金属冶炼加工业、化学加工制造业、汽车制造业、医药制造业等资本和技术密集型的制造业部门则呈现出长期的比较劣势。

其次，具体来看，中国的皮革制品业、服装纺织业、金属制品业和文教日用业比较优势指数在1995到2016年呈现出整体下降的趋势。另外，从RSCA指数的数值变化来看，中国的医药制造业、酒水烟草业、食品加工制造业和金属冶炼加工业从1995年的指数为负数，处于比较劣势状态，随着时间的推移，指数不断下降，比较劣势越发明显。例如，医药制造业甚至有些年份指数值达–0.88，医药制造业的指数从1995年的–0.49继续下降至2016年的–0.96，说明这些重要的制造业部门处于显著的比较劣势地位，而且比较劣势有扩大化的趋势。木材制品业和非金属矿物制品从1995年具有比较优势的状态，到2016年逐渐演变成比较劣势的制造业部门。

表 4-1　1995—2016 年中国制造业分行业 RSCA 指数分析

年份	酒水烟草业	食品加工制造业	木材制品业	非金属矿物制品业	金属冶炼加工业	化学加工制造业	医药制造业	皮革制品业	造纸印刷业	服装纺织业	金属制品业	文教日用业	设备制造业	汽车制造业
1995	–0.13	–0.10	0.11	0.11	–0.05	–0.12	–0.49	0.62	–0.62	0.63	0.29	0.31	–0.19	–0.78
1996	–0.13	–0.05	0.07	0.12	–0.14	–0.11	–0.52	0.61	–0.60	0.63	0.28	0.29	–0.14	–0.78
1997	–0.28	–0.12	0.03	0.12	–0.10	–0.11	–0.59	0.60	–0.56	0.63	0.28	0.31	–0.14	–0.78
1998	–0.26	–0.19	–0.01	0.09	–0.14	–0.11	–0.61	0.61	–0.57	0.62	0.28	0.33	–0.10	–0.78
1999	–0.37	–0.16	0.01	0.10	–0.22	–0.11	–0.68	0.62	–0.59	0.62	0.28	0.35	–0.06	–0.75
2000	–0.39	–0.09	0.04	0.09	–0.27	–0.10	–0.70	0.61	–0.54	0.61	0.29	0.34	–0.02	–0.67
2001	–0.37	–0.13	0.05	0.06	–0.28	–0.11	–0.75	0.59	–0.53	0.58	0.29	0.31	0.02	–0.68
2002	–0.42	–0.18	0.04	0.06	–0.32	–0.14	–0.82	0.58	–0.54	0.56	0.28	0.31	0.08	–0.69
2003	–0.48	–0.26	0	0.03	–0.35	–0.17	–0.84	0.56	–0.54	0.54	0.26	0.27	0.14	–0.68
2004	–0.48	–0.27	–0.01	0	–0.31	–0.17	–0.86	0.53	–0.54	0.52	0.27	0.25	0.16	–0.65
2005	–0.53	–0.27	0.01	–0.01	–0.37	–0.16	–0.87	0.51	–0.49	0.52	0.28	0.25	0.18	–0.61
2006	–0.53	–0.28	0.05	–0.05	–0.37	–0.16	–0.88	0.45	–0.44	0.54	0.28	0.23	0.20	–0.57
2007	–0.60	–0.31	0.01	–0.12	–0.33	–0.15	–0.88	0.40	–0.42	0.53	0.26	0.20	0.21	–0.54
2008	–0.57	–0.36	0.03	–0.10	–0.35	–0.11	–0.85	0.43	–0.41	0.54	0.26	0.20	0.24	–0.49
2009	–0.56	–0.42	0.03	–0.11	–0.44	–0.14	–0.85	0.45	–0.38	0.53	0.25	0.16	0.24	–0.5
2010	–0.57	–0.40	–0.03	–0.19	–0.37	–0.14	–0.85	0.44	–0.44	0.52	0.20	0.16	0.24	–0.56
2011	–0.61	–0.43	–0.06	–0.19	–0.45	–0.10	–0.82	0.40	–0.41	0.52	0.22	0.10	0.24	–0.46
2012	–0.60	–0.40	0	–0.12	–0.46	–0.10	–0.83	0.43	–0.30	0.52	0.24	0.18	0.22	–0.51
2013	–0.61	–0.44	–0.07	–0.12	–0.46	–0.12	–0.84	0.46	–0.28	0.54	0.25	0.17	0.22	–0.53
2014	–0.61	–0.44	–0.06	–0.09	–0.39	–0.08	–0.84	0.41	–0.25	0.51	0.26	0.18	0.18	–0.52
2015	–0.63	–0.48	–0.04	–0.19	–0.50	–0.12	–0.94	0.37	–0.28	0.48	0.23	0.12	0.34	–0.44
2016	–0.71	–0.51	–0.05	–0.20	–0.52	–0.12	–0.96	0.36	–0.27	0.48	0.23	0.11	0.36	–0.42

最后，从 RSCA 指数的变化趋势来看，中国的造纸印刷业从 1995 年的–0.62 上升至 2016 年的–0.27，比较劣势有转化为比较优势的趋势，该制造业部门比较优势正不断显现；设备制造业从 1995 年的–0.19 的比较劣势，到 2016 年上升到 0.36 的比较优势，说明 1995—2016 年中国在高新科技设备制造业方面发展迅速，产业转型升级效果显著。

从劳动力和资源密集型制造业比较优势来看，改革开放 40 多年来，中国经济凭借劳动力优势，在国际分工中获得了竞争优势，这符合比较优势原则。中国在全球劳动密集型制造业市场的占比越来越大，特别是在加入世界贸易组织后不断融入全球价值链。然而，从劳动密集型与资源密集型制造业 RSCA 指数逐渐下降的趋势来看，中国以劳动力和资源密集型为主的比较优势逐渐消失，未来需要寻找新的经济增长点。可以说，“一带一路”倡议是未来制造业转型升级、提高中国在全球价值链位势的重要契机之一。

从技术密集型制造业部门长期的比较劣势来看，在衡量企业的技术进步和创新能力方面，我国制造企业的研发投入普遍不高，且自由知识产权不足，在经济全球化的背景下，这些问题给中国制造企业参与全球竞争带来了相当大的劣势。从全球范围看，我国的技术密集型制造业不具有比较优势，高科技产业是我国未来发展的主要方向。

三、中国与沿线国家比较优势的对比分析

本部分采用横向的对比分析方法，力图全面分析“一带一路”沿线国家与中国在制造业方面的比较优势状况，为了呈现出中国相对于“一带一路”沿线国家的比较优势，我们把公式 $RCA_{ij}=\frac{X_{ij}/X_{tj}}{X_{iw}/X_{tw}}$ 中的 X_{iw}、X_{tw} 表示为“一带一路”沿线国家的出口产品 i 的出口值及总出口值。具体测算结果见表 4-2。

表 4-2　1995—2016 年中国相对于“一带一路”沿线国家的制造业 RSCA 指数分析

年份	东盟	西亚	中亚	南亚	独立国家联合体	中东欧
1995	–0.23	–0.17	0.05	0.79	0.34	–0.14
1996	–0.21	–0.16	0.15	0.93	0.33	–0.13
1997	–0.06	–0.07	0.19	0.98	0.32	–0.10
1998	–0.01	–0.06	0.09	0.92	0.22	–0.08
1999	–0.12	–0.13	0.04	0.84	0.46	–0.08
2000	–0.10	–0.07	0.04	0.72	0.29	–0.12
2001	–0.04	–0.08	–0.02	0.60	0.35	–0.08

续表

年份	东盟	西亚	中亚	南亚	独立国家联合体	中东欧
2002	–0.04	–0.09	–0.03	0.70	0.25	–0.08
2003	–0.03	–0.05	0.05	0.56	0.24	–0.06
2004	0	–0.03	–0.01	0.54	0.25	–0.01
2005	0.02	–0.01	–0.08	0.45	0.28	0.06
2006	0.05	0.01	–0.04	0.41	0.11	0.12
2007	0.10	0.23	0.04	0.46	0.32	0.19
2008	0.26	0.20	0.02	0.45	0.30	0.22
2009	0.10	0.22	0.01	0.49	0.47	0.20
2010	0.09	0.05	–0.02	0.50	0.17	0.20
2011	–0.04	0	–0.09	0.40	–0.03	0.08
2012	–0.04	0.01	–0.03	0.53	–0.01	0.14
2013	–0.04	0.02	–0.03	0.56	–0.02	0.15
2014	–0.02	0.03	–0.04	0.54	0.05	0.14
2015	0.09	0.12	–0.07	0.35	0.06	0.23
2016	0.10	0.14	–0.08	0.33	0.04	0.25

由表 4-2 可知，中国与“一带一路”沿线国家制造业总体比较优势变动趋势，从 1995 年到 2016 年，中国在中亚国家的比较优势趋势有所波动，但整体呈下降趋势，从 1995 年的 0.05 下降到 2016 年的–0.08，由于中亚地区的劳动力优势突显和劳动密集型产业蓬勃发展，中国所拥有的制造业比较优势逐渐消失。中国相对于南亚、独立国家联合体和中东欧地区的比较优势指数较高，其中南亚地区的比较优势指数较大，从 1995 年的 0.79 下降到 2016 年的 0.33，目前仍然处于较高的比较优势水平；独立国家联合体的比较优势指数从 1995 年的 0.34 下降到 2016 年的 0.04，中国相对于独立国家联合体地区的比较优势逐渐消失；中东欧地区的该指数从 1995 年的–0.14 上升到 2016 年的 0.25，说明中国相较于中东欧地区的比较优势正在增强。相较于南亚地区，中国不仅拥有更多的技术人员优势、更高的技术发展水平，且市场开放程度高，目前仍然保持着正向的比较优势，但是由于中东欧地区后工业化水平较高，以及以俄罗斯为首的独立国家联合体地区经济逐渐崛起，中国的制造业可能难以保持其比较优势。而在东盟地区中，其指数大多为负值，这表明中国制造业相较于东盟地区具有比较劣势，而越南、印度尼西亚等国家拥有更低的劳动力成本，中国劳动力成本优势几乎不存在，传统劳动密

集型制造业竞争力正在消失，东盟各国可能比中国能以更低的成本进行制造业生产活动，因此东盟国家的制造业显示性比较优势高于中国。同时，图 4-1 的相关数据在一定程度上也能支持上述结论。

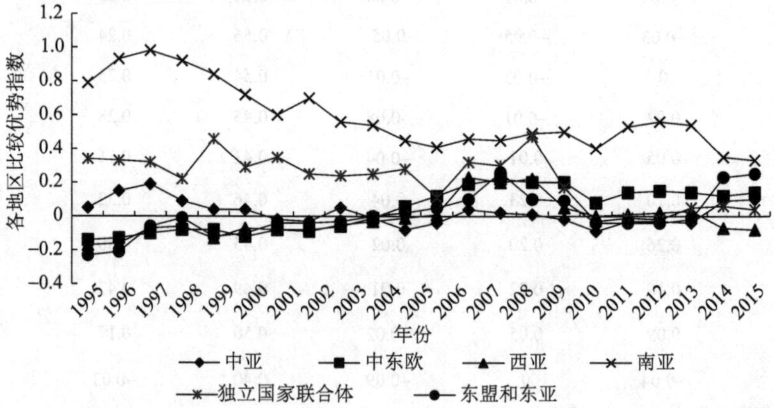

图 4-1 中国与“一带一路”沿线国家制造业总体显示性比较优势变化趋势图

中国制造业正处于转型升级的关键时期，中国与“一带一路”沿线国家制造业比较优势的变化与中国制造业的发展趋势有关。从我国制造业的发展历程来看，改革开放以来，中国制造业劳动密集型产业发展迅速，相较于“一带一路”沿线国家，中国凭借丰富的劳动力资源大力发展轻工业，此时的中国相较于南亚有较大的比较优势。但是，与东盟等地区相比，我国存在比较劣势。

随着经济全球化的深入发展，中国制造业在取得重大成就的同时也面临转型升级的挑战。中国在经济蓬勃发展的今天，劳动力优势逐渐消失，而中亚等地区的劳动力优势在逐渐凸显，中国相较于发展中的中亚等地区的比较优势逐渐下降。另外，中国制造业正处于转型升级的过程中，仍存在很多的不足，在发展的初期，相较于独立国家联合体和东盟等其他地区在高新技术等方面的比较优势不明显，在到后期我国的比较优势开始凸显，但是目前我国的比较优势不再明显，由此可见，未来中国制造业仍需要进一步转型升级。

第二节 基于 Lafay 指数的制造业比较优势分析

为了更全面地分析中国与“一带一路”沿线国家的比较优势的变化趋势，通常我们可以使用显示性对称比较优势指数，但是其主要侧重于分析产业间贸易，因此分析效果是有限的。实际上，产业内贸易在制造业贸易领域内已是一种重要的贸易形式。制造业比较优势的动态变化不但对产业内的贸易模式具有一定的影响，还对产业间的贸易模式有影响。为了厘清制造业比较优势与产业内贸易之间的关系，我们进一步使用 Lafay 指数（简记为 LFI）来分析中国与“一带一路”沿线国家制造业比较优势。

一、Lafay 指数

与 RCA 指数和 RSCA 指数相比，Lafay 指数不但可以反映中国与“一带一路”沿线国家各个制造业部门比较优势的变化，还可以反映中国与“一带一路”沿线各个国家制造业产业内贸易模式的动态变化。

Lafay 指数不仅包括出口数据，也包括进口数据，因此可以反映出中国与沿线国家各个制造业部门的比较优势状况的变化，还可以体现出中国与沿线国家产业内的贸易流量。Lafay 指数的一般表达式为

$$\mathrm{LFI}_j = 100 \times \left[\frac{x_j - m_j}{x_j + m_j} - \frac{\sum_{j=1}^{N}(x_j - m_j)}{\sum_{j=1}^{N}(x_j + m_j)} \right] \cdot \frac{x_j + m_j}{\sum_{j=1}^{N}(x_j + m_j)} \tag{4-3}$$

其中，x_j 代表中国与“一带一路”沿线国家第 j 个制造业部门对于世界的制造业出口值，m_j 代表该部门的进口值，N 代表制造业总部门的数目。若将 x_j 与 m_j 解读成中国对“一带一路”国家内相关产业的进出口，中国相较于“一带一路”沿线国家的比较优势就能够体现出来。

显然，括号内的项代表制造业部门 j 的贸易竞争指数 $\frac{x_j - m_j}{x_j + m_j}$ 和各制造业部门贸易的累计竞争指数 $\sum_{j=1}^{N}(x_j - m_j) / \sum_{j=1}^{N}(x_j + m_j)$ 之间的背离程度，再乘以 j 制造业部门的贸易总额在沿线国家与中国的制造业贸易总额中所占的比重 $\frac{x_j + m_j}{\sum_{j=1}^{N}(x_j + m_j)}$。因此，我们利用 Lafay 指数可以发现在制造业部门 j 方面，中国与“一带一路”沿线国家的比较优势水平，同时我们可以综合分析该部门 j 在整个制造业贸易中的权重，随着权重的增加，Lafay 指数的绝对值也会增加。

二、中国与沿线国家制造业 Lafay 指数与比较优势变动

本部分所用数据源于 1995—2016 年世界贸易数据库和世界银行数据库，在此我们把制造业部门分为以下几类：酒水烟草业、食品加工制造业、木材制品业、非金属矿物制品业、金属冶炼加工业、化学加工制造业、造纸印刷业、皮革制品业、医药制造业、服装纺织业、金属制品业、文教日用业、设备制造业和汽车制造业等 14 个制造业部门。表 4-3 为 1995—2016 年中国 14 个制造业部门相较于“一带一路”沿线国家的 Lafay 指数值。

表 4-3　1995—2016 年中国各制造业部门 Lafay 指数

年份	酒水烟草业	食品加工制造业	非金属矿物制品业	金属冶炼加工业	化学加工制造业	医药制造业	设备制造业	皮革制品业	木材制品业	造纸印刷业	服装纺织业	金属制品业	汽车制造业	文教日用业
1995	2.300	0.273	−0.156	−10.170	−6.519	0.323	4.113	2.662	−2.266	0.405	6.176	1.205	0.561	1.094
1996	2.066	0.282	0.572	−12.425	−5.556	0.269	4.964	3.109	−1.675	−0.570	5.824	1.189	0.707	1.243
1997	1.411	−0.413	−0.197	−12.161	−3.628	0.239	4.441	3.480	−1.799	−1.190	6.613	1.186	0.657	1.361
1998	1.098	−0.673	−1.013	−9.519	−2.512	0.247	1.127	3.480	−2.124	−0.839	7.693	1.127	0.603	1.305
1999	0.640	0.129	−1.154	−10.226	−2.721	0.170	2.919	3.191	−2.664	−1.142	7.641	1.354	0.590	1.272
2000	0.367	0.431	−0.872	−14.917	−1.787	0.147	4.800	3.246	−1.787	−0.772	7.049	1.135	1.700	1.259
2001	0.436	0.413	−1.287	−12.019	−2.172	0.152	3.111	3.087	−1.497	−0.805	6.818	0.990	1.590	1.182
2002	0.382	0.601	−1.051	−11.375	−2.776	0.112	3.030	3.057	−1.721	−0.569	6.916	0.957	1.180	1.256
2003	0.309	0.513	−1.448	−13.007	−1.387	0.094	2.278	3.237	−1.206	−0.343	7.551	0.911	1.229	1.270
2004	0.259	0.414	−3.808	−11.420	−0.814	0.078	3.405	3.010	−0.960	−0.165	6.623	0.924	1.240	1.214
2005	0.198	0.403	−3.827	−11.471	−0.826	0.068	3.533	2.952	−0.758	−0.012	6.173	0.883	1.373	1.310
2006	0.157	0.263	−3.250	−11.945	−1.220	0.065	3.637	1.770	−0.634	0.083	7.497	0.800	1.479	1.300
2007	0.106	0.308	−5.127	−10.329	−0.736	0.062	4.020	1.385	−0.654	0.113	7.119	0.734	1.711	1.289
2008	0.122	0.184	−3.169	−7.075	0.456	0.050	3.160	1.139	−0.247	0.105	3.192	0.466	0.700	0.916
2009	0.134	0.211	−4.598	−14.415	−0.802	0.104	8.826	1.639	−0.516	0.189	5.487	0.797	1.129	1.815
2010	0.126	0.209	−5.008	−14.312	−0.668	0.098	8.793	1.697	−0.481	0.254	5.279	0.873	1.216	1.923
2011	0.125	0.261	−3.166	−17.934	−0.417	0.104	10.988	1.754	−0.526	0.140	5.229	0.282	1.303	1.854
2012	0.089	0.297	−3.046	−18.742	0.030	0.091	9.506	1.847	−0.407	0.184	5.574	0.854	1.380	2.344
2013	0.096	0.249	−2.665	−18.847	−0.113	0.088	8.855	1.985	−0.585	0.231	6.027	0.910	1.222	2.547
2014	0.078	0.159	−1.928	−18.934	0.240	0.090	8.361	2.065	−0.714	0.252	5.443	1.008	1.222	2.658
2015	0.042	0.345	−4.475	−16.861	1.174	0.023	8.835	1.425	−0.046	0.403	5.324	0.629	1.457	2.187
2016	0.032	0.356	−4.681	−17.223	1.447	0.013	9.182	1.324	0.059	0.462	5.231	0.601	1.488	2.250

由表 4-3 可以看出，中国制造业贸易中，设备制造业的 Lafay 指数在多数年份处于最高水平，其次是服装纺织业，而金属冶炼加工业的 Lafay 指数一直处于最低水平，这说明中国在金属冶炼方面是具有比较劣势的。中国设备制造业的 Lafay 指数从 1995 年的 4.113 逐步上升至 2016 年的 9.182，表明我国设备制造业分工优势程度高,发展前景良好;中国服装纺织业的 Lafay 指数从 1995 年的 6.176，之后虽然经历了反复升降的过程，但到 2016 年该指数为 5.231，这说明中国在服装纺织业和设备制造业存在着显示性比较优势。另外，中国金属冶炼加工业的 Lafay 指数很低，而且从 1998 年的–9.519 处于波动下降的状态。这说明该产业存在巨大的贸易逆差，而且金属冶炼加工业的逆差在整体制造业部门逆差中占有较大比重。

与设备制造业、服装纺织业、金属冶炼加工业等专业化或进口程度比较高的制造业部门相比，中国的食品加工业、医药制造业、造纸印刷业等产业的 Lafay 指数较低，在多数年份中接近或稍低于零。究其原因如下：首先，相较于“一带一路”沿线国家来说，这些制造业部门的进出口净值与进出口总额的比值较低；其次，这些制造业部门进出口总值与中国贸易进出口总额的比值比较低。

从中国主要的 14 个制造行业的 Lafay 指数变化趋势来看，我国比较成熟的制造业以劳动密集型的轻工业和重化工业为主。其中，以食品加工制造业、服装纺织业和皮革制品业等为主。另外，重工业以设备制造业和金属冶炼加工业等为主，专业化优势逐渐在上升，设备制造业相较于金属冶炼加工业发展更迅速，但是两者的产业内贸易程度都较低，而产业间贸易程度较高。其发展特征与中国制造业发展的趋阶段特征有关。

改革开放以后，我国不断优化工业内部结构。自进入 21 世纪以来，我国不断加速优化发展工业内部结构。2000 年在各工业部门中，装备制造业的占比显著提高，这说明中国工业水平和工业科技实力得到了进一步的提升。在制造业发展的过程中，资本密集型行业和技术密集型行业虽有许多交叉的部分，但向技术密集型制造业发展是必然趋势。

第五章　中国与“一带一路”沿线国家贸易和投资竞合状况

随着“一带一路”倡议的不断推进，中国与“一带一路”沿线国家的贸易壁垒逐渐消除，区域投资量增加迅速，中国与“一带一路”沿线国家间的经贸关系正进一步加强，区域经济合作进展顺利。中国与“一带一路”沿线国家的合作中，贸易和投资领域是合作的重要领域，贸易投资便利化也是推动合作的关键手段。因此，分析中国与“一带一路”沿线国家的贸易投资竞争性和互补性对于促进中国与沿线国家制造业的合作具有重大意义。本章从贸易与投资竞合的视角，分析中国与“一带一路”沿线国家制造业的竞争性与互补性。

第一节　构建竞争性与互补性指标

一、产能相似度指数模型分析

相似度指数（export similarity index，ESI）可在两个不同的域内被测度，即商品域和市场域（也称出口目的地）。Finger 等（1979）最先在分析商品域时提出相似度的测算方法；Glick 和 Rose（1999）通过加权平均处理将出口相似度指数由商品域拓展到市场域，以出口份额代替出口额来降低国家规模的差异对相似度结果准确度的影响。

（一）相似度指数模型构建

为研究中国与“一带一路”沿线国家对世界市场的产能贸易结构，本节利用 Glick 和 Rose（1999）与史智宇（2003）设计的相似度指数原理，构建中国与“一带一路”沿线国家产能贸易的相似度指数，具体公式为

$$\mathrm{ESI}_{ab}=\left\{\sum_{i=0}^{n}\left[\left(\frac{X_{ak}^{i}/X_{ak}+X_{bk}^{i}/X_{bk}}{2}\right)\cdot\left(1-\left|\frac{X_{ak}^{i}/X_{ak}-X_{bk}^{i}/X_{bk}}{X_{ak}^{i}/X_{ak}+X_{bk}^{i}/X_{bk}}\right|\right)\right]\right\}\times 100 \tag{5-1}$$

其中，ESI_{ab}中的a、b分别表示a、b两地，k表示第三方市场，X_{ak}^{i}/X_{ak}表示a地出口至k地的某类商品贸易额在a地出口到k地的所有商品贸易总额中所占的比重，而X_{bk}^{i}/X_{bk}则表示b地出口到k地的某类商品贸易额占b地出口到k地的所有商品贸易总额的比重。ESI_{ab}指数的取值范围为[0, 100]，随着相似度指数的增大，a地与b地产能出口到k地的贸易结构相似度也会逐渐增大，说明其有更强的竞争性，反之，竞争性越弱。类似地，也可采用式（5-1）检验国际产能投资方面的相似度，此时X_{ak}^{i}/X_{ak}代表a地对外投资到k地的某类产业投资额占a地对外投资到k地的所有产业投资总额的比重，X_{bk}^{i}/X_{bk}代表b地对外投资到k地的某类产业投资额占b地投资到k地的所有产业投资总额的比重。相似度指数取值越大，表明a地与b地投资到k地特定产能的结构越相似，竞争越强。一般研究将50定为ESI指数的临界值，高于50表明两地贸易结构相似，反之亦然（韩永辉等，2015）。

本节运用修正的相似度指数对中国与“一带一路”沿线国家在世界市场的产能贸易和投资结构相似度进行量化与比较，以检验其竞争性。测算所用的相关数据源于联合国商品贸易统计数据库、联合国工业发展组织公布的相关报告、世界贸易统计数据库、中国对外直接投资统计公报、部分国家经济统计部门数据及相关统计公报。受样本数据可得性和一致性的限制，样本选用“一带一路”沿线的59个国家和地区（表5-1）。

表5-1　“一带一路”沿线国家样本及地区分布

区域名称	国家名称
东亚1国	蒙古国
东盟8国	菲律宾、马来西亚、泰国、新加坡、印度尼西亚、柬埔寨、文莱、越南
西亚17国	阿拉伯联合酋长国、阿曼、埃及、巴勒斯坦、沙特阿拉伯、土耳其、希腊、塞浦路斯、以色列、约旦、巴林、卡塔尔、科威特、黎巴嫩、叙利亚、伊朗、伊拉克
南亚7国	马尔代夫、斯里兰卡、印度、巴基斯坦、不丹、孟加拉国、尼泊尔
中亚3国	哈萨克斯坦、吉尔吉斯斯坦、塔吉克斯坦
独立国家联合体7国	阿塞拜疆、白俄罗斯、俄罗斯、格鲁吉亚、摩尔多瓦、乌克兰、亚美尼亚
中东欧16国	阿尔巴尼亚、爱沙尼亚、保加利亚、波兰、捷克、克罗地亚、拉脱维亚、立陶宛、罗马尼亚、马其顿、塞尔维亚、斯洛伐克、斯洛文尼亚、匈牙利、波黑、黑山

（二）相似度指数模型结果分析

1. 产能贸易的竞争性分析

表5-2为中国与“一带一路”沿线国家的产能贸易相似度指数的测算结果。

从整体上来看，1995年开始，中国与“一带一路”沿线国家的产能贸易结构相似度处于中低水平，但呈现出逐渐上升的趋势。分地区来看，中国与中东欧国家产能贸易相似度指数最高，东盟国家次之。中国与中东欧国家的产能贸易相似度指数从1995年的53.97上升至2016年的68.62，说明中国与中东欧在世界市场上的商品结构相似度较高，产能具有较强的贸易竞争性，而且贸易间的竞争越来越激烈。中国与东盟国家的产能贸易相似度指数从1995年的43.26上升到2016年的58.42，意味着中国与东盟国家具有较强的产业竞争性。中国与东盟在产业发展过程中的产品出口均以劳动密集型制成品为主，这从产能结构上决定了两者在世界市场的激烈竞争。中国通过在国际分工调整中及时进行产业转移和产业结构调整，把劳动密集型的产业转移到具有劳动力优势的后发国家，可能会影响与中东欧和东盟的产能贸易竞争。另外，中国与中亚、南亚、西亚和独立国家联合体的产能贸易相似度指数一直处于较低的水平，多数年份低于50的临界线。这说明中国与这些地区的产能贸易结构相似度较低，其主要因为中国与这些地区产能的出口范围专业程度差异较大，使得它们在世界市场的竞争力相对较弱。

表5-2 中国与“一带一路”沿线国家和地区的产能贸易相似度指数

年份	整体	东亚	东盟	中亚	南亚	西亚	独立国家联合体	中东欧
1995	35.84	29.03	43.26	27.43	22.01	32.97	42.23	53.97
1996	36.44	28.80	44.76	28.36	22.11	33.86	42.51	54.69
1997	36.82	29.49	45.24	29.32	22.50	34.69	41.34	55.16
1998	37.23	30.73	45.46	31.78	22.25	35.33	40.73	54.35
1999	37.60	29.30	47.57	32.61	22.20	36.35	40.37	54.77
2000	37.33	24.90	48.49	32.78	23.41	36.77	40.38	54.55
2001	38.00	24.69	49.26	32.99	25.20	37.70	40.20	55.93
2002	38.06	25.45	49.09	33.47	25.63	38.02	38.16	56.57
2003	38.84	27.72	49.89	34.30	27.02	37.71	38.47	56.79
2004	40.18	28.54	50.24	35.01	30.45	39.77	38.97	58.26
2005	40.95	29.37	51.64	35.42	31.13	40.89	38.15	60.03
2006	41.68	30.58	52.54	35.72	30.07	42.55	40.03	60.27
2007	42.33	32.92	52.77	35.76	30.61	41.60	41.20	61.48
2008	42.57	32.84	53.85	36.01	28.79	44.43	40.33	61.74
2009	42.95	33.34	53.70	37.04	29.65	45.25	39.53	62.16
2010	43.15	33.53	53.49	37.72	29.97	44.95	39.00	63.39
2011	44.83	35.09	56.11	38.55	30.80	46.29	42.94	64.03
2012	45.14	34.85	56.71	38.95	31.31	46.00	43.04	65.12

续表

年份	整体	东亚	东盟	中亚	南亚	西亚	独立国家联合体	中东欧
2013	45.93	38.65	56.66	39.46	31.03	46.95	43.31	65.43
2014	45.58	37.07	57.43	40.08	31.44	46.35	41.26	65.42
2015	47.16	36.43	59.17	40.19	32.98	51.75	42.16	67.43
2016	47.68	37.32	58.42	41.35	33.38	51.97	42.67	68.62

资料来源：根据联合国商品贸易统计数据库和世界贸易数据库及相关统计公报的数据计算所得。

中国与东盟的主要国家长期保持着睦邻友好关系，且建立了长期的贸易投资合作关系。中国与东盟主要国家产能贸易相似度指数持续上升的产业集中于农业，我国与东盟主要国家在出口农产品方面有较高的相似度。中国与东盟国家一样，都是农业大国，而且拥有较为相似的自然禀赋条件和区位地理条件，农产品的出口结构很相似，所以存在较强的产业竞争性。另外，虽然中国与东欧国家间的产能贸易结构高度相似，但是中东欧国家与中国之间的贸易量也在逐年增加。需要指出的是，高度相似的产能贸易结构使得中国与中东欧主要国家存在较为激烈的贸易竞争。

中国与中亚、南亚、西亚和独立国家联合体的产能贸易相似度指数较低。中亚、南亚和独立国家联合体等地区以出口石油等大宗能源产品为主，而中国以进口能源为主，两者之间的贸易结构大不相同，因此，中国与它们的产能贸易相似度指数较低，存在较大的合作空间。

2. 产能投资的竞争性分析

中国与“一带一路”沿线国家的产能在世界市场的产能投资相似度指数分析结果见表 5-3。产能投资竞争性分析采用了中国对外直接投资统计公报、联合国工业发展组织发布的相关报告、部分国家经济统计部门等工业层面的投资流量数据。从整体上看，中国与“一带一路”沿线国家产能投资相似度指数处于中等偏下水平。首先，中国与南亚国家的产能投资相似度指数最低。其次，中国与中亚国家的投资相似度指数较低，基本处在中低度竞争状态。最后，中国与独立国家联合体、中东欧和东盟的投资相似度指数相对较高，大部分年份处于中度竞争状态。从动态趋势看，中国与沿线国家总体处于较为稳定的状态，但与东盟、西亚和独立国家联合体地区呈现出明显波动上升的趋势，说明中国与这些区域的产能投资竞争在增强。

表 5-3 中国与“一带一路”沿线国家的产能投资相似度指数

年份	整体	东亚	东盟	中亚	南亚	西亚	独立国家联合体	中东欧
1995	40.54	36.30	45.03	39.77	36.65	40.27	42.86	42.93
1996	40.41	37.06	39.69	40.21	37.03	42.22	43.61	43.04
1997	40.87	38.24	38.90	40.48	36.77	44.42	44.33	42.93
1998	40.62	38.38	36.84	40.32	36.59	44.69	44.76	42.77
1999	41.38	40.82	36.21	40.21	37.71	45.69	45.97	43.06
2000	42.15	42.03	38.36	40.12	37.66	46.20	46.88	43.82
2001	41.64	43.08	35.83	39.66	37.09	45.66	46.72	43.46
2002	41.29	44.07	32.16	41.40	36.39	45.71	46.74	42.56
2003	43.12	44.69	34.04	43.57	38.97	46.72	49.74	44.13
2004	43.85	45.25	35.72	44.52	38.40	47.44	50.56	45.09
2005	44.50	45.60	36.67	45.95	37.68	48.21	52.03	45.39
2006	44.25	45.70	35.00	45.33	37.87	47.30	53.85	44.73
2007	43.99	47.03	33.10	45.85	37.21	46.96	53.27	44.51
2008	44.23	47.74	36.36	45.79	36.42	46.05	53.28	43.94
2009	43.37	48.34	33.73	45.36	35.94	45.72	51.03	43.49
2010	43.62	48.70	34.89	45.38	36.16	45.14	50.89	44.20
2011	44.40	50.02	36.03	46.00	36.69	45.65	52.56	43.84
2012	46.41	50.86	53.11	45.03	35.72	46.33	50.22	43.58
2013	46.99	51.40	54.76	45.17	35.84	45.54	51.24	44.99
2014	49.76	52.00	58.49	46.43	37.95	48.20	56.43	48.81
2015	50.49	52.66	55.58	47.07	39.76	49.31	58.45	49.63
2016	52.26	52.76	57.22	47.78	44.79	49.99	57.62	53.64

国际产能合作是中国在新时代背景下提出的一种国际经济合作模式，也是中国推动“一带一路”建设的重要举措。西亚国家在中国产能投资贸易中发挥着重要作用，西亚国家普遍认同中国提出的“一带一路”倡议，并为彼此的产能投资贸易创造有利的外部条件，中国与西亚大多数国家签署了合作协议，且在能源贸易方面建立了密切的合作关系。

就石油储量而言，中亚地区拥有较为丰富的天然气储量，相关资料显示，该地区天然气探明储量超过 23 万亿立方米，相当于同期全球探明总储量的 10.6%。天然气资源储量主要集中于土库曼斯坦、哈萨克斯坦与乌兹别克斯坦。要通往印度洋，中国“一带一路”沿线陆上南亚地区是一条必经之路，这里有丰富的煤炭和铁矿石资源储量，该地区的钢铁产量占世界总产量的 6.0%，为彼此的钢铁产能合作奠定了基础①。

中国与东盟、中东欧及独立国家联合体国家的产能投资相似度指数逐渐上升。中国与这些地区的贸易结构较为相似，因此其相互竞争性也在不断增强。这些地区的大部分国家与中国都属于发展中国家，经济发展资金需要大量的引入，因此各国都在竭力引进外资。中国与这些地区的国家在技术引进方面也存在着激烈的竞争。实际上，中国与东盟国家在区域分工方面存在的竞争既是吸引资金的竞争，更是吸引技术的竞争。

二、产能结合度指数模型分析

分析中国与“一带一路”沿线国家之间的产业位势，不仅要分析产能贸易和投资的相似性，更为重要的是要考察产能的结合程度，以拓展中国与“一带一路”沿线国家产能合作的空间。本节借助结合度指数模型，分析中国与“一带一路”沿线国家产能的贸易投资依存程度。

（一）结合度指数模型构建

经济学家布朗提出的结合度指数（trade intensity index，TII），其起初是一种用于衡量两个国家之间贸易联系程度的综合性指标。该指标的数值越大，表明两国在贸易方面的联系越紧密，计算公式为

$$\mathrm{TII}_{ab}=\frac{X_{ab}/X_a}{M_b/M_w} \tag{5-2}$$

其中，a 和 b 代表 a、b 两地，w 代表世界市场，X_{ab} 代表 a 地出口到 b 地的贸易额，X_a 代表 a 地的出口贸易总额，M_b 代表 b 地的进口贸易总额，M_w 代表世界进口贸易总额。当 $\mathrm{TII}_{ab}>1$ 时，随着 a、b 两地产能的贸易联系结合度指数的增大，二者的互补性也在增强。类似地，该计算公式也可以用于检验国际产能投资方面的结合度。此时，X_{ab} 代表 a 地对 b 地的投资额，X_a 代表 a 地的对外投资总额，M_b 代表 b 地吸引投资总额，M_w 代表世界投资总额。当 $\mathrm{TII}_{ab}>1$ 时，表明 a、b 两地投资联系紧密，反之亦然。

（二）结合度指数模型结果分析

1. 产能贸易的互补性分析

中国与“一带一路”沿线国家的产能贸易结合度指数的测算结果见表 5-4。

① 资料来源：《BP 世界能源统计年鉴（2015 年）》。

整体来看，1995—2016年中国对“一带一路”沿线国家的产能贸易结合度指数在0.347～1.250，总体呈现出上升的趋势，这说明中国与“一带一路”沿线国家产能贸易的相互依存度逐年增强。随着中国产业的崛起，中国已经超过韩国、美国和日本等国家，成了东盟、中亚、南亚和独立国家联合体的第一大产品出口贸易国，以及西亚和中东欧的第二大产品出口贸易国。具体而言，2016年产能贸易结合度指数最高的是中亚地区，为1.760，中亚地区虽然在1995年的起点较低，但相对而言上升速度极其迅猛，由于其拥有距离中国较近的独特地缘优势，使中亚地区受限于交通不便的地缘劣势转变为优势，共建“一带一路”经济走廊也有利于加强中国与中亚地区的产能贸易合作。中国与西亚地区的产能贸易结合度指数在2016年达到1.691。近年来，中国积极推进与海湾合作委员会建立自贸区的协议，一方面，“一带一路”倡议的提出正为此创造了新的发展机会，中国与西亚地区协同共建“一带一路”建设有利于发挥双方优势，建立新型经贸合作关系，进一步推动贸易投资协同发展。另一方面，中国对中东欧和独立国家联合体的产能贸易结合度指数较低，这说明中国与这些地区的贸易联系较为松散，需要加强贸易互补性。

表5-4　中国与“一带一路”沿线国家的产能贸易结合度指数

年份	整体	东亚	东盟	中亚	南亚	西亚	独立国家联合体	中东欧
1995	0.347	0.010	0.595	0.489	0.534	0.438	0.164	0.201
1996	0.348	0.036	0.596	0.505	0.482	0.458	0.182	0.174
1997	0.376	0.041	0.651	0.562	0.519	0.512	0.170	0.176
1998	0.459	0.112	0.747	0.688	0.600	0.625	0.235	0.204
1999	0.500	0.165	0.833	0.701	0.621	0.707	0.254	0.219
2000	0.582	0.285	0.863	0.859	0.698	0.788	0.309	0.273
2001	0.662	0.438	0.888	1.147	0.746	0.748	0.318	0.350
2002	0.700	0.490	0.912	1.185	0.768	0.777	0.477	0.289
2003	0.773	0.551	0.964	1.279	0.819	0.821	0.670	0.305
2004	0.791	0.567	0.976	1.283	0.903	0.875	0.616	0.317
2005	0.819	0.593	0.951	1.350	0.926	0.877	0.722	0.315
2006	0.860	0.601	0.972	1.362	0.948	0.960	0.746	0.430
2007	0.906	0.639	1.018	1.387	1.059	1.013	0.871	0.359
2008	0.953	0.701	0.988	1.406	1.024	1.154	1.011	0.388
2009	0.978	0.830	1.073	1.428	1.138	1.224	0.784	0.371
2010	0.935	1.130	0.865	1.431	0.901	1.151	0.741	0.326
2011	1.092	1.050	1.062	1.490	1.063	1.333	1.183	0.462
2012	1.168	1.141	1.176	1.502	1.193	1.493	1.201	0.474

续表

年份	整体	东亚	东盟	中亚	南亚	西亚	独立国家联合体	中东欧
2013	1.174	1.180	1.225	1.561	1.261	1.546	1.016	0.426
2014	1.214	1.243	1.330	1.574	1.352	1.633	0.901	0.465
2015	1.224	1.275	1.441	1.673	1.413	1.566	0.750	0.449
2016	1.250	1.455	1.320	1.760	1.444	1.691	0.664	0.416

资料来源：根据联合国商品贸易统计数据库和世界贸易数据库及相关统计公报的数据计算所得。

中国与“一带一路”沿线国家和地区的贸易回暖，优势产品的进出口贸易发展较好。“一带一路”沿线国家普遍支持“一带一路”倡议，我国与“一带一路”沿线国家的贸易往来与贸易合作也越来越频繁、越来越有活力与生机，这为发展对外贸易注入了积极动力，同时基础设施的不断完善为中国与东盟、西亚及中亚等地区进行贸易合作创造了条件。但是，中东欧与独立国家联合体等地区对“一带一路”的认同感相对较低，与我国的贸易结合度相对较低。

2. 产能投资的互补性分析

表 5-5 为中国与“一带一路”沿线国家的产能投资结合度指数的测算结果。整体来看，1995—2016 年中国与“一带一路”沿线国家的产能投资结合度指数分布在 0.279～1.699，在 2010 年之后该指数维持在临界值 1 以上，而且呈现出逐年上升的趋势，表明中国与“一带一路”沿线国家的产能投资联系日益紧密。具体而言，在 2016 年产能投资结合度指数最高的是中亚地区，从 1995 年的 0.319 上升至 2016 年的 2.537，说明中国与中亚地区的产能投资联系紧密，具有较好的产能合作前景。事实上，中国在 1995—2014 年对中亚地区的总投资高达 330.0 亿美元，其中哈萨克斯坦最多，投资额达到 235.5 亿美元，其次为吉尔吉斯斯坦，投资额达到 36.1 亿美元。目前，随着中国与西亚地区在基础设施上互联互通、人文领域建设步伐的加快及航天技术和油气领域的合作，未来中国与西亚地区的产能投资合作将持续扩大。另外，中国对东盟、独立国家联合体和中东欧地区的产能投资结合度指数较低，基本上到 2010 年以后才逐渐达到临界值 1，并且随后在临界值 1 左右徘徊，说明中国和东盟、独立国家联合体与中东欧地区的产业互补性不强，需要加强与这些区域的合作。

表 5-5 中国与“一带一路”沿线国家的产能投资结合度指数

年份	整体	东亚	东盟	中亚	南亚	西亚	独立国家联合体	中东欧
1995	0.279	0.446	0.241	0.319	0.078	0.166	0.496	0.209
1996	0.336	0.500	0.169	0.365	0.119	0.315	0.619	0.267

续表

年份	整体	东亚	东盟	中亚	南亚	西亚	独立国家联合体	中东欧
1997	0.347	0.520	0.287	0.407	0.172	0.310	0.477	0.256
1998	0.428	0.581	0.394	0.515	0.162	0.347	0.665	0.330
1999	0.514	0.665	0.464	0.593	0.268	0.396	0.707	0.508
2000	0.535	0.667	0.522	0.642	0.229	0.435	0.567	0.684
2001	0.591	0.748	0.569	0.747	0.313	0.387	0.866	0.506
2002	0.676	0.800	0.600	0.788	0.345	0.545	1.045	0.605
2003	0.730	0.839	0.681	0.913	0.379	0.666	0.918	0.716
2004	0.672	0.937	0.567	0.929	0.410	0.639	0.612	0.609
2005	0.650	0.963	0.419	1.022	0.448	0.628	0.553	0.515
2006	0.782	0.983	0.540	1.118	0.682	0.742	0.887	0.522
2007	0.770	1.123	0.696	1.184	0.479	0.882	0.533	0.493
2008	0.837	1.142	0.764	1.416	0.473	0.846	0.624	0.592
2009	0.970	1.255	1.011	1.469	0.696	0.920	0.795	0.645
2010	1.020	1.383	1.059	1.655	0.650	0.910	0.971	0.509
2011	1.091	1.480	0.848	1.754	0.856	1.037	1.053	0.611
2012	1.175	1.644	0.884	1.806	1.216	1.395	0.642	0.636
2013	1.280	1.656	1.067	1.976	1.016	1.340	1.084	0.824
2014	1.281	1.734	0.974	2.141	1.119	1.198	0.838	0.964
2015	1.542	1.920	1.363	2.257	1.428	1.586	0.949	1.290
2016	1.699	2.029	1.658	2.537	1.648	1.824	0.792	1.407

资料来源：根据中国对外直接投资统计公报、世界贸易数据库、部分国家经济统计部门数据计算所得。

中亚地区拥有特殊的地缘位置和对中国而言有极为重要的战略意义，已成为“一带一路”建设的“通”中之重。近年来，乌兹别克斯坦、哈萨克斯坦、土库曼斯坦、吉尔吉斯斯坦、塔吉克斯坦等中亚国家对内深化改革，改善营商环境和加强资产投资，重视基础设施建设；对外加强合作，积极主动融入“一带一路”建设，重视与中国等主要国家的经贸往来，各国的经济均保持较好发展态势。中国与西亚地区的产能投资方向更加契合，投资联系更加紧密。同样，西亚与中国的产能合作加强，两地的联系更加紧密。

中国对东盟投资主要流向了制造业，分布在新加坡、印度尼西亚、泰国、柬埔寨和越南等国家。这不仅促进了中国国内经济转型，也能够满足东盟国家的发展需求，还有利于将东盟的后发优势转化为经济增长动力。因此，未来中国与东盟国家的产能投资结合度将会逐渐上升。

第二节　验证贸易与投资的联动性

在互补性与竞争性指数基础上，为深入分析中国与“一带一路”沿线国家产能贸易投资的相互影响，我们通过构建 PVAR 模型来分析中国与“一带一路”沿线国家产能贸易与投资的联动性。

一、产能贸易与投资联动性模型的建立

下文我们旨在建立中国与“一带一路”沿线国家产能贸易与投资联动性面板向量自回归模型（panel vector autoregression，PVAR 模型）。面板数据的向量自回归模型是将 VAR 模型扩展到面板数据而得的，PVAR 模型不区分内生变量和外生变量，把所有变量视为内生变量，有助于准确反映各变量间的相互关系①。

$$K_{abt}^{T}=\beta_0+\sum_{j=0}^{n}\beta_{1j}K_{abt-j}^{T}+\sum_{j=0}^{n}\beta_{2j}K_{abt-j}^{F}+\beta_{3j}X_{abt-j}+\eta_{1abt}+\varsigma_{1abt}+\varepsilon_{1abt} \quad (5\text{-}3)$$

$$K_{abt}^{F}=\gamma_0+\sum_{j=0}^{n}\gamma_{1j}K_{abt-j}^{F}+\sum_{j=1}^{n}\gamma_{2j}K_{abt-j}^{T}+\gamma_{3j}X_{abt-j}+\eta_{1abt}+\varsigma_{1abt}+\varepsilon_{1abt} \quad (5\text{-}4)$$

其中，K_{abt}^{T}、K_{abt}^{F} 分别表示 a 地对 b 地在 t 期的产能贸易与结合度指数或投资相似度指数（export similarity index，ESI），K_{abt-j}^{T} 表示 K_{abt}^{T} 的 j 阶滞后项，X_{abt-j} 表示控制变量。系数 β_1、β_2、γ_1、γ_2 用来衡量中国与“一带一路”沿线国家产能贸易与投资联动性的方向。η_{1abt} 和 ς_{1abt} 分别表示不随时间变化的个体固定效应和不随个体变化的时间固定效应，ε_{1abt} 为随机干扰项。本节主要是对产能贸易与投资联动性进行分析，参照连玉君（2009）的方法，首先，我们采用组内均值差分法来去除时间效应，然后采用前向均值差分法来去除个体效应；其次，用广义矩估计进行模型回归拟合；再次，对模型进行稳健性检验；最后，分析变量的方差贡献度并建立和分析冲击响应函数，以探讨函数的扰动冲击如何影响各个变量。

1）核心变量

ESI 是指中国与“一带一路”沿线国家的产能贸易和投资相似度，通过分析产能相似度能反映地区间产能的竞争程度，包括产能的贸易相似度和投资相似度。在一个外部环境稳定的时期内，上期的地区间贸易和投资紧密度可能会对当期的投资和贸易紧密度产生影响。TII 是中国与“一带一路”沿线产能的贸易和投资

① 相对于 VAR 模型，PVAR 模型支持面板数据分析，对于时间的长度有所放宽，当 T 为时间序列长度，m 为滞后阶数时，只要 $T>2m+2$ 就可以对方程的参数进行估计，可以在稳态下得到滞后项参数。

结合度，通过分析产能结合度能反映地区间产能的互补程度，包括产能的贸易结合度和投资结合度。一般来说，前期的贸易和投资的依存度也会影响当期的地区间产能依存程度，上期的贸易投资联系紧密程度可以推动当期投资贸易。

2）控制变量

参照黄亮雄等（2013）等有关"一带一路"的文献，本节选取"一带一路"沿线国家总劳动力（lab）、工业比重与服务业比重之比（rr）、工业增加值（ind）、高新科技出口额（tec）、矿物能源出口占比（min）、GDP 单位能耗（ene）等影响中国对沿线贸易投资的重要因素作为控制变量，数据均来自世界银行数据库。

表 5-6 是构建 PVAR 模型和稳健性检验分析时需要使用的符号、变量及其统计描述。

表 5-6 变量符号和统计量

符号	变量	样本数/个	均值	标准差	最小值	最大值
lnesi_t	贸易相似度指数对数	1298	3.723	0.508	2.020	4.474
lnesi_f	投资相似度指数对数	1298	3.737	0.376	2.567	4.383
lntii_t	贸易结合度指数对数	1298	−0.688	1.073	−5.228	1.563
lntii_f	投资结合度指数对数	1298	−0.817	1.119	−5.649	1.599
lnlab	沿线国家总劳动力对数	1298	15.198	1.715	11.148	20.052
rr	沿线国家工业与服务业比重之比	1298	0.588	0.331	0.121	2.950
lnind	工业增加值对数	1298	23.115	1.907	17.804	27.180
lntec	高新科技出口额对数	1298	6.661	7.057	−19.357	24.565
lnmin	矿物能源出口占比对数	1298	0.912	1.669	−7.422	4.281
lnene	GDP 单位能耗对数	1298	1.986	0.435	0.447	3.135

二、产能贸易与投资联动性实证分析

在构建 PVAR 模型之前需要选择模型合适的滞后阶数。现有文献中，滞后阶数的选择大多遵循 AIC（akaike information criterion）信息准则、SIC（schwarz information criterion）信息准则和 HQIC（hannan-quinn information criterion）信息准则来确定滞后阶数。本节采用信息量取值最小的原则判定模型的最佳滞后阶数，AIC、HQIC 和 SIC 三种信息准则的检验结果见表 5-7。三种信息准则检验的结果一致认为，两个模型的滞后阶数均应选取 1。

表 5-7　PVAR 滞后阶数检验结果

项目	各信息准则	模型（1）	模型（2）	模型（3）	模型（4）	模型（5）
产能相似度模型	AIC	−12.7857*	−12.7777	−12.7818	−12.6739	−12.5317
	BIC	−11.5372*	−11.3895	−11.2396	−10.9609	−10.4107
	HQIC	−12.3113*	−12.2488	−12.1926	−12.0173	−12.1070
产能结合度模型	AIC	−6.3048*	−6.1434	−5.8713	−5.0213	−1.9521
	BIC	−4.6222*	−4.3591	−3.5571	−2.3444	1.1257
	HQIC	−5.6568*	−5.5773	−4.9755	−3.9823	−0.7540

注：*代表在该信息准则下为显著。

表 5-8 为 PVAR 模型的 GMM 估计结果，其中，方程（1）和方程（2）是产能相似度模型，方程（3）和方程（4）是产能结合度模型。在产能贸易相似度模型方程（1）中，中国与"一带一路"沿线国家产能贸易相似度滞后项 L.lnesi_t 系数在 1%水平上显著为正，说明中国过去对沿线国家的产能贸易相似性能持续推动未来的产能贸易相似性，表现为产能贸易竞争在时间上的正向持续强化效应；产能投资相似度滞后项 L.lnesi_f 系数也为正，在 5%水平上显著，这表明中国与沿线国家产能投资相似度的增加会促进双方的产能贸易相似度增加。其作用机理在于，前期中国和沿线国家由于增加对相同产业的投资量使得产能投资相似度增加，从而加剧前期产能投资竞争，致使中国与沿线国家产能贸易的结构趋于相似，进而进一步加剧当期产能贸易的竞争，这和张谊浩和王胜英（2004）的结论相一致。在产能投资相似度模型方程（2）中，中国与"一带一路"沿线国家产能贸易相似度滞后项 L.lnesi_t 系数在 10%水平上显著为正，同时产能投资相似度滞后项 L.lnesi_f 系数在 1%水平显著为正，说明中国与"一带一路"沿线国家前期的产能贸易相似度和产能投资相似度能提高当前产能投资相似度。综上所述，从产能相似度模型可归纳中国与"一带一路"沿线国家产能贸易与投资之间联动关系的两个结论：一是前期的产能贸易投资竞争性对当期的贸易竞争性有显著正向的影响；二是前期的产能贸易投资竞争性对当期的投资竞争性也有显著的增强影响。

表 5-8　PVAR 模型估计结果

项目	产能相似度模型		项目	产能结合度模型	
	方程（1）	方程（2）		方程（3）	方程（4）
L.lnesi_t	0.737***	0.041*	L.lntii_t	0.636***	0.446**
	（0.057）	（0.023）		（0.055）	（0.212）
L.lnesi_f	0.216**	0.764***	L.lntii_f	0.057*	0.549***
	（0.083）	（0.055）		（0.036）	（0.097）
L.lnlab	0.078	0.048	L.lnlab	0.075	0.021*

续表

项目	产能相似度模型		项目	产能结合度模型	
	方程（1）	方程（2）		方程（3）	方程（4）
	（0.054）	（0.099）		（0.094）	（0.012）
L.rr	–0.148	–0.127	L.rr	0.175*	–0.212
	（0.134）	（0.121）		（0.097）	（0.356）

注：L. 代表一阶滞后；*、**和***分别代表在 10%、5%和 1%水平上显著；括号内的数值为标准误。

产能结合度模型方面，在产能贸易结合度方程（3）中，中国与“一带一路”沿线国家的产能贸易结合度滞后项 L.lntii_t 和产能投资结合度滞后项 L.lntii_f 的回归系数均在统计上显著为正，说明前期的产能贸易投资结合度会对当期的产能贸易结合度产生正向的影响。产能投资结合度方程（4）中，中国与“一带一路”沿线国家的产能贸易结合度滞后项 L.lntii_t 和产能投资结合度滞后项 L.lntii_f 显著为正，说明前期的产能贸易结合度和投资结合度也会增加当期的产能投资结合度。这表明，随着中国与“一带一路”沿线国家的产能贸易深度紧密合作，未来将会提高企业对“一带一路”沿线国家的再贸易和再投资的预期，进而进一步提高产能贸易和产能投资的结合度。产能结合度模型结果说明中国与“一带一路”沿线国家产能贸易与产能投资之间存在互为因果的反馈关系，当期产能贸易投资增长显著带动未来中国对沿线国家的产能贸易或产能投资。

中国与“一带一路”沿线国家产能贸易和投资存在的这种联动效应，在经济机制解释上，一方面，沿线国家在制度安排、市场结构和基础设施等一系列贸易投资环境上的改善，往往预示着微观主体获利机会的增加，将成为吸引中国贸易投资产能增长的重要动力；另一方面，中国制造企业为整合各种资源，实行全球性战略，需要把握“一带一路”建设中的贸易和投资机会，这将积极影响中国企业对“一带一路”沿线的双边贸易和再投资的预期与激励。在政策内涵上，产能贸易和投资的互相促进作用，意味着中国与“一带一路”沿线国家贸易投资一体化正逐渐形成。在“一带一路”共建深化的新阶段，中国应继续实施全面对外开放和“走出去”战略，在制定贸易和投资政策时充分考虑彼此间的竞争互补关系，把产能贸易和投资置于一个统一的政策框架体系下进行全局考虑，注意贸易投资等外向型政策的协调运用，为中国进一步深化与“一带一路”沿线国家的产能合作提供制度保障。

三、产能贸易与投资的联动性稳健性检验

表 5-8 反映了中国与“一带一路”沿线国家产能贸易与投资之间的联动关系，

下文采用两种稳健性检验进一步考察该结论的稳健性。表 5-9 和表 5-10 通过减少或增加控制变量数构建 PVAR 模型；表 5-11 和表 5-12 则是借助单方程固定效应进行回归检验。

表 5-9 依次剔除了沿线国家总劳动人口 lnlab 及沿线国家产业结构 rr 两个变量再次进行回归，其中方程（1）、方程（2）、方程（5）和方程（6）剔除了沿线劳动人口变量 lnlab 及沿线产业结构 rr 两个变量，方程（3）、方程（4）、方程（7）和方程（8）仅剔除了沿线产业结构变量 rr。产能相似度模型方面，在产能投资相似度 lnesi_f 方程（2）产能贸易相似度指数滞后项 L.lnesi_t 的系数虽为正，但未通过显著性检验。除此之外，产能贸易投资相似度方程（1）至方程（4），产能贸易相似度指数滞后项 L.lnesi_t 和产能投资相似度指数滞后项 L.lnesi_f 均显著为正，而且至少在 10%的显著性水平为正。整体上再次表明，中国与“一带一路”沿线国家在前期的产能贸易投资相似度正向影响着当期的产能贸易投资相似度。在产能结合度模型方面，产能贸易投资结合度方程（5）至方程（8），中国与沿线的产能贸易结合度的滞后项 L.lntii_t 和产能投资结合度的滞后项 L.lntii_f 均显著为正，表明前期产能贸易和产能投资结合度的增加会提高未来产能贸易和产能投资结合度指数，即前期产能贸易和产能投资上的互补性会显著促进未来产能贸易和产能投资的互补性增强。综上，稳健性检验表 5-9 和表 5-8 的结论基本一致。

表 5-9 减少变量的 PVAR 模型稳健性检验

项目	产能相似度模型				项目	产能结合度模型			
	方程（1）	方程（2）	方程（3）	方程（4）		方程（5）	方程（6）	方程（7）	方程（8）
L.lnesi_t	0.764***	0.016	0.743***	0.043*	L.lntii_t	0.648***	0.142*	0.521***	0.445*
	（0.058）	（0.041）	（0.058）	（0.023）		（0.066）	（0.069）	（0.113）	（0.304）
L.lnesi_f	0.226***	0.909***	0.226***	0.872***	L.lntii_f	0.027*	0.513***	0.082*	0.512***
	（0.091）	（0.097）	（0.081）	（0.056）		（0.014）	（0.039）	（0.057）	（0.161）
L.lnlab	—	—	0.027	0.104		—	—	0.095	0.012*
			（0.019）	（0.156）				（0.131）	（0.010）

注：L. 代表一阶滞后；*、**和***分别代表在 10%、5%和 1%水平上显著；括号内的数值为标准误。

考虑到“一带一路”沿线国家的产能产出水平可能也会影响中国与沿线产能贸易和投资指数，表 5-10 在表 5-8 的基础上加入沿线国家的工业增加值 lnind 和高新科技出口额 lntec 两个变量，然后进行 PVAR 模型估计。在表 5-10 中，lnesi_t 方程、lnesi_f 方程、lntii_t 方程和 lntii_f 方程的回归结果与表 5-8 的 PVAR 模型结果基本一致。产能相似度模型的方程（1）至方程（4）中，中国和沿线的产能贸易相似度指数滞后项 L.lnesi_t 和产能投资相似度指数滞后项 L.lnesi_f 变量系数均显著为正；产能结合度模型的方程（5）至方程（8）中，中国和沿线国家的产能贸易结合度指数滞后项 L.lntii_t 和产能投资结合度滞后项 L.lntii_f 变量系数同样均显著为正。这再次说明中国和沿线国家在产能贸易和投资中具有联动关系，产能贸易和产能投资具有竞合互补的正向增强关系。

表 5-10　增加变量的 PVAR 模型稳健性检验

项目	产能相似度模型				项目	产能结合度模型			
	方程（1）	方程（2）	方程（3）	方程（4）		方程（5）	方程（6）	方程（7）	方程（8）
L.lnesi_t	0.694***	0.042**	0.687***	0.046**	L.lntii_t	0.574***	0.458***	0.492**	0.416***
	（0.061）	（0.021）	（0.063）	（0.021）		（0.045）	（0.052）	（0.196）	（0.049）
L.lnesi_f	0.143*	0.767***	0.148*	0.766***	L.lntii_f	0.025*	0.502***	0.114*	0.504***
	（0.083）	（0.061）	（0.084）	（0.062）		（0.015）	（0.043）	（0.081）	（0.141）
L.lnlab	0.042	0.030	0.099	0.046	L.lnlab	0.109	0.148**	0.173	0.133
	（0.039）	（0.036）	（0.188）	（0.051）		（0.126）	（0.038）	（0.199）	（0.127）
L.rr	–0.104	–0.103	–0.101	–0.131	L.rr	0.125*	–0.135	0.096*	–0.136
	（0.134）	（0.122）	（0.134）	（0.122）		（0.084）	（0.191）	（0.052）	（0.116）
L.lnind	0.041**	0.015	0.039**	0.016	L.lnind	0.076**	0.138**	0.046*	0.123*
	（0.017）	（0.012）	（0.017）	（0.013）		（0.029）	（0.052）	（0.027）	（0.089）
L.lntec	—	—	0.005	–0.003	L.lntec	—	—	–0.064	–0.136
			（0.004）	（0.003）				（0.051）	（0.118）

注：L.代表一阶滞后；*、**和***分别代表在 10%、5%和 1%水平上显著；括号内的数值为标准误。

PVAR 模型通过联立方程进行回归，先验地认为变量之间存在着相互关系。表 5-11 则采用基于单方程模型的面板数据固定效应模型进行分析。表 5-11 的结果显示，在产能相似度模型方程（1）和方程（2）中，中国和沿线国家的产能贸易相似度指数滞后项 L.lnesi_t 和产能投资相似度指数滞后项 L.lnesi_f 变量的系数均显著为正；在产能结合度模型方程（3）和方程（4）中，中国和沿线国家的产能贸易结合度指数滞后项 L.lntii_t 和产能投资结合度指数滞后项 L.lntii_f 的系数均显著为正，结果和表 5-8 基准模型的结论一致。

表 5-11　固定效应模型稳健性检验

项目	产能相似度模型		项目	产能结合度模型	
	方程（1）	方程（2）		方程（3）	方程（4）
L.lnesi_t	0.719***	0.048*	L.lntii_t	0.631***	0.381***

续表

项目	产能相似度模型		项目	产能结合度模型	
	方程（1）	方程（2）		方程（3）	方程（4）
	（0.028）	（0.012）		（0.017）	（0.033）
L.lnesi_f	0.137*	0.711***	L.lntii_f	0.034*	0.476***
	（0.066）	（0.019）		（0.013）	（0.025）
L.lnlab	0.057**	0.031**	L.lnlab	0.094**	0.081***
	（0.025）	（0.016）		（0.031）	（0.017）
L.rr	−0.129	−0.117	L.rr	0.127*	−0.107
	（0.121）	（0.112）		（0.069）	（0.154）
cons	−0.183***	−0.016***	*cons*	−0.021	−0.112***
	（0.004）	（0.003）		（0.013）	（1.088）
R^2	0.549	0.552	R^2	0.667	0.329
N	1298	1298	*N*	1298	1298

注：L. 代表一阶滞后；*、**和***分别代表在 10%、5%和 1%水平上显著；括号内的数值为标准误；R^2 代表拟合优度；*N* 代表样本量。

表 5-12 稳健性检验是在表 5-11 基础上，加入沿线国家的矿物能源出口变量 lnmin 及 GDP 单位能耗变量 lnene 作为控制变量，以剔除产能贸易投资合作一般受到的自然资源禀赋和产能效率的影响，更加清晰地分析中国与沿线国家的贸易投资联动性。在产能相似度模型方程（1）至方程（4）中，中国和沿线国家的产能贸易相似度滞后项 L.lnesi_t 和产能投资相似度滞后项 L.lnesi_f 的系数均显著为正。在产能结合度模型方程（5）至方程（8）中，中国和沿线国家产能贸易结合度指数滞后项 L.lntii_t 和产能投资结合度滞后项 L.lntii_f 的系数也都显著为正。这再次验证了中国和沿线国家的产能贸易和产能投资存在竞合互补的正向联动影响。因此，可以说中国和沿线的产能贸易和产能投资存在联动效应的结论较为稳健。

表 5-12 增加控制变量的固定效应模型稳健性检验

项目	产能相似度模型				项目	产能结合度模型			
	方程（1）	方程（2）	方程（3）	方程（4）		方程（5）	方程（6）	方程（7）	方程（8）
L.lnesi_t	0.719***	0.043*	0.713***	0.042*	L.lntii_t	0.730***	0.469***	0.686***	0.323**
	（0.021）	（0.022）	（0.021）	（0.022）		（0.018）	（0.046）	（0.019）	（0.227）
L.lnesi_f	0.136*	0.708***	0.134*	0.706***	L.lntii_f	0.024*	0.474***	0.017*	0.471***
	（0.101）	（0.019）	（0.102）	（0.019）		（0.013）	（0.025）	（0.011）	（0.025）

续表

项目	产能相似度模型				项目	产能结合度模型			
	方程（1）	方程（2）	方程（3）	方程（4）		方程（5）	方程（6）	方程（7）	方程（8）
L.lnlab	0.058**	0.028*	0.055**	0.032*	L.lnlab	0.081**	0.080***	0.082*	0.081***
	（0.026）	（0.014）	（0.026）	（0.016）		（0.059）	（0.017）	（0.061）	（0.017）
L.rr	−0.129	−0.107	−0.134	−0.123*	L.rr	0.128*	−0.171	0.079	−0.149
	（0.121）	（0.112）	（0.122）	（0.113）		（0.069）	（0.185）	（0.076）	（0.133）
lnmin	−0.002	−0.005*	−0.002	−0.005**	lnmin	0.018	0.033	0.016	0.031
	（0.004）	（0.003）	（0.004）	（0.002）		（0.013）	（0.026）	（0.013）	（0.026）
lnene	—	—	0.026	0.026**	lnene	—	—	0.097***	0.104
			（0.021）	（0.013）				（0.027）	（0.127）
cons	−0.018***	−0.017***	−0.017***	−0.015***	*cons*	−0.019	−0.110***	0.003***	−0.097***
	（0.004）	（0.002）	（0.003）	（0.003）		（0.014）	（0.026）	（0.014）	（0.027）
R^2	0.541	0.553	0.549	0.554	R^2	0.667	0.330	0.675	0.331
N	1298	1298	1298	1298	*N*	1298	1298	1298	1298

注：L. 代表一阶滞后；*、**和***分别代表在 10%、5%和 1%水平上显著；括号内的数值为标准误；R^2 代表拟合优度；*N* 代表样本量。

第六章　中国与主要制造业强国制造业发展对比分析

制造业是经济发展的重要支柱，也是国家综合实力的体现。在世界制造业发展和升级过程中，美国、德国、日本、韩国代表着不同的升级演进模式，呈现出不同的特点和比较优势。深入分析美国、德国、日本、韩国四大制造业强国制造业发展的典型特征、主要支撑因素等内容，有助于更加清晰地分析中国制造业的比较优势状况，为中国制造业的发展提供更有针对性的政策意见和改进意见。

第一节　中国与主要制造业强国制造业总体发展概况

本节主要分析中国、美国、德国、日本和韩国制造业的总体发展概况，通过对比中国与其他四国不同的发展模式、产业优势及在全球价值链中的地位和所起的作用，深入分析中国与美国、德国、日本、韩国四大制造业强国各自的竞争优势及面临的突出问题，以期为中国制造业现在及未来的发展提供经验借鉴和方向指导。

一、五国制造业国内发展情况

（一）发展模式及产业优势

1. 五国制造业发展模式

制造业的发展模式主要包括两种：一种是以美国、德国为代表的原发模式，即发达经济体由于拥有扎实的基础科学研究、世界一流的科技等先发优势，一般采取“研发与生产—出口—进口”的发展模式；另一种是以日本、韩国、中国为代表的后发模式，即新兴经济体由于不具备与发达国家媲美的世界一流的技术，从而倾向于采取出口导向型的战略，通过“引进—国内生产—出口”的“赶超型发展战略”模式，引进发达国家的先进技术，模仿并自主学习，批量生产后在满足国内需求的基础上销往海外，进而推动制造业的现代化发展（表 6-1）。

表 6-1 美德日韩中制造业发展模式

原发模式	美国、德国为原发模式，作为发达经济体，拥有扎实的基础科学研究、世界一流的科技等先发优势，一般采取“研发与生产—出口—进口”的发展模式
后发模式	日本、韩国、中国为后发模式，作为新兴经济体，不具备与发达国家媲美的世界一流的技术，从而倾向于采取出口导向型的战略，采取“引进—国内生产—出口”的“赶超型发展战略”模式

2010 年以来，美国一直处于全球制造业第二大国的位置。2016 年，美国制造业增加值的规模已增至 21 600 亿美元，占 GDP 的比重约为 11.55%，占全球制造业增加值的比重约为 16.00%[①]。凭借全球领先的科技实力、强大的经济实力、杰出的教育水平及丰富的高水平人力资源，美国的制造业一直处于世界领先水平。2008 年爆发的国际金融危机对美国经济产生了较大的影响，使美国深刻认识到实体经济对国民经济健康发展的重要性。因此，美国政府开始把政策向实体经济倾斜，为了吸引制造业企业回流，以维持美国制造业强国的地位，美国政府实施了“鼓励全民创新、培养高素质人才、大力发展科技”等一系列吸引制造业回流的政策。2009 年，美国正式提出“再工业化”战略。2017 年底的税制改革使美国的企业税率由 35.00%降至 21.00%，这一政策增强了海外制造业企业回流国内的意愿[②]。2010 年美国制造业开始复苏，直到 2017 年制造业增加值超过 2007 年以来美国历史制造业增加值的最高水平。凭借强大的经济实力、政治影响力及高额的研发费用投入，特别是在基础研究领域，美国稳居全球领先地位，是名副其实的世界制造业强国。

德国是全球制造业第四大国，2016 年德国制造业增加值为 7370 亿美元，占 GDP 的比重为 21.09%[③]。在德国统一初期，为了抢占国际市场份额，德国制造业企业通过模仿英国，仿制英国产品，制造了大批质量较差的机床设备。之后，德国开始意识到科研水平及工人技术提高对制造业发展的重要性。随后，各类培训学校的数量及对教育的投入均大幅增加，为德国制造业的发展奠定基础。1897 年，一批现代手工业协会兴起，为工人提供系统、专业的职业技能培训，最终为德国培养了大量技术精湛的工人。1914 年，德国成功完成工业化。但第一次世界大战的战败，使德国早先积累的技术优势几乎丧失，海外市场逐渐萎缩，海外资产直接被战胜国接管。自 1920 年起，德国采用了利用“工人技术优势，实施精细化生产”策略以应对美国制造业的规模优势。1926 年，国家标准化协会国际联合会（国际标准化组织前身）成立，确立了 A3、A4 纸张型号的国际标准，进一步提高了

① 资料来源：根据世界银行数据库的数据整理而得。
② 资料来源：根据《华尔街邮报》的数据整理而得。
③ 资料来源：根据世界银行数据库的数据整理而得。

“德国制造”的品牌知名度。

日本是全球制造业第三大国，2016年日本制造业增加值为10 471亿美元，占GDP的比重为21.05%[①]。第二次世界大战期间，日本制造业遭到重创。20世纪50年代，美国的制造业企业开始向外转移。为了重振经济，日本利用自身人口红利的后发优势，大力引进美国的技术，无论是日常消费品还是通信、电脑、汽车等领域都有所涉及。因此，日本国内出现了大量“山寨”产品，几乎覆盖了全行业。之后，日本转变发展理念，不仅从书本上学习知识，而且特意从美国购买产品，并进行拆解、研究及吸收其设计理念。通过模仿美国制造业的先进技术，日本制造业实现了从规模生产、技术引进到自主创新的跨越式发展，并推动了日本经济的恢复和发展。进入20世纪80年代，激烈的国际竞争和贸易争端让日本意识到自主创新的重要性，于是，日本政府实施了“科技立国”战略，开始将发展重心逐步转移至知识密集型产业，如飞机制造业、原子能产业、计算机产业和电子信息产业等。此外，在新能源、纳米技术、电子信息和生物医药等高精尖领域，日本也取得了长足发展。2016年，日本政府还推出了旨在借助新兴技术推动制造业转型和实现整个社会变革的“社会5.0”战略。

韩国是全球制造业第六大国，2016年韩国制造业增加值达3789亿美元，占GDP的比重为26.78%[②]。20世纪六七十年代，德国、日本由于国内成本优势逐步消失，轻工、纺织等传统制造业纷纷向“亚洲四小龙”转移。为了推动国内经济的发展，韩国从德国、日本大力引进各种高新技术产品，并进行模仿学习，逐步形成了本国较为完善的工业体系。20世纪80年代，韩国开始重视自主研发，并大力实施品牌战略，同时重点发展电子信息、汽车等产业。三星电子企业是韩国制造业的支柱，其通过推行“全产业链”的发展模式——在闪存、芯片、手机、平板电视、液晶面板等各方面进行投资，实现了技术的积累及创新的突破，打造了全球知名制造业品牌。为了推动制造业的发展，韩国政府出台了一系列政策，如2014年的《制造业创新3.0战略》和2015年的《制造业创新3.0战略实施方案》等。2019年6月，韩国政府公布了《制造业复兴发展战略蓝图》，该文件认为制造业是国家的经济基础，是创造高质量就业机会和创新增长的途径。《制造业复兴发展战略蓝图》涉及人工智能、新能源汽车等行业的发展目标和投资计划，其中提出到2030年，韩国将会建设2000家“人工智能工厂”。在掌握先进技术和创新方面，韩国表现尤为突出，在每百万人的专利申请量和研发支出方面排名位于世界前五。2017年，韩国制造业出口占其商品出口的比重近90%[③]，广阔的海外市场为其制造业的发展提供了需求保障。韩国从最初由德国、日本等国引进

① 资料来源：根据世界银行数据库的数据整理而得。

② 资料来源：根据世界银行数据库的数据整理而得。

③ 资料来源：根据世界银行数据库的数据整理而得。

先进技术到自主创新再到出口至海外，形成了其制造业发展的完整闭环。

中国是全球制造业第一大国，2016 年中国的制造业增加值总额为 44 630 亿美元，占 GDP 的比重为 39.88%[①]。中国自改革开放尤其是加入世界贸易组织以来，制造业发展迅猛。凭借丰富的廉价劳动力、广阔的消费市场，中国逐渐成为“世界工厂”——国际制造业企业的外包生产基地。由于技术水平较为落后，中国制造业相对处于“后发”地位，为了发展本国制造业，中国采取从美国、德国、日本、韩国等国大力引进先进技术，然后进行学习模仿的发展战略。随着“引进来”、“走出去”和“科技兴国”战略的实施，中国制造业自身的科技创新能力大幅提高，同发达国家的技术差距逐渐缩小。2017 年，中国制造业出口占商品出口的比重高达 93.75%[②]。一大批先进制造业企业，如华为投资控股有限公司（以下简称华为）、中兴通讯股份有限公司（以下简称中兴）、珠海格力电器股份有限公司（以下简称格力）等企业开始在国际市场上崭露头角。截至 2018 年底，华为的业务遍及 170 多个国家和地区，服务 30 多亿人口，营收达 7212 亿元，其中海外的营收占比高达 80.00%[③]。然而，尽管中国已是制造业第一大国，但是离制造业强国还有相当大的距离，在技术水平、科技含量、产品质量及品牌形象等方面仍有较大的提升空间。

由此可见，目前全球制造业的基本特点为：总量上是“东风逐渐压倒西风”，结构上是“你中有我，我中有你”；同时，发达国家占据全球产业链的高端位置，中国在核心零部件和关键技术方面的力量仍较为薄弱。

2. 主要产业优势

美国、德国、日本、韩国等的制造业优势产业的共同特征是汽车产业发达。另外，美国和德国集中于高端制造业，日本集中于中高端的硬件制造业及关键核心零部件的制造，韩国集中于中端制造业，中国集中于劳动力密集、技术水平和附加值水平不高的中低端制造业。

1）汽车产业

汽车产业具有产业关联度高、规模效益明显、资本密集、技术密集的特点。目前，汽车产业已成为美国、德国、日本、韩国等发达国家的支柱产业，经过多年的发展，已进入产业成熟期。

19 世纪 80 年代，美国的汽车产业兴起。随着内燃机的发明及应用，第一辆四轮汽车研制成功，美国的汽车制造业随之兴起。第一次世界大战结束后，福特汽车公司（以下简称福特）的唯一竞争对手是通用汽车公司（以下简称通用），

① 资料来源：根据世界银行数据库的数据整理而得。

② 资料来源：世界银行数据库。

③ 资料来源：华为投资控股有限公司 2018 年年度报告。

但很快克莱斯勒汽车公司（以下简称克莱斯勒）也进入了汽车市场，成为福特的又一竞争对手。福特、通用和克莱斯勒被称为美国汽车工业的三大巨头。1989—1991 年，随着技术的不断革新，日本制造业迅速崛起，而美国的汽车制造业受到较大的冲击。随着经济全球化的深入发展，各国汽车制造商的竞争日趋激烈。2008 年爆发的金融危机使美国经济受到严重冲击，特别是汽车行业受到的影响更甚，汽车销量呈直线下降的趋势。为了应对危机，汽车行业开始裁员和大规模减产。通用和克莱斯勒损失惨重，两家汽车公司均向法院提出了破产申请。但是，美国政府开始对汽车制造商进行经济补贴，帮助这两大汽车公司渡过了难关。目前，汽车行业正朝着科技、环保的方向发展，大量资金向节油、车载导航、无人驾驶技术等方面投放。

德国是世界上汽车制造强国之一，在国内，汽车也是推动经济发展的重要引擎，汽车制造业是德国最大的工业部门之一。截至 2019 年末，德国汽车产业已经占据了国民经济的 1/5 强，创造了超过 83 万个工作岗位。但是，国内汽车市场已经饱和，整车市场销量增速趋于平稳，现阶段德国以高端型汽车为主力快速拓展国际市场，如奔驰、宝马、大众、奥迪、保时捷等德国汽车产业链的特点是以整车定点生产为主体，辅以大量的中小型零部件供应商，形成了庞大的供应商体系，这些中小型企业包括许多在细分领域的龙头企业，整车企业在政府的支持下深度绑定供应链上的零部件供应商、当地学校资源及跨界公司。德国汽车产业对国内核心工厂进行大量投资，以支持高端技术研发、整车设计、质量把控等，并在国外寻找劳动力低廉的国家设厂进行简单生产或直接将部分生产外包给国外工厂。在新能源汽车领域，德国的汽车企业虽然起步较晚，但已取得了长足进步，截至 2017 年销量已位居全球第四位。如今，中国是德国汽车产业的主要销售市场及合作伙伴。近年来，受国际因素的影响，德国的汽车产业正面临着巨大的挑战。

日本是汽车生产大国，汽车产业在日本经济中占据重要地位。但是，优势产业主要集中在汽车产业，其他产业诸如传统的钢铁、造船、机床等因为中国及其他竞争对手力量的增强，日本企业的优势已不再明显。

近年来，日本的汽车产量呈现出下降的趋势（图 6-1）。2005 年日本的汽车产量为 1079.97 万辆，2008 年增长至 1157.56 万辆。受国际金融危机的影响，2009 年汽车产量大幅下降至 793.41 万辆，2009—2017 年其汽车产量波动变化，但是均未到达 1000 万辆。汽车销量也在不断变化，2005—2017 年，汽车的年销量基本保持在 400 万～600 万辆。但是，日本的汽车行业存在寡头垄断的状况。与此同时，日本政府采取了一系列措施以确保燃油经济性标准的实施，如采用汽车产品认证制度，即汽车需达到一定的燃油经济性标准时才有资格申报认证，该审核及认证任务主要由国土交通省执行。企业如果无法达到标准，则将会被采取惩罚措施，如公布企业名单、劝告、罚款等。企业如果达到油耗限值标准，则可享受优惠政策，如购买获"低排放"认证的车，第一年汽车税减免 50%，购置税减少 1.5 万日元。

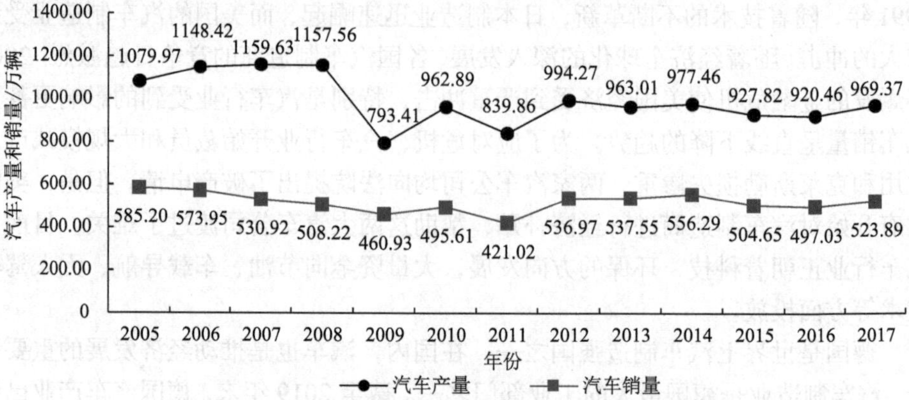

图 6-1　日本 2005—2017 年汽车产量及销量情况

资料来源：国际汽车制造商协会数据库。

相较于美国、德国、日本等国，韩国汽车世界销量较少，但是韩国汽车产业发达。19 世纪 50 年代中期，韩国汽车产业开始兴起。为了扶持国内汽车工业发展，韩国于 1962 年颁布了《汽车工业保护法》，这标志着韩国汽车行业进入发展的新阶段。1969 年，韩国又制定了《发展汽车工业基本计划》，提出要在 1972 年、1974 年分别实现国内汽车小轿车、大轿车生产国有化的目标。1972 年，韩国政府推出第三个经济开发五年计划，再次助力韩国汽车产业发展。1973 年，韩国政府发表《重化学工业宣言》，指出韩国汽车产业是韩国的重要战略产业之一，汽车产业将继续得到政府的大力扶持。但是，1987 年以后，韩国开始逐渐取消对汽车产业的政策优惠，并对汽车产业放松管制，鼓励各大汽车企业进行良性竞争，从而增强韩国汽车产业发展活力。20 世纪 90 年代以后，韩国政府要求汽车企业将其 5%的销售额用于技术开发，要在 1995 年之前在全国成立 350 个企业附属的研究所，集中研制尖端汽车零部件，这进一步推动了韩国汽车产业的发展，韩国成为世界第四大汽车生产国。由于韩国国内汽车市场接近饱和状态，韩国汽车品牌纷纷开辟国际市场，这促使韩国成了世界第五大汽车出口国，汽车工业成为韩国的支柱产业之一。

2）其他优势制造业产业

（1）美国。随着经济的发展，美国的初级、中级制造业逐渐衰落，高级制造业逐渐处于主导地位。根据美国经济分析局公布的数据，在初级制造业部门，具体到纺织和纺织品，美国已由生产大国转变为进口大国，产业发展早已进入衰退期；在中级制造业部门，美国基本进入成熟期，发展空间已经压缩至极点，可以预见到未来将进入衰退期。目前，高级制造业是美国制造业发展的主要动力，高级制造业部门的发展空间依然很大①。美国在制造业领域特别是高端制造业方面一直处于领先地位。近年来，美国对先进制造业的支持路径愈发清晰，以支持国内制造企业为主体，加快推进创新中心建设，在提质增效和标准引领上效果显著。美国凭借其雄厚的工业基础及自主创新能力，已经成为全球工业制造强国。目前，美国在人工智能、新材料、医药和半导体等领域均处于世界领先水平。

（2）德国。德国经济总量居欧洲首位，世界第四，是高度发达的工业化国家。德国制造业凭借优质、高效和创新的品牌形象，拥有较强的产品竞争力。德国制造业门类齐全，大力发展重工业，汽车和汽车配件工业、电子电气工业、机械设备制造、化工医药业是德国四大传统支柱产业。除此以外，环保技术和新能源也是德国的优势产业。在电子电气领域，德国拥有世界上技术领先的电子电器工业。德国的电子元件产品主要包括电容器、电阻器、半导体（集成电路、高保真分立元件）、感应器、缩合器、电子机械元件（连接器、开关）、印刷混合电路板和无源及混合微电路等。在机械制造领域，德国是世界第一大机械设备出口国，75%的机械设备产品销往海外，在机械设备业 32 个产品领域中，德国产品在半数领域为世界出口第一。在化工医药领域，德国是欧洲首选的化工投资地区，是世界上重要的化工产品出口国。德国拥有完善的基础设施、高素质的劳动力和研究机构，24 所大学的应用科学系、68 所非大学化工研究机构及 58 所大学的化工系使得德国在化工制药业研发上拥有明显优势②。在新能源领域，为了确保能源安全、能源供给，德国大力发展可再生能源。目前，德国在太阳能、风能、水力发电、地热能和生物质能等方面的开发与利用水平均居世界前列。

（3）日本。目前，日本制造业发达，其汽车、电子信息、高端制造等领域在全球制造业分工体系中居于重要地位。在汽车领域，如奔驰、宝马、通用、沃尔沃等世界知名汽车品牌均对日本制造高度依赖。在自动变速器、电子控制模块及电子控制元件三大重要汽车零部件方面，全球市场几乎被日本垄断。此外，在安全气囊、微芯片、半导体、发动机控件等高附加值零部件方面日本均保持着绝对优势。日本企业之所以能在这些行业形成垄断地位，主要取决于其产品具备性价比优势。在通信服务领域，日本通信网络覆盖及光纤入户渗透率全球领先，尽管近年来日本通信服务硬件发展速度减缓，但一批光通信、图像处理等技术研发企业，在全球市场仍处于领先地位。

（4）韩国。韩国在电子产品、汽车、造船、钢铁及半导体等制造业领域的国际竞争优势比较明显，在全球产业链中的地位不断提升。在造船方面，韩国是世界造船强国，全球船厂前十强中韩国占有七席，包揽前六位，其中现代重工、三

① 资料来源：美国经济分析局发布的相关数据。
② 资料来源：德国化学工业协会。

星重工、大宇造船海洋株式会社和 STX 造船海洋是世界前四大造船厂。在电子产品方面，韩国是世界电子产品的佼佼者，离子显示屏、液晶显示器及内存等移动电话和平面显示装置都在世界市场中处于领先地位。在半导体方面，三星和 SK 两大集团是韩国乃至全世界半导体产业中的代表性企业。韩国产业研究院发布的研究报告显示，2017 年第三季度，三星电子在全球半导体市场中的占有率高达 46.4%，位居全球第一。SK 集团在全球半导体市场中的占有率达 28.1%，位居全球第二。仅三星电子和 SK 集团两家韩国企业在全球半导体市场的占比就高达 74.5%。从销售额上看，2017 年，三星电子半导体销售额达 612 亿美元，在全球的半导体企业中位居第一①。

（5）中国。改革开放以来，中国制造业一路砥砺前行，修炼内功，逐渐由弱变强。近年来，随着传统产业和互联网的融合发展，中国智能制造水平稳健提升，一大批关键技术研发应用取得重大突破，极大地推动了中国传统产业的转型升级。目前，中国在通信、轨道交通装备和电力装备等产业已具备了较强的竞争力。以中国的通信产业为例，华为、中兴等代表性的中国企业已具备了强大的市场竞争力，其业务分布世界众多国家，并占据当地较大市场份额。

3. 在国民经济中的地位

制造业是国民经济的重要组成部分，支撑着一个国家经济的发展。制造业是美国、德国、日本、韩国、中国等五国经济的原动力和经济发展的支柱，制造业增加值始终在 GDP 中占据重要地位，其中中国、韩国、德国、日本是相对倚重制造业的国家。

随着知识经济和服务业的发展，制造业虽然在发达国家的经济和社会中所占的比重有所下降，但是仍占据重要地位。目前，美国、德国、日本、韩国等发达国家制造业增加值相对稳定。2010 年中国超过美国，成为世界第一的制造大国。就制造业增加值占 GDP 的比重而言，中国在 2006 年达到顶峰，占比为 32.19%，之后逐渐下降，2015 年突破 30%的关口（图 6-2 和图 6-3）。但是，该比重仍然高于美国、德国、日本、韩国等国。究其原因，一方面，中国的制造业增加值占 GDP 的比重下降主要是由于中国劳动力红利优势的逐渐消失，最初中国凭借廉价的劳动力及丰富的资源成功承接了西方发达国家的产业转移，但是随着中国经济的发展，中国劳动力成本逐渐上涨，使得跨国公司将大量的中国工厂转移至东南亚地区，如越南、老挝、柬埔寨等国，再加上中国第三产业的发展，中国制造业占全球制造业的比重逐渐下降，但是目前中国的制造业依然在国民经济中占据重要地位。需要指出的是，中国制造业比重的过快下滑也是很不科学的，从大国的经济趋势来看，美国、德国和日本人均 GDP 分别在 1953 年、1970 年、1970 年达到 1.6 万、2.0 万和 1.7 万美元，其制造业的比重达到历史最高点。此外，美国、德国、日本

① 资料来源：韩国产业通商资源部发布的数据。

制造业的比重下降的主要原因是制造成本的升高及产品价格的上涨。相较于美国、德国、日本，韩国制造业增加值占 GDP 的比重也较高，基本上在 25%～30%浮动，经济发展对制造业的依赖度过高。韩国一直以来高度重视制造业的发展，制造业一直是拉动经济发展的重要引擎。韩国的造船、汽车、电子等产业居于世界前列，虽然在 2008 年国际金融危机后，韩国的制造业增长乏力，但是韩国提出了制造业振兴计划，致力于推动制造业的发展，以巩固其在全球制造业中的地位。

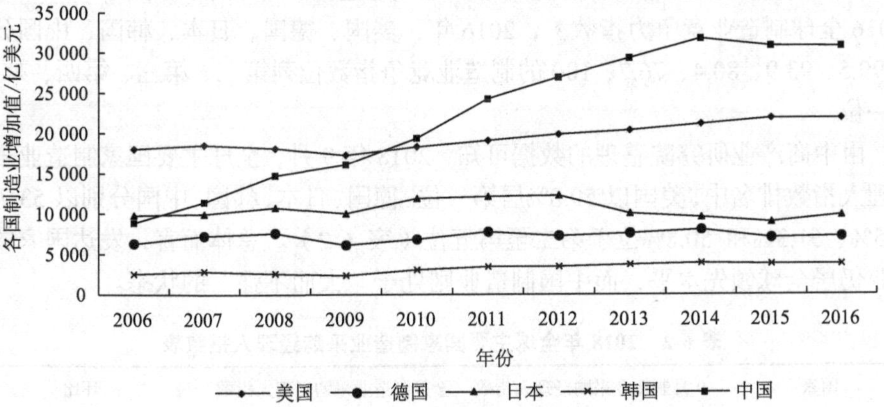

图 6-2　2006—2016 年五国制造业增加值情况

资料来源：联合国工业发展组织数据库，按 2010 年不变价美元计算。

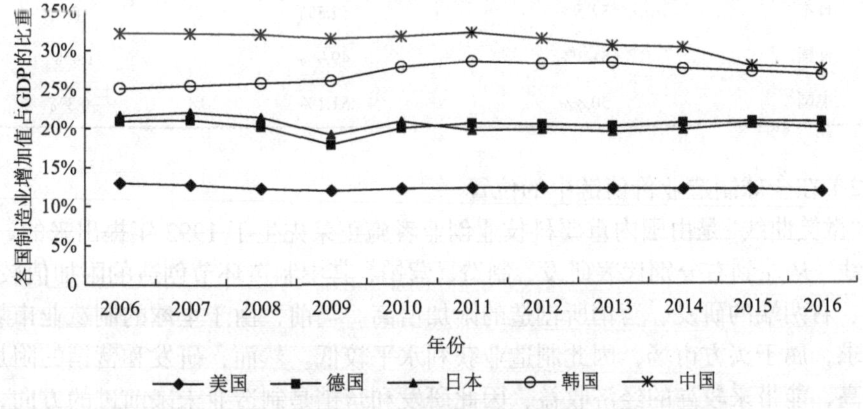

图 6-3　2006—2016 年五国制造业增加值占 GDP 比重

资料来源：联合国工业发展组织数据库。

日本和德国的制造业增加值占比相近，基本稳定在 20%左右，对制造业的依赖度相对较高，制造业在日本、德国出口中也占有重要位置；美国由于第三产业高度发达，制造业在美国的经济中作用不如在韩国、德国、日本等国突出，其制造业增加值占 GDP 的比重基本保持在 10%～15%，且呈现出逐年下降的趋势。

（二）在国际中的地位

1）综合排名

制造业是世界各国经济增长、繁荣和创新的重要引擎，是国家综合实力的重要标志。世界制造业竞争力指数和世界500强企业排名均显示，中国与发达国家制造业的差距还比较明显。2015年世界500强企业名单，美国、德国、日本、韩国等四国制造业上榜企业数量占比均接近或超过 50%，中国还不到 30%。根据《2016全球制造业竞争力指数》，2016年，美国、德国、日本、韩国、中国分别以99.5、93.9、80.4、76.7、100的制造业竞争指数位列第二、第三、第四、第五、第一位。

由中商产业研究院整理的数据可知，2018年9月，全球主要国家制造业采购经理人指数排名中,美国以59.8%居第一位,德国、日本、韩国、中国分别以53.7%、52.5%、51.3%和 50.8%位于第二至第五位（表6-2）。总体而言，发达国家的制造业仍居全球领先水平，而中国制造业则处于“大而不强”的状态。

表6-2　2018年全球主要国家制造业采购经理人指数表

国家	9月制造业采购经理人指数	8月制造业采购经理人指数	环比
美国	59.8%	61.3%	−1.5%
德国	53.7%	55.9%	−2.2%
日本	52.5%	52.5%	0
韩国	51.3%	49.9%	1.4%
中国	50.8%	51.1%	−0.3%

2）在全球制造业价值链中的位置

“微笑曲线”是由国内重要科技业创业者施正荣先生于1992年提出来的，“微笑曲线”从左到右分别代表研发、制造、营销，其中制造环节创造的附加值较低，而左、右两端的研发、营销所创造的附加值高。当前，由于全球的制造业市场供过于求，属于买方市场，因此制造业获利水平较低。然而，研发和营销的附加价值较高，能带来较高的经济收益，因此研发和营销是制造业未来前进的方向，即加大研发和营销投入，增加经济效应。由“微笑曲线”可知，只有当产品与服务实现较高附加值，企业才能继续生存。由于加工制造业位于“微笑曲线”的最底端，创造的利润较低，而研发和营销能创造更好的附加值，因此企业应该积极向产业附加值曲线的两端延伸，如上游端的科研、零部件、材料及设备和下游端的品牌、销售、传播和网络。总之，企业越向产业价值链的两端延伸，创造的利润越多。

中国大部分制造业处于“制造—加工—组装”链的低价值环节，位于“微笑曲线”的底端；韩国在全球制造业价值链中处于研发、营销等两端的中附加值环节，产品以中附加值产品为主，如制造业中的各种零部件；美国、德国、日本处于研发、营销等两端的高附加值环节，处于“微笑曲线”的两端。

整体而言，在全球价值链分工中，中国制造业目前仍处于中低端位势。目前，中国具有比较优势的产业主要是对技术水平要求不高的制造业及传统部门。中国制造业主要是通过加工贸易融入全球价值链，通过大量进口中间产品以完成规模化生产。低端分工使得中国制造业长期处于全球价值链的低端，加之受国际政治、经济形势的影响，当全球经济发展疲软、全球贸易量萎缩时，中国企业易出现过度竞争的问题。但是，由于拥有廉价的劳动力、丰富的自然资源及优惠政策等优势，中国抓住了发达国家产业转移的机会，不断融入全球价值链分工体系，且中国参与国际分工的程度日益加深。随着全球化的进一步发展，中国制造业在全球价值链分工中的地位得到了明显提升，出口总值和出口增加值超过了美国等国家，位居世界第一。此外，随着中国科技创新能力的增强，中国在众多领域，如互联网、5G、高铁等均居于世界领先水平，中国企业正在朝“产品—品牌—标准”的方向发展。

韩国的研发更多投入于中端科技领域，如汽车、机械制造及零部件生产。由于受到经济体量的约束，韩国的制造业在一定程度上依赖于发达国家的产业转移。韩国有着相对发达国家更廉价的劳动力及政府对创新、科技的支持，韩国较好地承接了美国产业的转移，实现了制造业的可持续发展。

美国、德国、日本三国工业起步较早，加之各国政府对制造业给予大力扶持，使得三国较早形成了核心竞争力，打造了自主强势品牌，因而得以位于“微笑曲线”的顶端，可获得最高的制造业附加值，成为全球价值链的主导者。

二、五国制造业的竞争分析

评价制造业竞争力的指标主要包括生产竞争力、贸易竞争力、技术竞争力三方面。其中，生产竞争力包括劳动生产率、制造业成本、增加值率、劳动报酬占增加值比重等指标；贸易竞争力包括世界市场占有率（制造业商品出口额/世界制造业出口总额）、显示性比较优势指数、相对贸易比较优势指数、贸易竞争力指数、产业内贸易指数、产业关联度等指标；技术竞争力主要通过某产业或产品的专利件数来衡量。

（一）生产竞争力方面

从劳动生产率来看，美国、德国、日本、韩国依次位于第一至第四名，其主要得益于先进技术及设备的支撑。2015 年，美国人均产值高达 111 083 美元。其次是德国、日本、韩国，就生产率而言，韩国在十年内年复合增长率是发达国家中最高的，达到 2.4%，而德国、日本十年内的复合增长率变化不大，分别为 0.2%和 0.5%，中国的复合增长率较高，为 9.0%。但是，在劳动力成本方面，中国的劳动力成本远低于发达国家。其中，2015 年，中国的制造业劳动力成本仅为 3.3 美元/小时，而德国的制造业劳动力成本高达 40.5 美元/小时，美国的制造业劳动力成本为 38 美元/小时，日本和韩国的劳动力成本分别是 24.0 美元/小时与 20.7 美元/小时。因此，在劳动力成本方面，中国拥有一定的竞争优势。从制造业增加值来看，2016 年中国的制造业增加值为 44 630 亿美元，为世界第一，高于美国的 35 163 亿美元、日本的 14 501 亿美元、德国的 9753 亿美元和韩国的 4970 亿美元①。

（二）贸易竞争力方面

从世界市场占有率来看，2014 年，中国制造业商品出口额为 21 980 亿美元，全球市场占有率最高，其他依次是德国（12 490 亿美元）、美国（10 340 亿美元）、日本（5980 亿美元）和韩国（4965 亿美元）②。随着中国生产效率的不断提高，产值规模的持续扩大，且拥有人口红利优势，中国的制造业出口规模实现了大幅提升。从不同出口产品附加值来看，2014 年，美国高端技术密集型产品出口占制造业总出口的比重最高，为 58%；中端技术密集型产品出口占制造业总出口的比重为 28%；低端技术密集型产品出口占制造业总出口比重仅为 14%。日本的高端、中端和低端技术密集型产品出口占制造业总出口的比重分别为 55%、32%和 14%。德国的高端、中端和低端技术密集型产品出口占制造业总出口的比重分别为 53%、30%和 17%。而中国的高端、中端和低端技术密集型产品出口占制造业总出口的比重分别为 42%、23%和 35%。由此可知，中国的中低端制造业产品出口占制造业总出口的比重超过 50%，与发达经济体相比还有较大差距，处于追赶待赶超阶段③。

（三）技术竞争力方面

当前国际上流行的一种技术竞争力的衡量指标就是显示性的技术优势指数，其主要是通过各国在某产业或产品上的专利件数来衡量并进行实证分析。2014 年，美国申请的专利件数最多，达到 61 492 件，占全球申请总量的 29%。中国的专利申请件数为 25 539 件，仅次于美国和日本，说明中国的技术竞争实力有所提升④。但是，采用专利件数来衡量技术竞争力存在一定缺陷。

① 资料来源：德勤有限公司（德勤全球）和美国竞争力委员会，《2016 全球制造业竞争力指数》。
② 资料来源：根据《2016 全球制造业竞争力指数》及联合国商品贸易统计数据库的数据计算所得。
③ 资料来源：德勤有限公司（德勤全球）和美国竞争力委员会，《2016 全球制造业竞争力指数》。
④ 资料来源：根据 AcclaimIP 提供的美国专利及商标局 2014 年度授权专利的统计数据计算所得。

综上可知，美国、德国、日本三国制造业的比较优势在于劳动生产率高、科技创新实力强、专利申请件数多、技术竞争力强、出口产品中的中高端技术密集型产品占较大比重，但是美国、德国、日本三国劳动力成本高，不具备成本优势，且制造业增加值复合增长率较低。中国的制造业虽拥有人口红利优势，生产成本较低，但是劳动生产率偏低，且制造业产品出口中以中低端技术密集型产品为主，因此制造业的竞争力不强。

三、五国制造业发展面临的突出问题

五国制造业的优劣势不同，发展阶段各异，因此面临的问题也不同。

（一）美国制造业面临的问题

根据美国联邦储备系统数据计算结果可知，自 2007 年 12 月美国制造业生产指数达到峰值以后，美国制造业生产指数并未继续增长，只是进入了缓慢的周期性复苏阶段。同时，美国的制造业就业人数也与该指数的变化情况类似，2007 年 1 月制造业就业人数为 1400 万，此后便开始下降，2018 年 6 月制造业就业人数为 890 万，比 2007 年 1 月的数值少了 510 万①。面对国内产业空心化、失业率高的问题，美国政府大力实施"再工业化"战略，将虚拟经济向实体经济转型。其中，"再工业化"战略旨在重振美国的制造业。但是，美国的制造业依然存在诸多问题。

1）资金回流不足，资金约束较强

资本的逐利性往往会促使资本向回报率更高的行业转移。目前，制造业虽然得到政府在资金、政策等各方面的支持，但是由于其居高不下的生产成本，再加上政府扶持政策的稳定性存在一定风险，因此，为了控制生产成本，企业往往会选择生产成本较低的国家或地区进行投资，并保持、扩大在新兴市场的市场份额。加之，制造业所需的劳动力较多，劳动力成本在总成本中占较大比重。目前，美国工人小时工资约为 22 美元②，加之雇用一个工人的综合成本，包括社保、税收等可能超过 40 美元。近年来，中国的劳动力成本虽然有所上涨，但是仍然不到其 1/4。对于新兴制造业，美国的核心技术仍有待突破，未来制造业主导行业存在较大不确定性，这极大动摇了投资者对美国制造业的信心。此外，随着世界各国对技术研发的重视及技术研发投入的加大，一定程度上缩小了与美国在技术方面的差距，增加了美国制造业未来发展的不确定性，进而导致投资商将目光转向非制造业。

2）劳动力投入的结构性成本高

美国制造业的劳动力结构性成本，主要指的是劳动力转换的成本。充足的劳

① 资料来源：美国劳动统计局。

② 资料来源：美国劳动统计局。

动力是复兴制造业的基础条件。其中，劳动力既包括生产工人，又包括高端技术人才。美国推行的“去工业化”战略虽大幅减少了美国国内制造业企业，但在一定程度上促进了服务业的发展。由此，制造业的工作岗位减少而服务业的工作岗位增加，因而原先传统制造业的工人转向从事服务业。根据美国劳工部公布的数据，美国制造业的从业人口在 1979 年达到 1900 万人的高位后开始逐步下降，美国制造业岗位数由 2000 年的 1730 万人下跌至 2016 年的 1230 万人。“去工业化”战略的实施，一方面使得制造业技工数量有限，供给不足，难以填补美国制造业所需的技工缺口；另一方面使得大量制造业技工转向服务业就业，专业技能逐渐丧失，难以快速返回制造业就业，这在一定程度上导致美国制造业出现难以找到足够熟练技工的结构性失衡问题。

3）市场需求的不断变化

美国制造业市场需求不断变化主要基于以下原因。一是美国国内市场需求结构不断变化。由杜森贝里的相对收入假说可知，消费者当前消费会受到周围的消费水平及自身消费习惯的影响。因此，从长期来看，消费者的消费函数是一条过零点并向右上方倾斜的直线；从短期来看，消费者的消费函数曲线，具有正截距而非经过零点。这表明随着消费者收入的增加，消费者的消费水平不断提高，但当消费者收入下降时，并不意味着消费水平的下降，而是惯性地维持在高于实际收入水平的标准。受到国际金融危机的冲击，美国国民的整体收入水平有所降低，但是消费水平的降低幅度有限。为了维持原有的消费水平，居民往往选择从国外购买物美价廉的替代产品。较高的人力成本导致的较高的生产成本使得回流至美国国内的制造业企业不仅不具备成本优势，而且面临着进口产品的价格压力，这可能导致美国制造业企业不仅无法保持国内市场份额，而且可能失去海外市场份额。二是国际市场需求结构也在不断变化。随着新兴经济体经济的发展，其所带来的市场需求的不断增多。越来越多的跨国公司意识到新兴市场的重要性，纷纷选择新兴市场进行投资。由于最初进入新兴市场的企业具有先进入者优势，在当地已占有相当稳定的市场份额，因此不会轻易选择放弃新兴市场回流至国内。

（二）德国制造业面临的问题

德国制造业面临的问题主要在于人力成本较高、制造业灵活性和反应速度较弱。

1）人力成本较高

目前，许多德国企业面临着劳动力紧张的问题。此外，德国的员工工作时长较短，如欧盟对每周的工作时间作出了规定，企业员工每周工作时间不超过 48 小时（已包括了加班在内的时间）。再加上德国存在人口老龄化问题，使得其劳动力短缺，劳动成本相对高昂。相关数据显示，2015 年，德国制造业劳动力成本处于全球最高处，平均时薪高达40.5美元，是同时期中国制造业平均时薪的12倍左右①。

2）制造业灵活性和反应速度较弱

由于德国的风险资本市场相对较弱，且大多数中小企业依赖于银行融资，当发生经济危机时，企业倾向于选择银行及其他金融机构。自2008年国际金融危机发生以来，德国的风险资本活动有所减少。在德国，风险资本的投资总量占GDP的比重呈现出不断下降的趋势，从2008年的0.045%下降至2010年的0.028%，2014年又进一步下降到0.023%②。同时，金融市场的脆弱性会限制经济体中企业融资特别是中小企业融资市场发展。相关数据显示，自2008年国际金融危机爆发以来，德国银行对国内中小企业新发放的贷款数额逐渐降低，从2009年的130亿欧元下降至2014年的98亿欧元，中小企业融资面临一定困难。

（三）日本制造业面临的问题

日本制造业面临的主要问题包括企业税率高、部分优势产业受到挑战、自然资源稀缺及人口老龄化严重。

1）企业税率高

日本企业税率过高，在一定程度上影响了企业的盈利规模，进而打击了投资者的投资信心。日本的税制改革虽然使企业有效税率由2015年的34.6%下降至2016年的31.3%，企业税率降低了约3个百分点，但是由于日本税制改革的力度有限，因此相较于其他的工业化国家，日本的企业税率仍然较高。2016年以来，日本的企业税率一直保持在30.86%，在发达经济体中也处于较高水平（图6-4）。

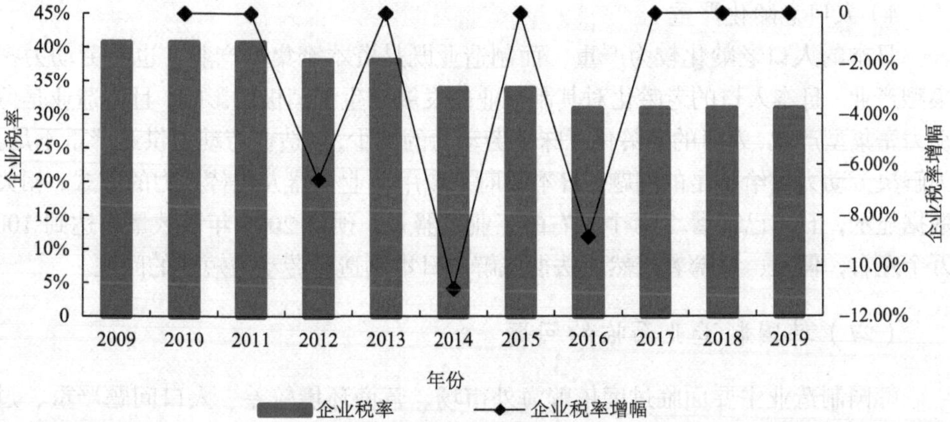

图6-4　2009—2019年日本国内企业税率及增幅情况

资料来源：全球经济指标数据网。

① 资料来源：德勤有限公司（德勤全球）和美国竞争力委员会，《2016全球制造业竞争力指数》。

② 资料来源：德勤有限公司（德勤全球）和美国竞争力委员会，《2016全球制造业竞争力指数》。

2）部分优势产业受到挑战

随着全球化进程的不断推进，产业间的竞争日益激烈。近年来，日本的诸多优势产业面临着严峻的挑战。例如，受到韩国竞争者的挑战，日本在汽车工业、电子等制造业领域的影响力有所下降。再如，在工业机器人行业，虽然日本工业机器人在全球占据重要地位，日本机器人工业协会会长桥本康彦表示，2018 年日本的工业机器人订单突破一万亿日元，相比 2017 年增长了 7 个百分点，接下来几年将会继续增长，但是工业机器人出货量触顶下滑现象明显，其中部分原因与其他国家工业机器人的发展有关。例如，中国政府先后出台了一系列鼓励发展工业机器人的政策，越来越多的企业开始进入工业机器人领域，并吸引了大量互联网企业的投资。大量工业机器人制造厂商开始在中国投资建厂，在一定程度上对日本工业机器人产业构成了威胁。

3）自然资源稀缺

日本国土面积狭小，国内蕴含的自然资源种类较少，特别是缺少发展制造业所需的矿产资源，如石油、铁矿、铜矿等。日本经济产业省发布的数据显示，日本的矿产资源种类只有 12 种左右，对全球矿产资源的进口需求量大，居世界首位。此外，对部分有色金属需求的进口依赖度平均高达 95%，其中石油的进口依赖度为 99%，铁矿石为 99%，煤炭为 73.3%，锰、钛、镍等稀缺金属高达 100%。目前，中国是日本有色金属进口的主要来源地。日本自然资源对进口的高依赖度在一定程度上影响了日本工业的发展。为了保障本国制造业的发展，日本通过政府援助、跨国企业参股及渗透模式等方式来保障矿产资源的供应，推动日本经济的发展。

4）人口老龄化严重

日本的人口老龄化较为严重，而制造业既是资本密集型产业，也是劳动力密集型产业。日本人口的老龄化对其制造业的发展产生了消极的影响，且制造业是劳动力密集型产业，人口的老龄化意味着劳动力的减少，制造业劳动力供给严重不足。为解决劳动力供给不足的问题，日本政府采取用工业机器人代替人力的方式，相关数据显示，日本已部署 2 万个左右的工业机器人，预计 2025 年该数量将达到 100 万个左右，但是，该部署依然无法彻底解决日本制造业劳动力短缺的问题。

（四）韩国制造业面临的问题

韩国制造业主要面临过度依赖海外市场、营商环境较差、人口问题严重、过度依赖海外技术和新生代企业动力不足等问题。

1）过度依赖海外市场

2002 年，韩国出口额占国民收入总额的 34.0%，而到 2013 年该比重已上升至 56.0%。目前，韩国的经济增长依然对出口高度依赖，因此韩国的经济发展容易受到世界经济放缓的影响，尤其是主要外贸合作伙伴的中国。2014 年，韩国对中国的出口占出口总额的 25.4%，中国经济的放缓将直接影响韩国制造业对中国的出口量，从而可能影响韩国制造业的发展。

2）营商环境较差

韩国的官僚问题严重，营商环境较差。政府虽然对外国直接投资者提供了优惠的政策，但是韩国的营商环境依然不佳，如登记、通知、许可、审批等环节不透明，而且过程过于烦琐。同时，部分外国投资者也认为韩国的法律和监管缺乏透明度。营商环境较差严重阻碍了外商对制造业的投资。

3）人口问题严重

韩国的人口问题潜藏着巨大的危机，一方面韩国的人口老龄化问题日益凸显，另一方面其劳动人口数量呈现出不断下降的趋势。其中，65 岁及以上的人口占比从 1990 年的 5.1%增长至 2015 年的 13.1%，预计 2060 年有可能达到 40.1%[①]。此外，15～64 岁的人口数量自 2016 年开始呈现出逐年下降的趋势。劳动力人口规模的下降直接导致韩国制造业劳动力出现缺口，严重阻碍了韩国制造业和经济的发展。

4）过度依赖海外技术

作为新兴国家的韩国，存在对美国、日本、德国等发达国家的技术过度依赖的问题。在世界范围内，最具竞争力的韩国半导体、智能手机和显示器制造商仍然严重依赖日本设备、材料和零件制造商的技术。韩国发展制造业所需的进口半导体设备、高强度钢板和塑料薄膜主要从日本进口。2019 年 7 月 1 日，日本经济产业省宣布将对用于制造智能手机与电视机中 OLED 显示器部件使用的氟聚酰亚胺、半导体制造过程中必须使用的光刻胶和高纯度氟化氢等半导体的三种材料，加强面向韩国的出口管制。这无疑使韩国的重产业——半导体和液晶显示屏受到巨大的冲击。

5）新生代企业动力不足

2018 年 8 月 13 日韩国发布的《制造业新生企业发展动力作用减小与启示》指出，以 2014 年为标准，营业时间 5 年以下，员工人数 10 人以上的新生代企业的数量占韩国制造业企业的总数的比重为 28.0%，从 1995 年的 51.0%连续 20 年出现下滑的趋势。从就业带动效果来看，在新生代制造业企业员工数占制造业企业总员工数的比重从 1995 年的 28.0%下降至 2015 年的 18.0%。从生产率贡献率来看，新生代企业对韩国制造业的生产贡献率也呈现出逐步下降的趋势，从 1995—2000 年的 3.8%下降至 2000—2013 年的 1.5%。由此可见，韩国制造业呈现出“老龄化”的趋势，且新生代企业对经济创造的活力不足。

① 资料来源：德勤有限公司（德勤全球）和美国竞争力委员会，《2016 全球制造业竞争力指数》。

（五）中国制造业面临的问题

中国虽是世界制造业第一大国，但劳动生产率低、技术创新不足、产业结构不合理、企业管理水平较低等问题，使得中国制造业陷入“大而不强”的困境。

1）劳动生产率低

尽管目前我国制造业发展迅速，但是制造业的劳动生产率特别是人均增加值与发达国家的差距仍较为明显。在人均制造增加值方面，中国与发达国家的差距依然较大。2016 年，中国人均制造增加值仅约为 3200 美元，而德国人均制造增加值处于世界最高水平，接近 12 000 美元，这一定程度上说明在技术水平方面，中国制造业落后于美国、德国、日本等国，制造业发展水平较低①。因此，提高制造业劳动生产率是提升中国制造业全球竞争力的过程性目标。

劳动生产水平的提升并非取决于顶层人才的高度，而是取决于基层技术人员的水平。近年来，“中国制造”下“技工荒”的问题愈加严重，一定程度上阻碍了中国制造业的发展。中国制造业的人才问题主要体现在以下两个方面：一是高技术水平、高学历的人才出现外流，制约了中国制造业自主创新能力的提升；二是职业技术工人严重缺乏，影响了中国制造业整体竞争力的提升。据统计，技能型劳动者数量约占中国就业人员总量的 19%，高技能人才则仅占 5%②，与发达国家 40%的比重相差较大。

2）技术创新不足，缺乏核心技术

受缺乏自主知识产权的技术和品牌的严重制约，我国制造业的国际竞争力和附加值一直难以提升。目前，中国大部分产品仍停留在仿制的低层次阶段，缺乏自主知识产权，一部分行业的核心技术与装备基本依赖国外；一部分企业创新能力薄弱，技术开发能力缺乏，优秀人才短缺。据统计，我国大型制造业企业中，70%的企业没有自主科研创新平台，这反映出国内制造业企业创新投入的严重不足③。

3）产业结构不合理，出现产能失衡

在我国，制造业结构目前仍以劳动密集型产业为主，而技术密集型，尤其是高端技术密集型产业匮乏。从制造业产品的角度来看，大部分常规商品基本符合参数的要求，但是在质量稳定性、可靠性、使用效率和功能档次等各方面均有待提高，高附加值、高质量、高复杂性、个性化产品供给不足，达到世界先进水平的制造业产品比重一直难以提升，并出现了产能失衡的现象。这种失衡主要表现在

① 资料来源：世界银行数据库。

② 资料来源：由摩根大通资助、复旦大学教授袁志刚团队和清华大学教授李强团队合作完成的研究报告《中国劳动力市场技能缺口研究》。

③ 资料来源：世界银行数据库。

两方面。一方面，产业所需的高水平、高附加值、高技术含量的技术装备、产品长期依赖海外市场。比如，在电子信息产业领域，2017 年中国集成电路制造业附加值为 5411.3 亿元，但进口额却高达 2611.6 亿美元（相当于人民币 17 633.0 亿元）[①]，表现出明显的产能不足。另一方面，不合理的制造业产业结构阻碍着制造业整体实力和产能利用率的提升。根据有关部门公布的数据，超过 80%的工业产品产能利用率偏低，其中建材、化工、机械、电子、轻工和冶金等行业的产能利用率分别仅为 64.03%、54.90%、51.86%、51.45%、46.09%和 35.55%。

4）企业管理水平较低，品牌价值不高

我国缺乏拥有较强国际竞争力的大型企业，中国制造业企业的规模普遍偏小，合理的分工合作秩序尚未形成，加上模仿或照搬外资企业管理模式，缺乏适应中国市场的管理经验，制造业企业的专业化生产管理水平仍然比较低，这导致中国制造业的竞争优势不明显。从出口产品结构的角度来看，我国在制造业出口中拥有比较优势的行业中，大多属于劳动力密集型行业，且产品附加值偏低；而在高技术领域，我国制造业的竞争力指数较低，且过度依赖进口，特别是在重装备制造业，中国产品的国际竞争力呈现出下降的趋势。从品牌竞争力的角度来看，我国优质的、拥有国际竞争力的企业较少，世界一流企业尤其缺乏。由世界品牌实验室公布的 2017 年度《世界品牌 500 强》排行榜可知，我国成功入选《世界品牌 500 强》排行榜的企业仅有 37 个。而由全球知名品牌咨询公司 Interbrand 公布的 2017 年度“全球最具价值 100 大品牌”排行榜中，我国制造业产品品牌仅占 2 席。

中国制造业存在的主要问题反映出我国制造业“大而不强”的问题较为严重，制造业发展质量亟待提高。中国制造业应抓住新一轮科技革命的发展机遇，坚定实施创新驱动和人才强国战略，树立质量观。在国家层面，应着力提高标准、计量、认证、检验检测对技术创新的基础支撑能力；在产业层面，应完善相关产业政策，鼓励部分资源适当流向高端制造业；在企业层面，应鼓励企业加大研发投入，注重对优质人才的引进和培养。

第二节 五国制造业发展的典型特征

发达经济体制造业发展的共同特征是区域集中、跨国企业引领、重视基础研究、重视品牌塑造等，而中国的制造业行业集中度较低、大企业较少、企业组织结构散乱等问题比较突出。在低技术水平上，制造业企业存在同质化竞争的问题，造成企业技术创新容易被模仿和复制的不良后果，这严重影响了品牌

① 资料来源：中国国家统计局、联合国贸易数据库。

的塑造及技术创新。另外，五国的国情各异，制造业的发展阶段不同，发展也呈现出各自的鲜明特征。

一、美国制造业发展的典型特征

美国制造业发展有两个典型特征：一是注重基础研发设计；二是创新驱动作用明显。

（一）美国政府注重基础研发设计

美国政府对制造业的发展给予了高度重视，为推动制造业的发展，颁布了一系列重大措施，通过整合政府、高校、企业、其他社会组织的资源，构建了全国性的制造业创新网络。2012 年 2 月，美国发布了《先进制造业国家战略计划》，将制造业提升为国家战略。2012 年 8 月，美国在俄亥俄州的扬斯敦建立了第一家制造业创新研究所，旨在研发 3D①打印技术。美国的每个创新研究所都是一个区域制造业创新中心，研发活动注重技术优势和产业优势的有效对接，同时聚焦于某一种平台性技术。每个创新研究所也是一个共享关键设备和基础设施的产业集群，旨在帮助中小企业将新的先进制造技术和工艺应用于生产活动。每个创新研究所还是一个培训企业员工提高劳动力技能的“教学工厂”，同时为企业运营和研发提供技术支持。

为了完善制造业的发展、促进基础研发，美国出台了一系列配套的政策举措。一是加大对基础研发及其基础设施的投入，通过税收减免、税收优惠等方式支持制造业基础研发及应用，同时改善投资环境，鼓励发展制造业内包。二是营造公平、公正的竞争环境及创造海外市场拓展的条件。美国政府致力于促进新兴制造业与新国际贸易规则之间的协调发展，这有助于推动制造业的发展，有助于提升美国制造业产品的国际竞争力。三是推动相关制度的改革，如教育、签证制度。改革签证、绿卡制度，大力引进海外优秀人才；出台增加短期非移民工作签证制度，简化企业家及技术工人的签证手续，调整永久居留签证发放对象。

（二）创新驱动作用明显

2008 年国际金融危机发生后，美国政府开始认识到制造业及科技创新的重要性。美国政府提出“再工业化”战略，在科技创新的驱动下，美国制造业逐渐回稳。一是在产能方面，制造业产能明显提升；二是在制造业企业利润率方面，美国企业的利润率一直处于世界领先水平。美国制造业企业掌握着领先的科技实力，因此能

① 3D 是 three-dimensional 的缩写，三维图形。

获取较高的产品附加值。

二、德国制造业发展的典型特征

德国制造业在发展过程中主要有三个典型特征：一是制造业是德国的支柱产业之一，在世界范围内处于领先地位；二是制造业对外依存度较高；三是中小企业是经济发展的强大基石。

（一）制造业是德国的支柱产业之一，在世界范围内处于领先地位

德国制造业被称为“众厂之厂”，是世界工厂的制造者。在机械制造业的31个部门中，德国排在前3位的部门共有17个，且有27个部门占据全球领先地位。以装备制造业为例，其装备制造业的国际竞争优势明显。从各国对比结果来看，《财富》杂志在2018年世界500强名单中，装备制造企业的前10强，德国占据了2个名额，仅次于美国的4个，其余4个名额分别是日本占2个，韩国和中国各占1个[①]。在装备制造企业前10强的总营收中，德国超过日本，仅次于美国，排名第二。从品牌价值来看，在2018年世界品牌500强名单中，德国品牌价值居世界第三位，仅次于美国和中国，其中装备制造业品牌占了一半以上。此外，从企业类别的角度来看，在2018年世界500强名单中，上榜的德国企业有32家，其中一半的企业属于装备制造业，其中包括精密机械装备制造业、能源装备制造业、电气装备制造业及交通装备制造业等类别，覆盖范围广泛。而未进入世界500强名单的德国中小企业，仍然是所在行业的龙头企业，如车床生产领域的埃马克公司及以生产轮毂与轮胎为名的宝必达公司等。

（二）制造业对外依存度较高

受到资源禀赋和市场狭小的限制，“德国制造”的工业产品主要依赖海外市场，出口和国际化是产品发展的主要导向，德国是世界上制造业出口第一大国。德国制造业出口占商品出口的比重及制造业进口占商品进口的比重都比较大，其中，2007—2017年，德国制造业出口占商品出口的比重高达80%，且呈现出不断上涨的趋势，最低值出现在2009年，主要受国际金融危机的影响，2017年该比重已增至85.7%；制造业进口占商品进口的比重仍呈现出上涨的趋势，由2007年的66.88%上涨至2017年的74.14%[②]。这说明制造业在德国经济发展中发挥着至关重要的作用，特别是在对外贸易方面作用尤为明显。在商品方面，德国进口的产品主要为原材料、石油、钢铁等，出口的产品主要是机械、化工、电子

① 资料来源：2018年《财富》世界500强排行榜。
② 资料来源：世界银行数据库。

汽配等，德国本土制造的轿车约有77.5%用于出口。在合作主体方面，德国的前十大贸易伙伴国为中国、荷兰、美国、法国、英国、意大利、波兰、奥地利、瑞士和捷克。

（三）中小企业是经济发展的强大基石

德国的经济命脉依赖于国内的中小企业。在德国，中小企业[①]的数量超过370万家，占企业总数的比重高达99%，创造了德国50%以上的附加值，创造了德国50%以上的出口贸易额，创造了德国60%以上的就业岗位（过文英等，2016）。在某种程度上可以说，中小企业是德国制造业的中坚力量。德国储蓄银行协会发布的2015年报告显示，德国最大的110家企业的平均利润率仅为6.3%，而该协会中小企业客户平均利润率为7.3%。2000—2015年，该协会中超过30万家的私营企业客户的利润率处于快速增长状态，甚至高于拜尔、宝马、西门子等在国际上具有较大影响力的大企业。这些中小企业是德国经济发展奇迹的重要缔造者，开创了“德国制造”的新时代。

三、日本制造业发展的典型特征

日本制造业发展有三大典型特征：一是走的是一条典型的改良式创新之路；二是高度依赖国际市场；三是中小企业专业化竞争力日益提升。

（一）走的是一条典型的改良式创新之路

日本作为后发的制造业强国，最初从模仿他国开始，然后持续不断地进行一系列改良式创新，通过低成本、高质量进行差异化的竞争，迅速占领市场。20世纪80年代前，作为第二次世界大战的战败国，日本制造业遭受重创。此时，日本充分利用其后发优势，以美国为榜样，引进吸收美国的技术和创意，以促使日本走出经济困境。之后，日本开始逐渐转变发展思维，不再仅局限于从书中汲取制造知识，而是购买他国的高质量产品，然后进行一一拆解，学习对方产品凝结的先进技术。直到20世纪80年代，日本对自我创新更加重视，实施了科技立国战略，将发展重心逐渐转移至诸如以电子信息、原子能、飞机制造与计算机等产业为代表的知识密集型产业，力图成为智力资源与资本的主要输出地。同时，日本注重寻求产业集约式发展、强化重点实验室未商品化产品。但是，20世纪80年代末的泡沫经济使得日本经济遭受重创，为了抓住知识经济浪潮的发展机遇，恢

① 德国的中小型企业（mittelstand）从规模角度讲是年营业额在5000万欧元及雇员总数在500人以下的企业，其中雇员人数在9人以下，年营业额在100万欧元以下为小型企业。

复衰退的经济，日本提出“科技创新立国”的新口号，强调逐步远离“模仿与改良的时代”，进一步丰富科技立国战略的内涵。

（二）高度依赖国际市场

由于国土面积狭小、资源短缺及国内人口较少，日本的制造业高度依赖国际市场，主要体现在国内制造业企业对外贸易依存度高及制造业投资海外的子公司对当地市场依存度高。在对外贸易方面，由图 6-5 可知，2007—2017 年，日本制造业出口占商品出口的比重为 90.0%左右，制造业进口占商品进口比重大致处于 50.0%～60.0%①。运输设备、机械设备和机电产品是日本的主要出口商品，2017 年三者的出口额依次为 1623.3 亿美元、1397.0 亿美元和 1220.0 亿美元，占日本出口总额的 23.3%、20.0%和 17.5%。矿物燃料、机电产品和化工产品是日本前三大类进口商品，2017 年进口额分别为 1408.8 亿美元、1072.1 亿美元和 673.7 亿美元，占日本进口总额的 21.0%、16.0%和 10.0%。而在材料及中间品采购方面，日本的海外制造企业更倾向于从当地购买，而从日本采购的比率逐渐下滑，2006 年这一比例高达 35.0%，而到 2015 年该比重已降至 24.0%。在亚洲地区，日本企业在日本国内采购占全球采购的比重则从 2006 年的 30.0%降至 2015 年的 21.0%。

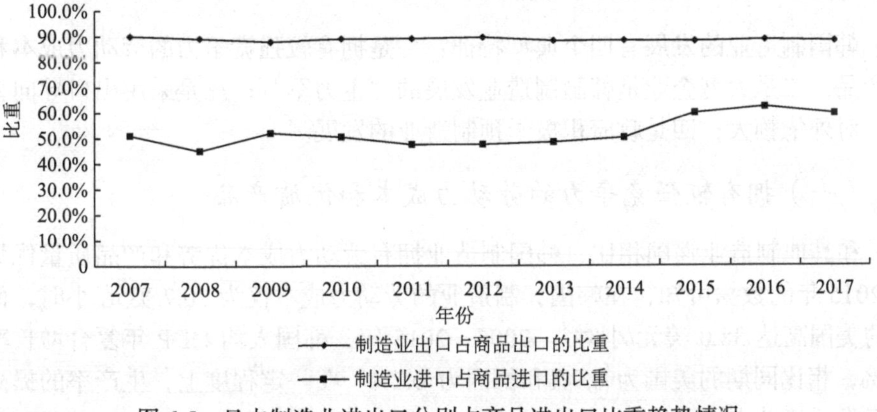

图 6-5　日本制造业进出口分别占商品进出口比重趋势情况

资料来源：联合国工业发展组织数据库。

（三）中小企业专业化竞争力日益提升

第二次世界大战结束后，中小企业②在日本经济发展中发挥了重要作用，中

① 资料来源：世界银行数据库。

② 日本制造业中小企业指的是从业人数 300 人以下，或资本额 3 亿日元以下。

小企业占企业总数的绝大多数，且是制造业竞争力的主要来源。2018 年，日本三菱电机株式会社社长杉山武史表示，中小企业在支撑日本制造业保持世界领先水平方面发挥着重要作用，是日本经济发展的关键因素之一。自 1960 年起，中小企业对日本经济发展的贡献率一直维持在 50%.0～60.0%。日本拥有世界上较为庞大的百年老店集群，2017 年的数据显示，日本中小企业总数超过 380 万家，占企业总数的 99.7%[①]，雇用了超过 2200 万位员工，解决了接近 50%的就业问题。日本制造业的竞争力主要集中在中小企业，而不是大企业。日本中小企业的生产效率较高，在经济合作与发展组织成员国中，日本排名第十位，这一排名反映出大约有 10%的中小企业的劳动生产率超过了众多大企业劳动生产率的平均水平[②]。日本中小企业的特点和优势在于实施专业化分工，专注于做精、做强某一细分领域。比如，日本的玻璃硝材制造商——日本小原光学是一家成立于 1935 年的光学玻璃镜片专业厂家。虽然只有 400 多人，但是该公司拥有日本 35%的光学玻璃市场份额，其客户包括京瓷、奥林巴斯、佳能、拓普康等知名大企业。再如，日本树研工业株式会社是日本中小企业中的明星产业和“隐形冠军”，专注于做机械齿轮，在全球市场中的市场占有率高达 70%。一直以来，该公司宣扬的企业文化就是追求技术、品质和卓越。

四、韩国制造业发展的典型特征

韩国制造业的发展有四个典型特征：一是拥有较强竞争力的劳动力成本和优质产品；二是大型企业是韩国制造业发展的“主力军”；三是采用出口导向型模式，对外依赖大；四是政府积极干预制造业的发展。

（一）拥有较强竞争力的劳动力成本和优质产品

和其他制造业强国相比，韩国制造业拥有劳动力成本优势和产品质量优势。由 2015 年的数据可知，在韩国，制造业的劳动力成本仅为 20.7 美元/小时，而同期的美国高达 38.0 美元/小时[③]。2005—2015 年，韩国人均 GDP 年复合增长率为 2.4%，相比同期的美国为 0.9%和德国为 0.2%。在一定程度上，生产率的提高有利于降低劳动力成本[④]。

（二）大型企业是韩国制造业发展的“主力军”

大型企业是韩国制造业发展的“主力军”。在制造业起步阶段，韩国对大型

① 资料来源：日本经济产业省中小企业厅，《中小企业白皮书 2019》。

② 资料来源：德勤有限公司（德勤全球）和美国竞争力委员会，《2016 全球制造业竞争力指数》。

③ 资料来源：世界银行数据库。

④ 资料来源：德勤有限公司（德勤全球）和美国竞争力委员会，《2016 全球制造业竞争力指数》。

企业采取扶持措施，主要体现为政府出面担保、发放贷款、给予税收优惠等。为推动本国制造业的发展，政府实施倾斜政策，通过采取“个别育成”的方式，集中物资解决主要矛盾，把有限资金及外汇主要投向大企业，以提高国内企业的竞争力。为了在短期内建立重化工体系，实现规模经济，韩国政府采用集中投资方式，为大企业提供优惠政策，助力其拓展业务，鼓励其向重化工领域延伸，进一步促进了大企业的规模化发展。

（三）采用出口导向型模式

韩国制造业为出口导向型，由图 6-6 可知，近年来，韩国的制造业出口占商品出口的比重虽然呈现波动变化，但即使在 2012 年的最低点，韩国制造业出口占商品出口的比重仍然高于 85%，这说明韩国的制造业对海外市场的依赖度较高。韩国制造业出口导向型发展模式是韩国政府根据国内外两方面做出的战略选择。从国内来看，韩国自然资源缺乏，国内市场狭小，国内供给过多，需要海外市场消化。从国外来看，在 20 世纪 60 年代初推行“贸易立国”方针，以出口拉动经济增长。随着韩国制造业结构不断转型升级，相对于其他发展中国家，韩国制造业发展更为成熟，而相较于其他发达国家，韩国制造业也有一定的优势，因此韩国制造业在世界市场占据重要的地位。

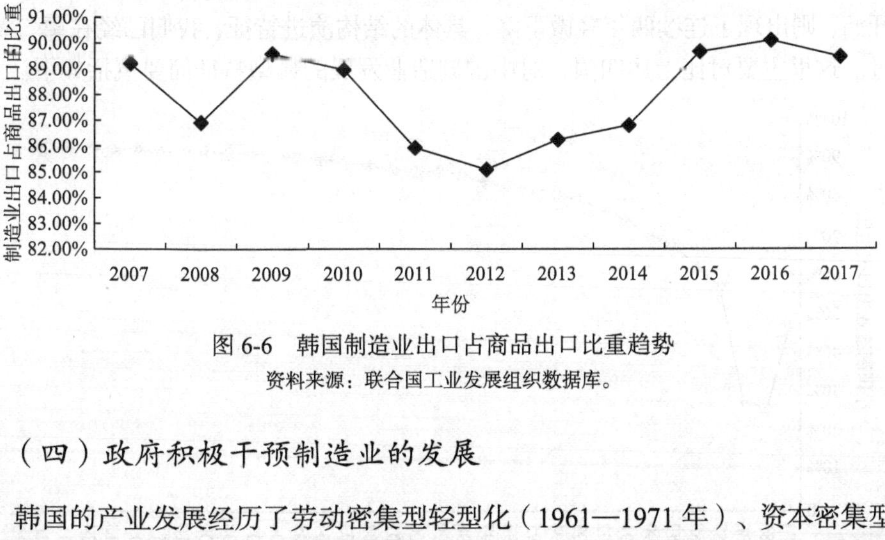

图 6-6　韩国制造业出口占商品出口比重趋势

资料来源：联合国工业发展组织数据库。

（四）政府积极干预制造业的发展

韩国的产业发展经历了劳动密集型轻型化（1961—1971 年）、资本密集型重型化（1972—1981 年）、技术密集型高技术化（1982—1991 年）和知识密集型智能化（1992 年至今）四个阶段。在每一个阶段，政府都积极发挥调控作用，对本国制造业的发展进行适当干预。在劳动密集型轻型化阶段，韩国政府实施了两个五年计划，优先发展以出口为主的轻工业。在资本密集型重型化阶段，中小型企业难以承担重化工业投资周期长、规模大、风险大的发展压力，因此政府大力向重化工企业倾斜，同时通过税收减免和优惠补贴等方式大力扶持国有大型企业。在技术密集型高技术化阶段，韩国开始重视创新科技对产业发展的渗透，提出“科技立国”的国家战略，把机电一体化产业、新材料产业等多种尖端技术型产业确立为韩国的核心战略产业，重点扶持新材料、信息技术、精密化学、自动化、机械电子、航空、生物等高新技术产业发展。在知识密集型智能化阶段，韩国版“工业 4.0”——《制造业创新 3.0 战略》于 2014 年发布， 2015 年《制造业创新 3.0 战略实施方案》正式发布，这标志着韩国版“工业 4.0”战略正式确立，制造业在韩国经济发展中的地位进一步提升。

五、中国制造业发展的典型特征

中国制造业相较于上述四个国家而言发展时间较短、发展基础薄弱、发展水平较低，但从总体演进速度来看，却比这四个国家要快，阶段性跃进周期更短。这一方面源于中国制造业有内生发展驱动力，另一方面归因于 2008 年国际金融危机的外生影响。由图 6-7 可知，从 1986 年至 2009 年，中国制造业出口呈现出从井喷到高速发展的上升趋势，直至 2008 年受全球金融危机的冲击，首次出现轻微下降，但自 2009 年开始有所回升，但上升速度缓慢，进入了一个低速发展期；而自 2015 年开始，则出现了连续两年轻微下降，具体的结构演进特征，我们已经在第二章分析过。这里主要对比上述四国，对中国制造业发展的典型特征简要概括如下。

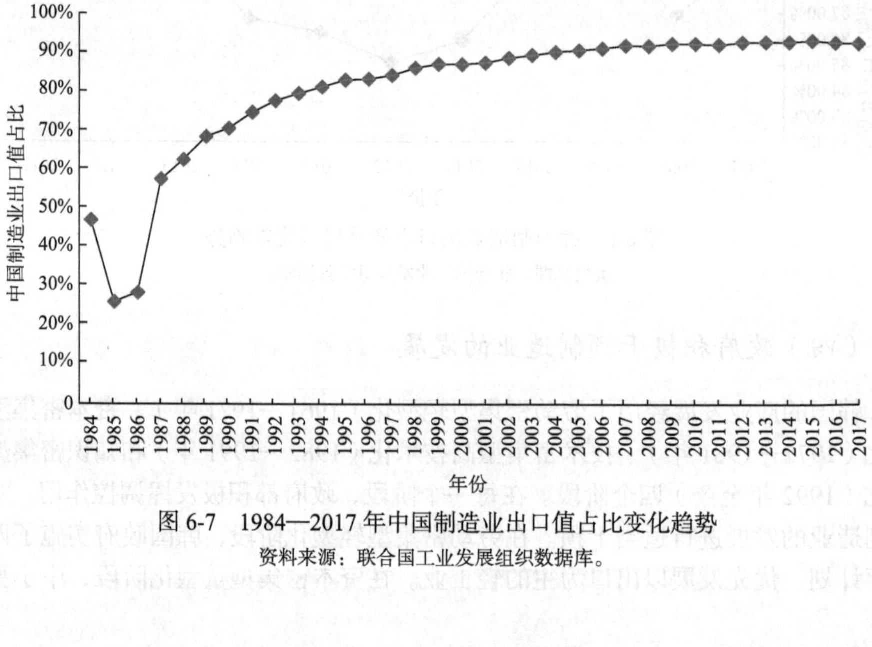

图 6-7　1984—2017 年中国制造业出口值占比变化趋势

资料来源：联合国工业发展组织数据库。

（一）高需求拉动伴随粗放型高速发展模式

从20世纪80年代开始，中国制造业通过引进外资，充分发挥劳动力优势，探索出了一条由高需求拉动粗放型发展的道路，创造了中国经济奇迹。然而，高需求拉动的高速发展伴随的往往是粗放型发展模式。

改革开放初期，中国的劳动力、土地、原材料等生产要素极其活跃，通过引进外资，吸引了大批追逐廉价生产要素的海外制造业企业进入中国，中国制造业由此进入了利用外资、引进技术、模仿管理、出口导向的高速发展时期。然而，受时代背景和发展经验的限制，中国制造业曾一度陷入高投入、高消耗及高污染的粗放型发展困境。以能源消费为例，在中国，虽然能源消费总量大，但能源供给结构存在不合理之处，能源利用率较低。中国的终端能源消费量及总发电量均位居世界首位，但从能源的发电方式来看，中国过去主要依靠煤炭发电，同发达国家相比，中国核电比重较低。中国的制造业发展消耗了大量能源，且能源的利用率偏低。2014年，中国单位制造业和建筑业的二氧化碳排放量占燃料的排放量为31.70%，这一数据是美国的3.66倍、德国的2.55倍、韩国的2.32倍、日本的1.66倍[①]。制造业的高速发展往往伴随着急剧增加的污染物排放量，且给生态环境带来了严重的破坏。近年来，中国政府高度重视环境保护和绿色发展，2015年发布的《中国制造 2025》指出全面推行绿色制造，主要涉及加快制造业绿色改造升级、推进资源高效循环利用、积极构建绿色制造体系等。

（二）出口导向型代工导致技术依赖度较高

中国实施改革开放之时，适逢世界主要发达国家出现工业服务化问题，纷纷将母国资源或劳动力密集型企业及大型企业的中低端生产环节转移到基础生产要素丰富的发展中国家或地区，并从这些国家出口回母国或世界其他市场。然而，过度的出口导向和利用外资容易导致中国制造业出现对出口依赖、外资依赖和技术依赖的问题。在中国，虽然研发经费投入强度呈现出逐年递增的特点，但由于长期存在技术依赖问题，相比于美国、日本、德国和韩国等制造业强国，差距依然较大。比如，2011年中国研发经费的投入强度为1.84%，而同期美国、韩国、德国和日本等国的投入强度分别为2.77%、4.03%、2.88%和3.39%[②]。此外，在研发经费的使用方面，中国制造业同发达国家的差距也较大。一方面，中国制造业的研发经费主要集中于资金密集型制造业，而高新技术产业和装备制造业研发经费所占的比重较小。另一方面，工艺研发使用了绝大部分经费，而用于提高产品核心竞争力的研发经费则较少。从全国三方专利的授权数量上来看，根据经济合

① 资料来源：世界银行数据库。
② 资料来源：联合国工业发展组织数据库。

作与发展组织公布的数据，2015 年中国的三方专利族数量为 2889.33 件，美国的三方专利族数量为 14 886.27 件，可见中国同美国的技术差距依然较大。事实上，出口依赖会导致产业失去挖掘本国市场潜力的动力，外资依赖容易导致本国金融体系发展与制造业发展脱节，而技术依赖则容易导致中国制造业难以摆脱“低端锁定”的代工地位。

（三）产业基础薄弱，学习效应突出

中国制造业的产业基础薄弱主要表现为基础零部件薄弱、基础工艺薄弱、基础材料薄弱。首先，基础零部件薄弱。中国社会科学院等 2014 年发布的《经济蓝皮书》指出，目前国内近 80%的芯片依赖进口，其中高端芯片的进口率超过 90%。其次，基础工艺薄弱。制造工艺不仅能够反映一个企业的制造水平及产品生产能力，而且是衡量制造强国的重要评价标准。装备制造业的基础工艺较多，除了共性通用基础工艺以外，每个行业还具有自身的一些特殊制造工艺。最后，基础材料薄弱。材料作为研制、生产机电产品的物质基础，是反映机电产品质量的重要标志。因为装备制造业的行业及产品较多，所以需要的材料不仅数量大，而且材料种类及规格也较多。在高性能不锈钢和镍基合金两种材料领域，我国的产量远远不能满足目前国内发展的需要。光纤光缆生产所需的关键材料，如四氯化硅，主要从欧洲和日本进口。此外，一些基础材料虽然需要的数量不多，但是在技术性能方面的要求特别高，如数控机床配套用的导轨、丝杆。尽管产业基础薄弱，中国制造业企业依然展现出其突出的学习效应，涌现出了一大批在全球领域内拥有先进技术的企业。

（四）工业体系较为健全，提升潜力无限

中国是世界上唯一一个拥有联合国产业分类中的全部 39 大类 525 个小类工业门类的国家。完整的工业体系有助于避免工业配套不全而导致产生额外的生产成本。这种完整的工业体系具有三方面的优势：首先，中国制造业能借助完整的工业体系降低交易成本，从而保证其在国际贸易中的竞争优势；其次，完整的工业体系能够确保从原材料、半成品到成品形成全产品供应；最后，有助于提升全产业链竞争力，不易出现产业链中的“木桶效应”，且具有无限的提升潜力。由此可见，完整的工业体系，使中国通过集中精力创新即可推动制造业转型升级成为可能。

第三节　五国制造业发展的主要支撑因素

制造业是一个有机联系的产业链和综合经济体系，其成长和发展不只靠行业

企业本身，同时与其他行业的繁荣发展和国家的资源、政策及经济社会大环境密切相关，是多方面因素综合作用的结果。美国、德国、日本、韩国四个国家的共同经验是，发展制造业要根据本国国情，通过教育、政策、金融等方面的支持，发挥市场、政府、企业及公众的协同作用，以确定合理的主导产业和发展战略，增强自主创新能力，努力提升科技水平。

《2016 全球制造业竞争力指数》指出，影响全球制造业竞争力的驱动因素主要包括人才、成本竞争力、劳动力生产率、供应商网络、法律监管体系、教育基础设施、物质基础设施建设、创新政策和基础设施、能源政策、本地市场吸引力、医疗体系等。

由表 6-3 可以看出，美国、德国、日本三国在人才、创新政策、物质技术设施、法律监管体系等关键性因素方面拥有竞争优势，而韩国、中国在这几个方面落后于美国、德国、日本等国，但在成本竞争力上具有比较优势。

表 6-3　部分国家在关键竞争力驱动因素方面的表现

项目	美国	德国	日本	韩国	中国
人才	89.5	97.4	88.7	64.9	55.5
创新政策	98.7	93.9	87.8	65.4	47.1
成本竞争力	39.3	37.2	38.1	59.5	96.3
能源政策	68.9	66.0	62.3	50.1	40.3
物质技术设施	90.8	100	89.9	69.2	55.7
法律监管体系	88.3	89.3	78.9	57.2	24.7

资料来源：德勤有限公司（德勤全球）和美国竞争力委员会，《2016 全球制造业竞争力指数》。

注：数字越大代表竞争力越强。

一、美国制造业发展的主要支撑因素

美国的制造业发展主要有三大支撑因素：一是拥有全球较强的科技实力；二是拥有全球较强的经济实力和政治影响力；三是拥有丰富的创新人才。

（一）拥有全球较强的科技实力

美国拥有全球较完善的科技创新体系，也是基础研究投入最多的国家。2013 年，美国在基础研究方面投入 655 亿美元，而排在第二位的日本仅投入了 163 亿美元。2014 年，美国提交了 61 492 份专利申请，占所有国家提交数的 29%，在申请专利方面占据重要地位①。目前，美国的科技实力排在世界第一位，其制造

① 资料来源：德勤有限公司（德勤全球）和美国竞争力委员会，《2016 全球制造业竞争力指数》。

业具备强大的研发能力主要基于以下几方面原因。一是具有强大的战略支撑。为提升制造业的科技实力，美国政府通过资金投入、财政优惠政策等方式为企业开展研发活动提供支持。20 世纪 70 年代以来，美国政府先后出台了《国家合作研究法案》《经济复兴法案》《减税和就业法案》《税制改革法案》等法案，旨在鼓励企业进行投资和研究工作。二是给予领导体系的支持。美国专门设立了国家科学技术委员会，旨在助推本国科技的创新发展。三是拥有全球顶尖的科技实力。2019 年 5 月世界知识产权组织发布的数据显示，全球总共有 21 039 件《专利合作条约》（Patent Cooperation Treaty，PCT）下的专利申请，其中美国的 PCT 专利申请数量最多，达 5030 件，占全球 PCT 专利申请数量的比重约为 23.9%。同普通的专利申请相比，PCT 专利申请更加严格，质量要求更高。美国遥遥领先 PCT 专利申请数量从侧面反映出美国科技实力的雄厚。

（二）拥有全球较强的经济实力和政治影响力

经济实力和政治影响力为制造业的发展提供了重要支撑。在经济实力方面，2018 年美国创造了 20 4941 亿美元的国内生产总值，位居世界首位①。美国政府实施了稳健的货币政策和财政政策以支持美国制造业的发展，同时国内有足够的消费需求。2008 年国际金融危机发生后，为刺激出口以拉动经济的增长，美国出台了较为宽松的货币政策，有力推动了本国制造业的恢复和发展。在政治影响力方面，虽然第二次世界大战结束后布雷顿森林体系被瓦解，但是美国强大的军事实力和科技实力使其稳居世界第一强国的地位。

（三）拥有丰富的创新人才

创新驱动实质上是人才驱动，人才是支撑产业、国家经济发展的关键要素。美国总统科技顾问委员会提出的一揽子计划，旨在引导优秀的创新人才从事制造业。一是美国大力宣传制造业的优势，以纠正一些青年对制造业的错误认知。美国政府采用和媒体合作的方式大力宣传制造业，以向民众展示制造业在美国的重要地位，从而吸引更多青年热爱和从事制造业相关职业，激发民众对于制造业职业的从业兴趣。二是注重完善移民法案，通过放松移民限制、发放绿卡等方式吸引优质人才参与本国制造业的研发创造。三是鼓励大学开设制造业相关专业，加大财政支持力度，增加相关的教育模块和课程，为修读制造业专业的学生提供更多奖学金和更多的实习机会。四是引导退伍军人重返制造业，从而填补本国制造业劳动力的缺口。目前，美国制造业占私人部门研发的比重超过 2/3，且国家研发人员中约有 70%的人员从事与制造业相关的工作，这反映出美国科技人才对制

① 资料来源：世界银行数据库。

造业的发展具有强大的支撑作用。

二、德国制造业发展的主要支撑因素

德国制造业发展的主要支撑因素：一是拥有完善的科技创新体系；二是中小企业发挥了重要作用；三是政府对产业的引导及支持；四是拥有独特的教育体制。

（一）拥有完善的科技创新体系

德国拥有完善的科技创新体系，政产学研实现了高度融合。在德国的制造业创新网络中，政府主要负责制定产业政策、搭建平台、提供相关服务及资金支持，企业则负责将研发创新落到实处。21世纪以来，德国政府先后实施了“2006高科技”战略和“工业4.0”战略等。德国成立了大量国立研究机构，这些机构专门进行基础研究，如由德国政府提供资助成立的全国性学术机构马克斯·普朗克科学促进学会，就是专门进行国家长期战略性重点基础研究的研究机构。此外，德国政府鼓励科技人才在大学、研究机构和企业之间的“跨界”流动，建立了一大批促进产学研合作的相关科技园区、孵化中心，为制造业实现高水平合作提供平台支撑。在德国，无论是大企业还是小企业，始终把研发创新当作企业生存的第一法则，特别是那些被誉为“隐形冠军”的中小企业，始终坚持技术创新，旨在把细分领域做专做精，以成为细分领域的龙头。在德国的“工业4.0”框架下，大企业负责标准的制定，小企业则积极配合，两者发挥各自的比较优势，相互合作配合。总而言之，以政产学研的分工协作为标志的科技创新体系为德国制造业的发展提供了技术支撑。

（二）中小企业发挥了重要作用

中小企业是制造业发展的中坚力量，并提供了大量的就业岗位。一直以来，德国的中小企业有着“隐形冠军”的美誉，这类企业主要是针对各细分领域，旨在把产品做专做精。2006—2016年，中小企业的数量、雇员数及营业额基本保持稳定，甚至在2009—2010年的欧债危机中，上述三个指标仍呈现出上升的趋势。这在一定程度上说明中小企业对德国抵御经济危机有一定的支撑作用。德国采取了一系列旨在促进中小企业发展的有效措施，如健全相应的法律法规、设立专门的政府机构，以及在创新、税收等政策方面对中小企业给予扶持。为解决中小企业融资难的问题，德国政府不仅在政策方面加强管理，还不断帮助中小企业拓宽融资渠道，从联邦政府到州政府、地方政府利用政策工具鼓励各类金融机构和银行积极帮助中小企业解决资金困难，建立融资平台，面向中小企业提供贷款，促进中小企业的健康发展，由此形成了政策性银行、商业银行、各类发展基金、信贷担保机构、投资银行（投资公司）、企业之间拆借等多种投融资渠道体系。

（三）政府对产业的引导及支持

一直以来，德国政府高度重视发展制造业，并把其提升至国家战略的高度。一方面，德国政府相继出台了“鼓励中、小型制造企业发展”“制造企业专业化发展”“制造企业人才战略”等一系列战略扶持措施，对制造业的发展产生了深远的影响。2013 年，“工业 4.0”战略在德国首次被提出，作为“略 2020 高科技战略”的一部分，德国重点支持新材料、新能源等工业领域新一轮的革命性技术的研发和创新，以保证德国在信息化时代仍能拥有发展的优势。德国政府在对制造业高质量发展给予扶持的同时，也为企业制定了一系列行之有效的税收和扶持政策，通过专项基金、信用担保及政策性贷款等形式为大量中小企业提供融资支持。在税收方面，德国政府给予新办企业一定的优惠政策，这为企业运营创造了良好的制度环境。另一方面，政府的大力支持为德国制造业的发展创造了良好的宏观环境。一直以来，德国始终拥有健康的金融环境，这既有助于规避通货膨胀问题，又保证企业能获得较稳定的利润，从而实现供给端与需求端的协调发展。

（四）拥有独特的教育体制

德国建立了以产业为导向的教育培训制度，为本国培养了大量能够适应新兴产业发展的专业人才。一是制定双元制职业教育。早在 1969 年，德国就颁布了《联邦职业教育法》，之后还对其进行了多次修订完善。根据相关法律的规定，德国企业和联邦政府以 2∶1 的比例分摊职业教育资金投入，有助于为培养制造业所需的人才提供资金支撑。此外，德国采用双轨职业培训体系，且对机电一体化格外重视。截至目前，将近 70%的毕业生在走向工作岗位前都要参加由政府组织的职业培训，并需要到企业进行实地锻炼，以帮助毕业生顺利进入职业生涯阶段。二是德国政府高度重视员工的满意度。政府和企业采取多种措施增加员工福利，在确保产品质量的同时，增强员工的幸福感。通过理论学习与企业实践相结合，辅之以人文关怀，德国成功地培养了一大批高级技术人才。由此可见，德国独特的教育体制为德国制造业的发展培养了大量人才，从而支撑了德国制造业的发展。

三、日本制造业发展的主要支撑因素

日本制造业的发展主要有四大支撑因素：一是外汇、财税、产业与金融政策为制造业的发展提供政策支持；二是独特的创新体系为制造业的发展提供技术支撑；三是企业的战略转型为制造业的发展提供组织支撑；四是日本人对工匠精神的推崇为制造业的发展提供精神支持。

（一）外汇、财税、产业与金融政策为制造业的发展提供政策支持

日本政府高度重视制造业的发展，为推动制造业的发展，政府在外汇、财税、产业与金融等方面给予了政策支持。在外汇政策方面，日本政府多次抛售日元购买美元或欧元，以遏制日元升值的势头。日元汇率上升可能导致本国制造业产成品竞争力下降，不仅会抑制本国国内对制造业产品的消费，而且会影响日本产品在海外市场的销售。但是，这种外汇政策在一定程度上维持了日本制造业所拥有的竞争优势。在财税政策方面，日本运用减税、租赁补贴等手段缩减企业成本，促进企业进行设备投资。当前，日本实施的主要减税措施有中小企业基础技术强化税制和研究开发费总额减税制度。在产业政策方面，日本通过设立国家项目的方式在附加值技术领域进行技术攻关。比如，日本于 2013 年颁布的“日本复兴战略”，正式把 3D 打印技术研发提升为国家项目，并配套出台了一系列鼓励政策，如对从事该项目的企业进行减税，以及增加 30 亿日元预算用于各技术部门、学校及各种实验基地添置 3D 设备，以促进 3D 研发技术的发展。在金融政策方面，日本设立了专门的国有性质的金融机构，这些金融机构专门为日本的中心企业服务，同时为中小企业提供不同期限、低利率的贷款，大大降低了企业的研发成本。

（二）独特的创新体系为制造业的发展提供技术支撑

设计完备、运行高效的创新体系为日本制造业的发展提供了强大的技术支撑。一是日本政府始终坚持以综合科学技术创新会议为媒介，对制造业的创新发展进行全面统筹指导。综合科学技术创新会议作为日本的“首相智库”，是日本内阁府五大重要的政策咨询会议之一。二是颁布和完善中小企业创新研究制度，大力鼓励和支持日本制造业企业进行技术创新。目前，中小企业占日本企业总数的比重高达 99%，是日本制造业的重要创新主体。为激发中小企业开展创新活动，日本颁布了旨在促进中小企业开发利用新技术的《新事业创出促进法》，对中小企业在新商品、新技术、新服务等方面给予补贴；日本政府还颁布了《高校科研成果向民营企业转移促进法》，加速研究成果产业化。三是以产业集群计划为重要抓手，构建区域性的政产学研高度融合的合作创新体系，坚持以日本的龙头企业为核心，通过动员高校、科研机构及其他社会资源，共同构建网络式的创新体系，旨在提升日本在制造业新领域的核心竞争力。四是高度重视对产业创新人才的培养。随着大数据、人工智能等尖端领域科技的发展，日本高校的现有课程教育已无法满足日本培养与时俱进人才的需求，因此，日本开始在高校构建人工智能教育体制，将人工智能教育纳入日本高等教育中，每年对 50 多万大学生及高等专科生实施人工智能教育，并根据其具体情况颁发相应技能证书。同时，打破传统的文理分科，培养理工科人工智能人才和文科生人工智能人才，以此来为日本制造

业的创新发展提供充足的人才和技术支撑。

（三）企业的战略转型为制造业的发展提供组织支撑

受国际金融危机的影响，日本制造业经历了大规模的重组，制造业企业实现了多样化的战略转型。一是放弃多元化业务。以奥林巴斯株式会社为例，作为光学设备领域的龙头，2011 年由于巨额财务造假濒临破产。为挽救企业，公司实施了彻底的“瘦身计划”，放弃信息通信业务，同时将传统影像、科学业务进行削减，最终形成了以内窥镜为代表的医疗器械主业务，在总销售额中的占比接近八成。奥林巴斯株式会社战略转型成功的关键在于放弃了多元化发展战略，致力于打造核心业务型企业，朝顶级医疗设备厂商方向发展。二是突出核心业务，走专业化企业发展之路。例如，东京电子株式会社是一家小商社，在第一次石油危机后才进军半导体设备领域，由于企业实施差异化和专业化战略，一直专注于半导体装置，2005 年以来，其利润率一直大于 12%，远高于其他日企。三是开辟海外市场。1985 年广场协议签署以来，日本制造业企业走向海外的步伐并没有放缓，全球化经营战略得到不断深化。近年来，日本制造业企业的生产网络在世界制造中心的东亚地区不断铺开，特别是汽车企业，其海外市场份额已超过国内市场份额。现在，“地产地销”战略的实施导致海外日本企业销售渠道及采购链发生了变化，也进一步降低了日本企业的生产成本，从而提高了其营业利润。

（四）日本人对工匠精神的推崇为制造业的发展提供精神支持

一直以来，日本制造业传承并发扬其独特的工匠精神。工匠精神意为工匠对其工艺制作极其严苛，始终要求精益求精，追求极致完美的一种理念。在日本，工匠精神可以追溯至江户时代，那个时候工匠把自己的产品作为自己人格品质的象征，他们不在乎自己的利润所得和个人荣辱，只求努力工作，尽心尽责，追求对心灵的坚守，这也成为当时工匠集体推崇的理念。他们始终坚持以严苛的标准要求自己，迎难而上，对产品进行不断的修正、优化，以不断提升产品质量。这种精益求精的工匠精神使得日本在各种制造业细分领域形成了一定的市场竞争力，如汽车零部件故障率极低、制作精美，为日本制造打造了良好的商誉。目前，日本经营百年的企业多达 2.5 万家，居世界首位。其中，超过 1000 年历史的日本企业有 21 家，超过 500 年的有 147 家，超过 300 年的有 1938 家[①]。

四、韩国制造业发展的主要支撑因素

韩国制造业的发展主要有四大支撑因素：一是政府的大力扶持为制造业的发展提

① 资料来源：中商大学招商学院。

供政策支持；二是龙头企业为制造业的发展提供方向引领；三是以创新为内核的品牌战略为制造业的发展创造活力；四是丰富的专业人才为制造业的发展提供智力支撑。

（一）政府的大力扶持为制造业的发展提供政策支持

韩国制造业的高速发展离不开政府的大力扶持。韩国制造业为出口导向型，对海外市场的依赖度较高。为降低国内制造业企业出口贸易的不确定性，降低各种关税、壁垒的风险，韩国政府积极同他国签署自由贸易协定。2003 年，韩国在确定了自由贸易协定（Free Trade Agreement，FTA）路线图后，积极与 50 个国家签订了 FTA。韩国与世界经济体之间现有 8 个 FTA 生效，结束了的有 2 个，有 11 个 FTA 正在谈判中，还有 4 个 FTA 正在考虑当中[①]。此外，政府积极推出各种政策，2014 和 2015 年，韩国政府先后推出韩国版“工业 4.0”的《制造业创新 3.0 战略》及《制造业创新 3.0 战略实施方案》，这标志着韩国版“工业 4.0”战略正式确立。同时，韩国政府推出了各种减税降费政策，扶持国内中小企业的发展，发挥中小企业在科技创新中的主体作用。

（二）龙头企业为制造业的发展提供方向引领

韩国虽是后发的工业化国家，但拥有众多大企业集团，且国家大型企业在全球的影响力不断提升，这在一定程度上能为国内中小型企业的发展提供方向引领。韩国的大型企业在 2018 年的《财富》杂志公布的世界 500 强中有 24 家入围。韩国政府坚持立足龙头企业，突出扶优扶强，通过政策再梳理、服务再优化、精准定制扶持政策，推动行业愿景、企业规划与政府资源的有机结合。早期主要通过政府出面担保、发放贷款、税收优惠等措施，把有限的资金和外汇向大企业倾斜，从而培育了一批全球知名企业。

（三）以创新为内核的品牌战略为制造业的发展创造活力

实施创新与品牌相结合的战略，为韩国制造业的发展创造活力。政府对制造业创新发展给予了大力支持，一方面，为培育具有创新性的经济，韩国发布了《第三期科学技术基本计划（2013—2017 年）》，投资 30 项核心技术和 120 项国家战略技术，从而增强了研发对国家经济增长的贡献率，该数据从 1981—2010 年的 35.4%增长至 2013—2017 年的 40.0%。另一方面，韩国把对制造业创新的支持视为一项优先战略性政策，韩国政府对中小企业的研发投入占比从 2011 年的 12.4%增长至 2017 年的 18.0%。同时，《第三期科学技术基本计划（2013—2017 年）》将向中小企业及高科技创业公司提供风险资本及创新券。在创新的基础上，韩国

① 资料来源：德勤有限公司（德勤全球）和美国竞争力委员会，《2016 全球制造业竞争力指数》。

政府高度重视“国家品牌”建设，举全国之力助推国家品牌战略，举办各类民族品牌的推广活动。

（四）丰富的专业人才为制造业的发展提供智力支撑

制造业发展的关键在于人才，丰富的专业人才为韩国制造业的发展提供智力支撑。在政府方面，韩国政府重视人才培养，坚持内培外引。韩国制定了两种教育制度：一种是普通教育制度，另一种是职业教育制度，分别注重高新技术人才和职业人才的培养。同时，韩国政府重视引进海外的优秀人才。自1968年起，韩国政府一直高度重视引进海外优质人才，如从欧洲、日本、美国等地区和国家，韩国均设立了海外使团协会，通过海外使团协会和韩国科学与工程基金会的协作配合，为国内提供紧缺的相关优质人才。此外，政府启动创新人才培养计划，如“21 世纪脑力韩国计划”“国家战略领域人才培养综合计划”等，为韩国制造业的发展培养了一批批优秀的创新型人才。在企业方面，韩国企业拥有一套独特的选拔、培养、评估、激励人才的机制。

五、中国制造业发展的主要支撑因素

中国制造业的发展主要有四大支撑因素：一是改革开放政策的实施为制造业的发展注入了新活力；二是政府的支持政策为制造业的发展提供了政策保障；三是拥有丰富的自然资源、劳动力为中国制造业的发展奠定了基础；四是巨大的市场需求为中国制造业的发展创造了条件。

（一）改革开放政策的实施为制造业的发展注入了新活力

改革开放政策的实施，为制造业的发展注入了强大活力。改革与开放双轮驱动，促进了我国制造业发展从内到外全面动力机制的形成。改革开放初期，中国采取以市场换技术的方式，吸引了大量高质量外资流入制造业领域，有力地促进了我国制造业的发展。随着市场的逐步开放，中国企业逐渐意识到自主创新的重要性，因此企业的对外开放程度及科技水平都有了质的提升。实际上，从我国各产业的对外开放程度与市场化程度来看，制造业是中国开放时间最早、市场化程度最高的产业。截至 2017 年，在制造业 31 个大类、179 个中类和 609 个小类中，完全对外资开放的产业和领域有 22 个大类、167 个中类和 585 个小类，分别占 71.0%、93.3%、96.1%（黄群慧，2018）。改革开放是推动我国制造业发展的强大动力，加快了我国制造业发展的市场化进程，加速了我国制造业积极融入全球价值链的进程，进一步推动了中国制造业从高速增长转向高质量发展迈进。

（二）政府的支持政策为制造业的发展提供了政策保障

中国制造业的发展离不开政府的大力支持。2015 年 3 月 5 日，第十二届全国人民代表大会第三次会议上李克强所作的政府工作报告中提出：“要实施‘中国制造 2025’，坚持创新驱动、智能转型、强化基础、绿色发展，加快从制造大国转向制造强国。”为解决中国制造业在关键领域及薄弱环节面临的诸多困境，推动制造业持续健康发展，政府对制造业不断加大支持力度，主要通过培育世界级先进制造业集群、建设战略性新兴产业的策源地、加快重大科技基础设施建设、贯彻落实财政政策和金融政策、深化股票发行制度、完善科技创新体制机制等措施，进一步深化投资领域的“放管服”改革，推动中国制造业的发展。

（三）拥有丰富的自然资源、劳动力为制造业的发展奠定了基础

丰富的自然资源和劳动力为中国制造业的发展奠定了基础。一方面，中国地大物博，自然资源种类多，储量丰富。以矿产资源为例，2018 年 8 月自然资源部发布了全国矿产资源储量情况，截至 2017 年底我国已发现矿产种类达到 173 种。按矿种大类划分，目前有能源矿产 13 种、金属矿产 59 种、非金属矿产 95 种、水气矿产 6 种。此外，2012—2018 年，我国制造业的一些关键领域所需的矿产资源储量呈现出迅速增长的趋势。例如，页岩气的储量实现了从 0 到 1 的突破，2018 年页岩气的产量为 109 亿立方米左右，累计探明地质储量已经超过了万亿立方米。同 2012 年相比，2017 年我国主要的一些战略性矿产资源的储量也实现了较大增长，特别是晶质石墨（93.7%）、金矿（61.0%）、钨矿（47.9%）、钼矿（41.0%）、锑矿（34.2%）和铝土矿（33.2%）等战略性矿产增幅均在 30%以上，天然气（26.1%）、磷矿（26.0%）、镍矿（22.2%）、铜矿（17.4%）、煤炭（17.3%）和萤石（15.2%）等矿产资源的增幅也较明显。另一方面，中国拥有丰富的劳动力资源，截至 2017 年底，中国有 7.7 亿的劳动人口，超过人口总数的 50.0%。同时，中国的劳动力成本较低，相关数据显示，1995 年、2005 年、2015 年中国的制造业劳动力成本分别为 0.3 美元/小时、0.7 美元/小时，3.3 美元/小时，同期美国的制造业劳动力成本为 17.2 美元/小时、30.1 美元/小时和 38.0 美元/小时，中国大量的廉价劳动力是中国制造业相对发达国家而言有一定的成本竞争优势。

（四）巨大的市场需求为制造业的发展创造了条件

改革开放以来，中国的经济实现了快速发展，2000 年以来，中国经济实现了跨越式发展，人民生活水平得到了显著提高。2007 年，中国的人均消费国民收入净额为 2131.7 美元左右，2017 年该数据已增加至 6567.9 美元（表 6-4）。同时，中国为世界人口最多的国家，2018 年中国人口总数已接近 14 亿。庞大的人口基数、

不断提升的国民收入及不断增加的消费需求，为中国制造业的发展创造了条件。随着国内消费者的消费需求不断升级，将对中国制造业的转型升级提出更高的要求。在个性化、定制化需求的刺激下，中国制造业的发展水平将达到一个新的高度。

表 6-4　中国制造业人均国民收入净额及增长趋势

项目	2007 年	2008 年	2009 年	2010 年	2011 年	2012 年	2013 年	2014 年	2015 年	2016 年	2017 年
人均国民收入净额/美元（美元现值）	2131.7	2652.4	3012.5	3459.2	4124.1	4770.9	5262.9	5754.3	6091.6	6164.0	6567.9
人均调整国民收入净额（每年%的增长）	13.90%	5.37%	13.17%	8.27%	5.02%	9.89%	5.80%	7.18%	7.46%	7.47%	4.72%

资料来源：世界银行数据库。

第四节　发达国家制造业发展经验与中国启示

制造业是中国经济发展的重要基石，也是中国经济发展的巨大推动力。借鉴发达国家制造业发展的经验，我国应始终坚持以实现“中国战略 2025”战略目标为导向，从政府、企业两个维度对制造业加强创新部署，提升我国制造业的发展质量和整体竞争力，进一步推动“中国制造”迈向“中国创造”直至“中国智造”。

一、制定合理、系统化的产业政策，重点强化顶层设计

合理、系统化的产业政策是制造业发展的重要制度保证。一方面，在发挥市场对资源配置的基础性作用的同时，还要发挥政府的宏观调控作用，对中国制造业的发展进行全方位统筹，通过设立相关的协调机构，建立定期评估、报告机制，适时出台相关的战略计划，以强化制造业发展的顶层设计。此外，对涉及中国短板的产业，如高性能芯片、工业软件、高端数控机床、关键基础件等方面，政府应尽快出台相关的财税支持政策，在对该类产业进行直接的资金投资、税收减免的同时，鼓励相关企业加大对该类产业的投入。另一方面，根据产业发展需求，制定合理的制造业发展策略，既要建设好基础工程，又要重点强调发展新兴产业。政府应因时而变，及时对产业发展的大政方针进行调整，在短期应着眼于解决国内产业发展的短板，如制造业研发投入低、增值率低、利润率低、国际化率低、人均产出率低及知名国际品牌少等问题，而长期则应着手解决制造业可持续发展的问题。

二、完善创新体系建设，促进产学研相结合

完善的创新体系有利于保障制造业的发展质量，提升制造业的整体竞争力。一是坚持以创新中心建设为依托，促进社会各主体间的合作发展。借助创新中心自身的吸引力和凝聚力，充分调动社会各类资源，进而提升制造业上下游各个环节创新资源的整合能力。借鉴发达国家的公私合作模式，调动高校、科研机构、基金会、企业及其各类组织的参与，并积极引导各种资源、技术的共享，建立利益共享、风险共担的长效机制，创造良好的创新生态环境。二是坚持以技术标准为重要抓手，加快行业技术标准的制定。积极引导企业高度重视行业标准的制定，对能制定行业标准的企业进行大力扶持，依靠先进的技术制定行业标准，提高我国制造业在国际上的地位和声誉。三是逐步建立完善的支持产权保护法律体系，激发企业创新活力。

三、培育重点龙头企业，发展细分行业中小企业

立足龙头企业，突出扶优扶强，发展中小企业。一方面，要立足龙头企业，突出扶优扶强，通过政策再梳理、服务再优化、精准定制扶持政策，推动行业愿景、企业规划与政府资源的有机结合，采用财税减免及优惠的方式大力扶持本土龙头企业，吸引外来顶尖企业，充分发挥龙头企业的引领带动作用，促进规模经济发展，降低制造业生产成本。另一方面，大力发展“小而精”的中小制造企业，构筑制造业发展基石。通过货币政策、财政政策等方式，加大对中小企业的扶持力度。在发展龙头企业的同时，配套相关的专精优的中小企业，促进龙头企业和中小企业在业务方面的优势互补与相互配合，促进中小企业的转型升级。此外，积极搭建本地企业与国内标杆企业学习交流平台，在企业创新研发投入、智能制造推进、自主品牌建设、管理水平提升等方面加大支持力度，齐心协力打造更多重点细分行业的中小企业，切实提升制造业的整体竞争力。

四、加强教育体系改革，注重专业创新型人才培养

人才是制造业发展的智力支撑，为实现人才的有效供给，一是构建“三位一体”的职业教育体系，改革学校的专业课程，提高学生的职业技能，促进校企合作，联合开展职业教育，重点发挥企业的培训作用，引导企业建立一套完善的选拔、培养、评估、激励人才的体系，采用定制化的人才培养方式，增强制造业人才的创新意识，提高其创新技能。二是政府应实施人才培养计划，大力引进并集中培养优秀人才。通过出台人才规划或者实施各种专业人才培养计划，从全世界引进行业优秀人才，集中人力、物力、财力进行专项培养，并加强人才交流平台

建设，举办国内外顶尖人才交流会，促进人才朝着专业化的方向发展。此外，对不同层次的人才进行差异化培养，以匹配制造业对不同层次人才的需求，实现人才结构与产业结构的精准匹配。

第七章 中国与“一带一路”沿线国家制造业的全球价值链联动治理模式

第一节 全球价值链联动治理的内涵与主体演进

全球价值链联动治理的立足点是产业升级。从微观角度来看，需要参与全球价值链的企业主体根据目标市场需求特征，选择合适的联动治理模式，降低交易成本，共同提升生产效率，从而实现产业升级。从宏观角度来看，需要各国政府主体在政策、规则方面进行联动治理，保障企业主体能够安全、有序、顺畅地实现联动治理。因此，本节从全球价值链微观治理模式分类视角切入，从宏观联动治理主体识别视角切出，以期构建全球价值链联动治理模式。

一、全球价值链联动治理的内涵

价值链这一概念最早由“竞争战略之父”迈克尔·波特提出，用于描述企业和工人为使产品从概念设想到最终产品交付过程中所实施的包括设计、生产、营销、配送及辅助服务等一系列链式活动。波特指出，企业既拥有内部价值链，但也要参与外部价值链，为获得竞争优势，企业需要内外联动，在突出自身内部价值链优势的同时，还需要在外部价值链中争取有利位势。这种价值链内外联动治理模式，被寇伽特（Kogut，1985）、克鲁格曼（Krugman，1995）等多位学者应用于产业分工及全球生产网络的区位布局分析中，Gereffi（1999）则对 20 世纪 90 年代中期东亚地区的服装企业参与全球商品网络的跨区域布局进行了集中研究，并首次将价值链与全球化组织联系起来提出了全球商品链概念，而后在 2001 年发展为全球价值链概念。

（一）全球价值链联动治理的本质

和一般国内产业价值链一样，参与全球价值链的企业会面临内部治理和外部治理的双重问题。全球价值链涉及跨国或跨区域产业链，其内外部问题是多方位的，但主要可以从纵向和横向两个维度来观察。

从纵向维度或垂直角度来看，参与全球价值链的企业致力于开展从产品设计与开发，到售后服务及回收利用等各环节增值活动。由此可以看出，产品越多元，生产工序越烦琐，囿于资源的跨区域分布限制，企业在利用全球资源时会促使内部价值链向纵向拉伸，这种拉伸表现为跨国企业生产线因追逐资源而采用直接投资或并购等方式进行海外扩张，并将具有相同或近似功能的分支机构从国内延伸到海外，通过不同价值环节资源的内部转移，实现价值链的全覆盖。需要指出的是，过度的内部价值链纵向拉伸，容易导致企业出现内部结构累赘或不合理、生产成本上升等问题。如果缺乏科学的纵向治理，企业极易面临内部价值链断裂的风险，加上母国企业参与全球价值链过程中所遭遇不同国家或地区对当地本土企业的扶持政策及贸易投资政策等阻力，过度的外部价值链纵向拉伸，容易导致信息不对称和交易成本上升等风险，因此单纯的内部治理关系已无法适应跨越不同地理区域、不同文化、不同民族、不同政治体系的全球价值链治理。由此可见，全球价值链纵向治理的根本路径是设法控制价值链的有效纵向深度，避免过度纵向拉伸，或通过组织机构、职能分配、技术革新等构建联动治理机制，并不断完善内部体系，实现企业的可持续发展。

从横向维度或水平角度来看，参与全球价值链的企业则是放弃了部分价值环节的自主经营权，采用横向联盟或契约合作等形式，把部分价值环节外包或委托给海外企业，集中资源发展企业自身最擅长、最具竞争力的价值环节，从而实现规模效应和利润最大化。这些横向合作的海外当地企业与主体企业之间存在技术水平、规模和经营方法上的差异，交易过程中容易出现信息不对称和交易成本上升等问题，加上可能受到母国与联盟企业所在国家之间的政治经济关系的影响，主体企业在交易中所面临的冲击往往超出其预期。因此，如何通过构建取长补短或强强联合的联动治理模式来提升跨国企业在全球价值链中的地位已成为企业考虑的重要问题。

然而，无论是面对纵向维度的垂直价值链整合问题还是横向维度的水平价值链联合问题，由于在全球价值链上的位势不同，企业为实现利润最大化，其在治理模式选择上的表现也各不相同。对于那些处于价值链高端位势的主导型企业往往是一些大型跨国企业，它们凭借多渠道的资金来源、先进的技术平台及丰富的品牌管理经验等优势，影响着全球价值链的横向规模；而嵌入全球价值链的代工企业或属于低附加值的劳动密集型产业的企业，则通常处于低端位势，使得这类企业被困于技术和管理洼地，难以通过学习、获取信息、提高技术水平进行自我提升，从而拖慢了产业创新发展和转型升级的步伐。正如俞荣建（2010）所指出的，母国代工企业嵌入全球价值链治理曾处于“黑箱”之中，而常常被“低端锁定”困扰的发展中国家代工企业或属于低附加值的劳动密集型产业的企业有着强烈追求自身发展的意愿。因此，如何发挥自身资源优势，取长补短，提升在全球价值链中的位势，与高端企业平等合作，共同推进全球价值链升级，共享全球价值链发展成果，是全球价值链联动治理的目标，而平等合作和互惠共赢则是全球价值链联动治理的本质。

（二）全球价值链联动治理的模式

关于全球价值链治理理论的研究，大多学者立足于交易费用视角，试图在成本控制和战略扩张两者之间寻求平衡。Kaplinsky 等（2002）从立法治理、司法治理与执法治理三个维度构建价值链治理体系，Humphrey 和 Schmitz（2000）则把价值链治理模式分为市场型、网络型、准科层型和科层型四种类型。而目前对全球价值链治理模式分类较权威的文献是 Gereffi 等（2005），其将全球价值链治理模式分为市场型、模块型、关系型、领导型和层级型。

（1）市场型。市场型治理模式是全球价值链治理的最简单形式，是以市场需求为驱动的治理模式。以市场为导向的全球价值链治理主体包括企业和个人，他们很少有超越购销关系以外的互动关系。一般来说，当市场信息较为透明、供应商能力较强时，市场型治理模式容易被使用。

（2）模块型。模块型、关系型和领导型治理模式可共同归类为网络型全球价值链治理模式，介于市场型和层级型治理模式之间，属于协调型治理模式。在模块型治理模式中，各生产企业之间优势互补，能够很好地适应市场，投资专用性程度较低，具有较强的空间转移能力。对于可以通过标准化价值环节对接的产业较适合采用模块型治理模式。

（3）关系型。在关系型这种网络型全球价值链治理模式中，一般以中小企业为主要对象，主体规模虽较小，但凭借企业间坚实的信誉和信任效应，表现出了较强的社会同构性、空间邻近性与家族或民族性等特征，因此关系型治理模式的空间转移能力较弱。

（4）领导型。虽然同样是网络型全球价值链治理模式，但领导型治理中的治理主体地位并不平等。在以少数几家占主导地位的领先企业为核心的治理关系中，中小供应商依赖于寡头企业并受到这些企业的监督和控制，这种不对称关系的存在往往导致较高的变更成本，同时处于被领导地位的企业的治理话语地位较低，难以摆脱低端地位。

（5）层级型。层级型治理模式的特点是垂直整合，面临的主要是内部问题，治理形式表现为严密的管理和控制。与市场型治理模式相比较，层级型治理模式是全球价值链治理中的另一种极端状态。

五种治理模式并非机械的独立存在，而是动态的交错存在。在不同的治理模式下，产业空间转移的进程和结果会有显著不同。为更加深入和精确地分析模式选择的内在因素，Gereffi 等（2005）设定了三个指标作为全球价值链治理的关键因素，包括市场交易信息的复杂程度、交易信息的可编码程度及供应商的竞争能力，针对特定产业对以上五种治理模式进行了进一步的细化分析（表 7-1）。

表 7-1　全球价值链治理的关键因素比较

价值链治理模式	市场交易信息的复杂程度	交易信息的可编码程度	供应商的竞争能力	信息不对称情况下行为主体协调能力
市场型	低	高	高	低
模块型	高	高	高	
关系型	高	低	高	↕
领导型	高	高	低	
层级型	高	低	低	高

根据Gereffi等（2005）的分析，首先考察市场交易信息的复杂程度。越是发展的价值链越能促使各主体之间加强互动，从而探索出包括模块型、关系型和领导型的网络型全球价值链治理模式或者层级型治理模式。

其次，考察交易信息的可编码程度，即交易信息的可识别程度。价值链中交易信息的可编码程度越高，信息和知识的可获得性、传递效率就越高，交易费用就越低。在某些特定的价值链中，产品数据、生产过程等复杂信息经过编码化处理后变得较易于在价值链中传递，如果这些编码化信息为供应商所接受并使用，且在价值链中被广泛推广，则出现企业垄断的可能性较小，此时市场型或模块型治理模式较易被采用。否则，控制了信息传递手段的垄断企业将可能采用层级型治理模式，试图对其他企业进行垂直控制，或者实施外包战略，采取领导型治理模式，对承包企业实行严密的监控。

最后，考察供应商的竞争能力。特定产业中供应商的竞争能力直接影响到主导企业治理模式的选择。若供应商对价值链主导企业所释放出的复杂信息有较强的响应能力，可选择网络型或市场型治理模式；反之，可选择层级型治理模式。

根据上述逻辑，三个指标中任何一个发生变化，治理模式的选择也将会按照可预测的方向发展。Gereffi等（2005）根据这种标准与价值链治理模式之间的逻辑关系，确定了全球价值链联动治理模式的内涵。正如熊宇（2011）所指出的，全球价值链治理的内涵存在阶段性变化，即从驱动型治理过渡到协调型治理再到最高层次的标准化治理。但是，无论某一产业的全球价值链治理发展到哪个阶段，如何正确选择治理模式并科学地实施交叉联动是研究全球价值链治理的方向。

（三）全球价值链联动治理的意义

在全球化的影响下，世界经济的不平衡日益加剧，全球主要经济体角色分工逐渐差异化成消费国、制造国和资源国三大类型，这种不平衡归根结底是全球价值链主要参与国自身经济发展模式的变化导致的内部结构失衡。因此，在世界经济进入新常态的背景下，各国应共同改变以往的经济发展模式，只有这样才能推动全球经济结构调整，进而推动全球价值链互嵌和发展进程，实现全球经济可持续发展。

随着全球经济一体化进程的不断推进，从“嵌入性”角度来看，没有哪个行为体能够脱离社会关系而单独存在，价值链的治理者已不单单是某一个大国或强国的担当，而是需要国际各方的共同合作。

当前，产业活动在全球范围内日益频繁，大型跨国公司将主要力量集中在研发设计或品牌运作等具有高附加值的核心业务环节，并通过业务外包或组织分解等形式将非核心业务分离出去；同时，同业竞争或互补的跨国公司则通过重组、并购或组建联盟等形式提升公司的竞争力以更好地适应市场。随着上述垂直分解和重组业务的不断增加，企业间的关系由原来简单的平行或层级关系日渐变得错综复杂，全球价值链的治理模式也从传统单一的市场型或层级型演变为多种治理模式的交叉运用，治理联动的要求也更高。

当2008年的金融危机席卷全球，越来越多的国内外学者认识到，对于发展中经济体来说，全球价值链是一把双刃剑，它一方面为发展中国家的企业提供了融入世界经济、享受技术改进、获得订单收益的大量机会，另一方面又限制了这些企业的技术创新、品牌建立及更深领域的革新。当前，中国经济进入新常态，“一带一路”建设的深入推进，有助于拉近我国与世界各国的关系，有助于将中国的发展成果惠及全球，有助于中国与“一带一路”沿线国家在更广阔的领域进行更深层次的合作。

二、全球价值链联动治理的主体演进

Humphrey 和 Schmitz（2000）认为全球价值链治理是通过价值链中行为主体间的关系安排和制度机制来实施的。从前述的五分法治理模式来看，有关全球价值链治理的研究主要集中在单一治理模式的应用上，出现这种现象的原因是当时治理行为主体主要以生产者驱动型或购买者驱动型的跨国大型企业为主。随着全球化的日益深化及被领导企业的学习效应日益显著，发展中国家逐渐形成企业集群甚至形成了完整的区域产业链，传统的单一治理模式已无法平衡全球价值链的运作，因此分析全球价值链联动治理模式的主体演进过程，有助于看清全球价值链联动治理路径选择的方向。

（一）分散化跨国企业组织价值链治理主体

1. 分散化跨国企业组织价值链治理主体分类

关于传统价值链治理的主体，Kaplinsky（2000）认为其既可以是价值链中的主导企业，也可以是价值链之外设立标准和证书的公共或私人机构。但其文中列举的包括生鲜果蔬、罐装水果等四类产业的治理组织类型，都和 Gereffi 等（2005）所区分的采购者驱动型和生产者驱动型两种类型价值链的治理主体在本质是一致的，即强调了治理主体均以包括出口商、销售商和制造商在内的少数分散化大型跨国企业或企业集团的总部①为主。

1）采购者驱动型价值链治理主体

根据 Gereffi 等（2005）的描述，采购者驱动型价值链的治理主体以大型零售商、经销商和品牌运营商为主，通过其散布于全球的非市场导向的生产网络（特别是以出口为导向的发展中国家）的建立和协调，对全球价值链中的生产和分销系统进行治理。这类价值链通常存在于劳动密集型产业，如服装、玩具等产品制造或加工业。

2）生产者驱动型价值链治理主体

生产者驱动型价值链主体则是由大型跨国制造商遵循资源禀赋原则建立起垂直分工生产网络，通过对上游的原材料及零部件供应商及对下游的分销商和零售商的控制来实现对全球价值链的治理。这类价值链多为资本和技术密集型产业，如汽车、航空设备和精密仪器等产业。作为生产者驱动型价值链的治理主体，这类大型跨国制造商通常掌握着资金和技术，在价值链中发挥着重要作用。

2. 传统全球价值链治理主体识别

从传统视角来看，目前在全球价值链上，并非所有价值环节都可以获得等量价值，那些占据高附加值、高技术或品牌服务战略环节的企业，往往在整个产业链中占据优势地位。那么，针对如何鉴别治理者的问题，我们可以参考表 7-2 的指标体系。由表 7-2 可以看出，全球价值链治理强调销售份额、利润份额、利润率、增值份额、采购份额、核心技术可替代性及品牌价值七个方面，而对销售份额和利润率等指标的弱化，则反映出全球价值链强调产业的动态改善过程和发展过程中的治理精神。

表 7-2　全球价值链中的治理者识别指标及依据

价值链中的指标	识别依据	优点与弱点
销售份额	资产负债表	难以剔除重复购买的干扰，对治理者的识别作用有限
利润份额		能较好地反映经验能力水平，但难以剔除稀缺资源垄断的干扰，无法判断主体对下游环节的影响，识别指向性可能存在误差

① 尽管在现有多数国内文献中将分散化的企业集团看作中间性组织的典型形态，但由于集团内企业均为集团总部直接控股企业，从“嵌入”式全球价值链治理主体的角度来看，企业集团的实质治理主体仍然是集团总部这个单一主体，因此本书将紧密型和松散型企业集团均视作企业组织治理主体，以区分其他具有明显代理或集群性质的中间性组织治理主体。

续表

价值链中的指标	识别依据	优点与弱点
利润率		忽视了企业规模，对治理者的识别作用不大
增值份额		能较全面地反映主体在价值链中各个具体环节的影响力，是一个较好的识别指标
采购份额	企业调研	采购渠道能很好地反映主体所处地位属于从属性（单一渠道）还是领导性（多元渠道），是一个很好的识别指标
核心技术可替代性		在诸如汽车、高精设备等生产者驱动型价值链中，是一个很好的识别指标
品牌价值		在品牌意识较强的市场中，该指标的优势会更加凸显

（二）集群化中间性组织价值链治理主体

在全球价值链发展早期，无论是采购者驱动型价值链的治理主体，还是生产者驱动型价值链的治理主体，在全球价值链治理中均拥有绝对权力，且呈现出分散化的特征，即一个产业链中仅有少数几个大型跨国企业具备治理能力，其他中小型企业或代工、加工企业只能被动追随。然而，随着全球价值链的纵深发展，全球购买者和发展中国家生产者之间的互动将难以避开垄断性采购商的影响，加上生产者的技术外溢，促使跟随企业不断开展学习和创新活动，并逐渐形成基于能力的模块化产业集群现象。

模块化产业群是由两个或两个以上的成员企业组成的一种从事模块化产品制造的互惠互利的合作组织。威廉姆森在其1975年出版的《市场与等级组织》一书中，提出产业集群是一个介于市场与等级制企业之间的中间性组织概念，并经其本人及诸如今井贤一（1986）、Perrow（1986）等后来学者的深入研究后，发现产业集群组织通过更密切的交易行为来加强其内部的联结和协同，这样能有效降低交易费用并促使集群内部的交易关系更为稳固，而不需要以分散化的单个企业作为主导形成的组织。这类组织成员的内部分工一般是约定俗成的，多以任务导向而非以价格导向进行分工，每一个成员企业均能根据自身的核心能力，利用经过长期合作后形成的已经优化的资源配置模式，保证任务顺利完成，促成每一个环节的资源纽带紧密相连，并形成较为稳定的信用关系而非单纯的契约关系。这样的组织模式尽管对单一成员企业而言其经济效益不如垄断性企业高，但由于组织能够排除有限理性、不确定性及信息的不对称性导致的高额交易成本，从而使得组织关系更稳定，经营风险系数更低。从长远效益来看，模块化的产业集群组织要优于分散化企业组织；从整体嵌入价值链的角度来看，由于组织内部成员信息共享能提升资源配置效率，产业集群中间性组织比单一企业更具优势。

本书参考齐东平（2005）的分类，在全球价值链中作为治理主体的集群化中间性组织的主要形态包括集群战略联盟、商会或行业协会、研发机构、咨询中介和政府部门等组织。其中，研发机构、咨询中介和政府部门等组织与商会或行业协会一样，具有较强的代理性质，因此本书主要从集群战略联盟和商会或行业协会两种形态来分析集群化中间性组织治理主体。

1）集群战略联盟

战略联盟的概念最早由美国数字设备公司总裁简·霍普兰和管理学家罗杰·奈格尔提出，后经不同学者总结归纳后，一般将其定义为具有共同战略利益的企业通过契约或习惯性联系来共同开发市场、共享资源从而提升竞争优势的一种松散型组织形式，从组织治理结构来看，常见的战略联盟包括股权式联盟和契约式联盟。这类组织主要通过聚集更多的技术创新资源，通过学习机制快速提升联盟内部的技术创新及管理水平，并分摊潜在的内部竞争风险，通过降低投资成本来获得联盟对外竞争优势，多见于科技型或创新型企业。但是，集群战略联盟作为全球价值链治理主体也存在一些缺陷或弊端。首先，战略联盟需要共担风险，在嵌入全球价值链过程中，若遭遇保护主义或汇率风险，则损失将可能会波及整个联盟；若合作形式过于松散，联盟将面临合作崩溃的风险。因此，联盟的紧密度在全球价值链治理中是至关重要的。其次，若联盟规模过大，则在嵌入全球价值链中可能会面临与进出口商合作困难的问题；若联盟规模过小，则可能会面临优势不足而导致整个联盟处于低端位势。最后，联盟内部合作创新需要在互信基础上实现信息互通，作为由企业牵头的组织，其内部治理机制的有效性与可持续性很难摆脱有限理性的影响，且存在一定的不确定性。

2）商会或行业协会

产业集群往往会衍生出商会或行业协会，这类机构属于中间性组织，是某一产业和经贸范围内的体制性组织，具有较高的专业性。由于商会或行业协会的成立需经过成员企业统一遵照会内规则为前提，代表着企业成员的共同利益，因此商会或行业协会能够避免企业间非集体行动导致的无序竞争。商会或行业协会通常会通过宣传政策、提供服务、反映诉求、维护权益、自律监督等方式，在参与行业治理、维护产业和谐发展方面发挥重要作用。特别是在参与全球价值链联动治理过程中，商会或行业协会能够起到诸如反映企业利益诉求、维护企业合法权益、协调劳动关系、调解企业纠纷及约束企业成员不正当行为等作用，因此，商会或行业协会已经成为协同价值链治理的重要力量。同样地，商会或行业协会作为集群企业的代理人参与全球价值链治理，也存在一些的不足。这主要表现在商会或行业协会的地位与其治理话语权不匹配问题上。商会或行业协会对集群企业的内部治理主要通过长期实践形成的内部约定或惯例让成员企业进行自我约束，这种自我约束规则在一些商会或行业协会中表现出一定的松散性，而在一些商会或行业协会中却表现得非常紧密甚至可能达到与政府机构的行政命令具有同等效力。通常能够引领集群产业嵌入全球价值链并参与治理的商会或行业协会，其地位相对较高且对会内成员企业的约束力较强。但是，这类协会若在全球价值链治理中缺乏话语权且处于弱势地位，则很可能会阻碍集群产业在全球价值链中的地位提升。因此，随着各国国内价值链或区域价值链的发展及其嵌入全球价值链程度的日益加深，商会或行业协会作为集群化产业链的代理人，带领产业嵌入全球价值链并代理产业参与全球价值链治理的作用日益增强，但治理能力不足的问题也日益凸显，于是这类具有明显代理性质的中间性组织便逐渐派生出诸如技术密集型产业企业共同委托的研发机构、管理咨询等中介机构，还出现了集群企业共同委托其他非政府组织或政府机构代为实施产业嵌入全球价值链过程中的治理权。这类中间性组织机构与商会或行业协会一样，在参与全球价值链治理中是代表其委托方企业的利益争取治理话语权的，并与其他国家或地区的参与者进行对话沟通，逐步构建起全球价值链的联动治理模式和机制，成为商户或行业协会的重要补充。

第二节　中国与“一带一路”沿线国家制造业全球价值链联动的现状、问题与趋势

一、中国与“一带一路”沿线国家制造业全球价值链联动的现状

（一）中国制造业在全球价值链位势的现状分析

制造业是中国经济发展的原动力和发展支柱，制造业增加值在GDP中占据重要份额。2016年，中国制造业与外商签订的合同达4013项，实际吸引外商投资共354.92亿美元，占全年累计吸引外商投资额的28.0%；制造业对外投资净额290.50亿美元，占全年对外投资的14.8%[①]。2013年至2016年，中国国内制造业增加值增速连续四年下降，2016年跌至谷底后于2017年有所回升。2017年制造业增加值达到峰值35 584.04亿美元，占国内总产值近30.0%（图7-1）。整体来看，2000—2017年，中国制造业迅速发展，图7-2反映了中国发展成为制造业大国的发展历程。

① 资料来源：《中国统计年鉴2017》。

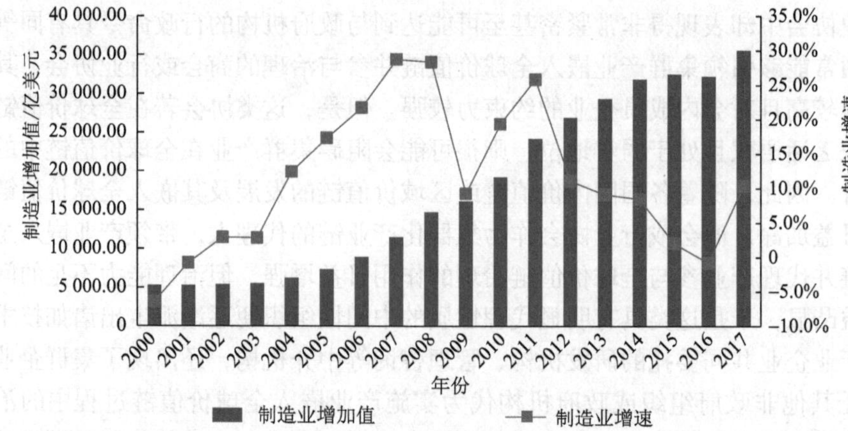

图 7-1　2000—2017 年中国制造业增加值及增速

资料来源：联合国工业发展组织数据库，按 2010 年不变价美元计算。

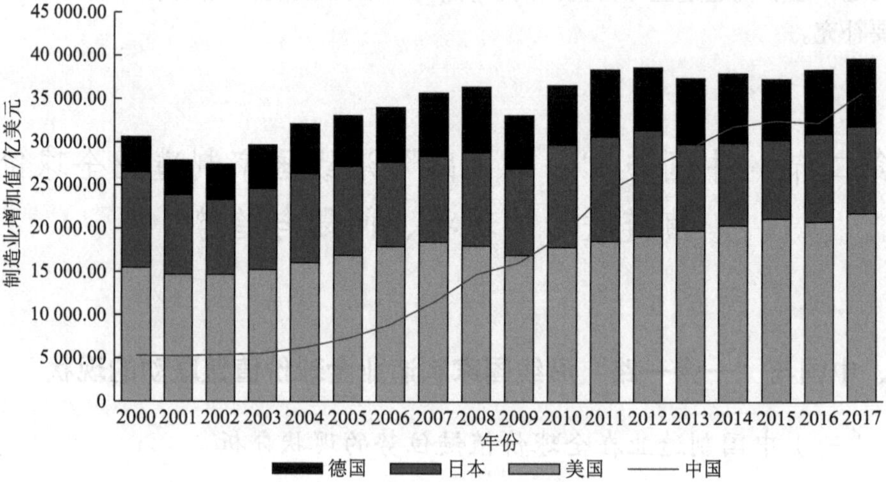

图 7-2　中国成为世界制造业大国历程

资料来源：联合国工业发展组织数据库，按 2010 年不变价美元计算。

尽管中国制造业成长迅速，但是主要以"制造—加工—组装"的劳动密集型产业为主，技术水平和附加值水平不高，处于全球价值链的低端位势。随着中国人口老龄化带来劳动力成本的提高，加之泰国、印度等拥有更低成本的劳动力资源国家的兴起，中国制造业的劳动力优势已不再明显，国内制造业由劳动密集型向资本密集型乃至技术密集型转型升级势在必行。

在国际产业变革的大势下，2015 年 5 月 19 日，国务院印发了《中国制造 2025》，力求全面提升中国制造业的发展质量和发展水平，改变中国制造业"大而不强"的局面。该报告提出，坚持以"市场主导，政府引导"为原则，从创新、质量、绿色、结构、人才入手，自主发展兼顾开放合作，力争用十年时间，迈入制造强国行列。

（二）“一带一路”沿线国家制造业在全球价值链位势的现状

第二次世界大战以后，世界共发生了三次规模较大的国际制造业产业转移浪潮：第一次是20世纪50年代到60年代从美国向日本和德国等转移钢铁与纺织等产业；第二次是20世纪70年代从日本向“亚洲四小龙”和“亚洲四小虎”转移，转移的产业主要集中于劳动密集型的纺织、玩具制造业和资本密集型的钢铁、化工和造船业等；第三次是从20世纪90年代到2008年国际金融危机爆发前，产业转出地为美国、日本和“亚洲四小龙”等国家或地区，转入地主要集中在中国内地，这轮制造业转移造就了中国的“世界工厂”地位。从上述制造业产业转移情况可以看出，国际产业转移的目的地主要集中在海路交通较发达的地区，这与跨国价值链治理中的交易成本有关。

“一带一路”贯穿亚欧非大陆，沿线共连接 65 个国家，其中除了西亚的蒙古国还包括东盟 10 国、西亚北非 18 国、南亚 8 国、中亚 5 国、独立国家联合体 7 国、中东欧 16 国。整个区域东起活跃的东亚经济圈，横跨欧亚大陆，覆盖了具有巨大经济发展潜力的广大腹地，而后西至发达的欧洲经济圈。作为一项重大的区域一体化合作倡议，“一带一路”建设目前主要以基础设施合作及能源合作为主。除此之外，制造业合作也是一个非常重要的方面。受自然资源、地理位置及经济水平等方面限制，“一带一路”沿线国家普遍国际分工参与度不高，或是处于附加值较低的位势，且制造业发展水平较低，除东亚太平洋地区，其他地区制造业相当不发达。

近年来，许多相对低端的制造产业纷纷转向越南、缅甸、柬埔寨等东南亚国家，而中国则在努力进入高技术制造业市场，同时南亚等地区的制造业发展水平有所提高。图 7-3 反映了 2008 年以来中国、东亚与太平洋地区、南亚、中亚、中东与北非和俄罗斯的制造业总值的变化情况，图 7-4 则显示了上述地区制造业增加值在 GDP 中的比例情况。由图 7-3 和图 7-4 可以看出，中国和东亚太平洋地区的制造业增加值保持增长，但在国民经济中的地位相对于其他地区有下降趋势，这是由于这两个地区出现制造业向服务化转型所致。而南亚和中亚的制造业地位有所上升。整体来看，南亚、中亚、中东与北非和俄罗斯的制造业与东亚太平洋地区相比还有很大的差距，制造业发展潜力巨大。由于制造业水平的巨大差异，“一带一路”沿线国家制造业若能互通有无，发挥互补优势，则可合作互嵌形成一个完整的价值链，在复嵌入全球价值链中具有“一带一路”沿线区域以外的其他地区难以匹敌的竞争优势。

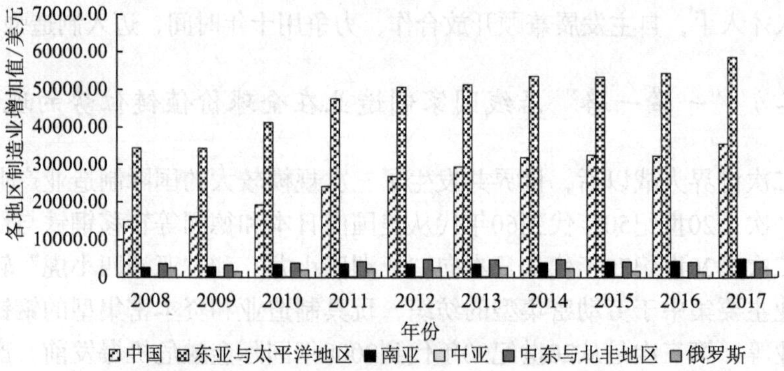

图 7-3 分地区制造业增加值

资料来源：联合国工业发展组织数据库，按 2010 年不变价美元计算。

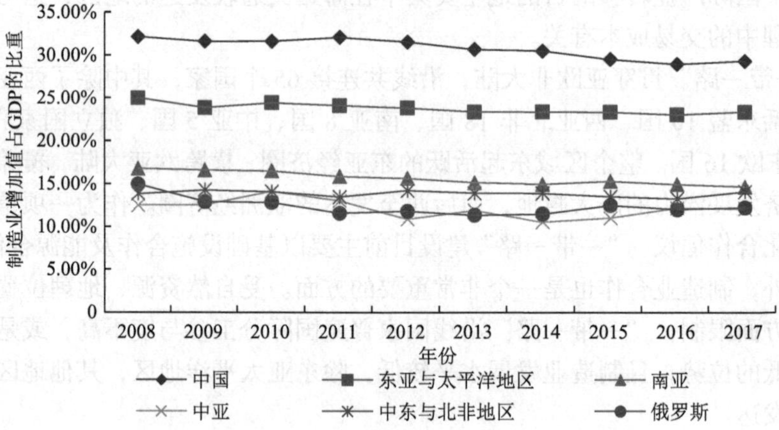

图 7-4 分地区制造业增加值占 GDP 的比重

资料来源：根据联合国工业发展组织数据库的数据计算所得。

（三）中国建设“一带一路”对嵌入全球价值链的现实基础

事实上，中国早已深深嵌入全球价值链体系之中。自 2009 年起，中国已连续 12 年成为世界第一大货物出口贸易国，出口总额已超过全球贸易总额的 1/10 强，成为全球价值链中的主要受益者之一。2010—2018 年，中国制造业增加值年均增速达 12.31%，远超过世界 3.02%的增速①，其中 1995—2011 年增速最高，增加值年均增速达到 16.30%，远远高于世界 7.30%的增速，并于 2011 年制造业增加值达 1.924 万亿美元（现价美元），超过美国和德国等国，成为全球贸易增加值最大的主要经济体②。

① 资料来源：全球价值链和中国贸易增加值核算数据库。

② 资料来源：世界银行数据库，以现价美元计算。

首先，中国大量的优势产能为进一步深化国际产能合作提供物质基础，能推进与沿线国家互补合作建设沿线区域价值链。

目前，中国是“一带一路”沿线国家的最大出口市场、最大贸易伙伴和主要投资来源地。美国相关机构发布的报告显示，2016 年中国制造业净出口居世界第一位。其中，在 22 个工业大类中，有钢铁、汽车、水泥等 7 个大类中的 220 个种类的传统工业制造品产量均排在世界第一位①。

在“一带一路”倡议下，中国经贸合作取得了阶段性重大进展。据商务部统计，2013—2018 年，中国与“一带一路”沿线国家进出口总额高达 64 700.0 亿美元。其中，2017 年，与“一带一路”沿线国家贸易增长率更高达 13.45%，远高于中国外贸增长率。截至 2018 年 5 月，中国对“一带一路”沿线及相关国家累计投资 289.0 亿美元，一批重大合作项目正有序实施，示范效应不断增强，建设境外经贸合作区 82 个，入区企业 3995 家，并为当地创造了 24.4 万个就业岗位，上缴东道国税费累计 20.1 亿美元，沿线区域价值链建设逐步向纵深发展。此外，2018 年，中国企业对“一带一路”沿线国家实现非金融类直接投资额高达 156.4 亿美元，同比增长 8.9%，占同期总额的 13.0%。在工程承包方面，中国已在“一带一路”沿线的 63 个国家对外承包工程完成额达 893.3 亿美元，占同期总额的 52.0%②。

与此同时，随着工业化进程及产业升级的进一步深化，中国在诸如光伏电池、多晶硅、风能设备等新兴产业及车辆装备、轨道技术、移动网信等领域具备了较强的技术创新能力，并逐步实现了从单一产品输出到整体项目工程设备输出转变，在全球范围内，特别是“一带一路”沿线地区具备了竞争优势。此外，中国长期的价值链治理实践为沿线区域价值链治理奠定了经验基础，能够引领沿线区域价值链嵌入全球价值链中。

改革开放以来，中国一直坚持“引进来”的对外开放政策，在引进先进国家或地区的制造业先进技术与管理经验的同时，积极融入全球价值链。2008 年金融危机席卷全球后，在全球经济下滑的背景下，中国实施了大规模的经济刺激措施，通过扩大政府投资和扩张银行信贷来拉动经济增长，稳健的货币政策和积极的财政政策稳定了中国经济，大幅降低了国际金融危机对经济的负面影响，中国的经济体制优势及价值链治理能力日渐彰显和提升的同时，中国政府也展现出了负责任大国形象。

① 资料来源：德勤有限公司（德勤全球）和美国竞争力委员会，《2016 全球制造业竞争力指数》。

② 资料来源：国务院新闻办公室于 2018 年 8 月 27 日就共建“一带一路”5 年进展情况及展望举行的新闻发布会上公布数据。

二、中国与“一带一路”沿线国家制造业全球价值链联动的发展问题

（一）中国制造业的低端位势

中国在40多年的改革开放中通过充分利用人口红利和资源红利优势，对接国际需求，迅速融入全球产业体系，成功嵌入全球价值链，经济保持了多年高速增长。这种增长模式的关键在于通过招商引资途径进行学习获取了逐渐增强的“技术红利”。但是，技术学习过程既产生了正面效应，也产生了负面效应。正面效应表现在中国制造业体量的高速增长并逐渐赶超美国、欧盟和日本等国家或地区，成为世界第一制造大国，有效推动了中国的城镇化进程。以2016年为例，中国制造业增加值为32 250亿美元，GDP占比超过29%，制造业就业人口超过1亿，而同年美国制造业增加值为20 800亿美元，远低于中国，且其制造业就业人口仅为1230万人。从上述数据也可以看出其负面效应：中国制造业的劳动生产率远远低于欧美日等发达国家，甚至远低于世界平均水平①。这种差距一方面表现在发达国家的跨国公司掌握着高端核心技术及品牌影响力，能够长期占据全球价值链的高地，主导或控制产业“微笑曲线”的两端；另一方面，中国制造业在早期扮演“世界工厂”角色中赚取代工利润后，由于学习路径较为依赖，大多高端生产设备，特别是高端数据机床、高端数控刀具等高端加工设备严重依赖进口，导致中国制造业被锁定于价值链低端位置或某单一细分市场中。

（二）价值链同等层级的竞争压力

中国企业目前主要从投入品和终端市场两方面融入全球价值链，并在此基础上进行工艺和技术等升级，参与环节也多为劳动力、原材料成本低廉的劳动密集型或资源密集型产业，这是融入全球价值链最简单、最容易实现的方式，因此这一环节集聚了大量与中国发展水平、资源禀赋类似的地区或国家，如来自中国周边的东盟、印度及同属新兴经济体的巴西等。它们通过建立区域联盟、在国内营造更加优良的营商环境及利用语言优势（如印度以英语为主流）等方式，积极融入全球价值链。同时，随着中国劳动力成本上涨及对环境问题的重视，相较于周边东南亚国家的更低廉劳动力成本和环境容纳，而逐渐失去了比较优势。

（三）发达国家“再工业化”战略的实施

2008年的国际金融危机，沉重打击了以高度发达的虚拟经济为主导的西方发达经济体，欧美等发达国家开始纷纷出台“再工业化”政策，以期重振本国制造

① 资料来源：世界银行数据库。

业。李大元等（2011）认为“再工业化”战略内容可以归纳为四个方面：重新认识制造业的价值、积极解决资源环境问题、直接扶持战略性新兴产业、加大研发和教育培训投入。实施路径主要包括：第一，从国家层面出台法案或计划，推动“再工业化”战略的实施；第二，综合采取各种措施，落实“再工业化”战略；第三，积极扶持制造企业，夯实“再工业化”战略载体。这些“再工业化”措施使得中国与发达国家制造业的竞争日益激烈。过去中国制造业在全球价值链中主要集中在低端产业或高端产业的低端环节，而发达国家制造业则集中在高端产业。为抢占新一轮技术创新和产业革命的制高点，中国和发达国家在发展制造业的战略规划上出现了较大重叠，其中新能源和高新技术更是成了各国争夺的重点领域。此外，发达国家“再工业化”战略的实施可能会带动其在中国投资企业回流，因此可能加剧中国的产业空心化。

三、中国与“一带一路”沿线国家制造业全球价值链联动的发展趋势

（一）制造业竞争由价值链转向创新链

制造业价值链中的技术能力可分为生产能力和创新能力。生产能力是指在一定条件和资源投入下生产产品的效率，创新能力则被 Figueiredo（2008）定义为创造、变革或改进产品、过程和生产组织或设备的能力。在全球价值链中，一国制造业竞争力表现逐渐从经济规模和贸易总额向参与全球价值链不同环节的增加值转变，然而具备核心技术的高生产率或高创新能力企业对本国和国外低生产率企业的技术外溢效应正在减弱。随着制造业重新受到各国的重视，传统的制造业价值链竞争日益向追求技术创新的创新链竞争发展，这种趋势使各个产业对人才的需求发生了结构性的变化。

当前中国与“一带一路”沿线国家制造业仍然处在全球价值链低端，容易出现产能过剩，也容易出现由于产业升级而带来的产业竞争力衰减问题，从而长期处于“低端锁定”位置。若要提升制造业价值链的位势，应不断吸收先进生产要素，尤其是高端人才资本、技术资本和先进知识来发展创新经济，对外可适度进行产业转移，将一些生产、加工等低附加值环节向周边地区转移，努力提升我国制造业在全球价值链的位势。

（二）制造业价值链治理区域格局“东升西降”

20 世纪末期特别是进入 21 世纪以来，世界经济格局发生了明显“东升西降”的巨大变化，世界经济增长中心从发达经济体转移到新兴发展中经济体，其中中国的崛起成为全球经济增长的巨大引擎。这种变化不仅表现在经济格局上，

还表现在价值链治理的区域格局上。一方面，由于交通物流技术的发展及双边贸易协议的有效执行促使全球要素配置能够更好地利用各国的要素禀赋，提升国际分工的地位，新兴发展中经济体能够在降低经济发展损耗的同时，大大提高其制造业的生产效率；另一方面，由于信息技术的推动，新兴发展中经济体制造业中的研发、设计、营销和售后等服务在更“接近”原来西方发达经济体终端消费市场的同时又能扩大新兴发展中经济体的消费市场的规模，推动全球消费市场布局的重新调整，从而使全球价值链的布局也随之出现了“东升西降”现象。

中国的“一带一路”倡议正是在这一趋势背景下提出的。“一带一路”沿线国家制造业全球价值链联动适应了全球价值链治理区域格局，将重点开发新兴发展中国家市场，利用信息技术和先进物联网技术进一步优化沿线经济体的资源配置，推动全球价值链治理核心区域东移，推进新型国际分工，实现全球价值链联动治理。

（三）制造业投资从生产端流向服务端

当前，全球经济进入以创意经济、网络经济为核心的新型经济形态，消费市场变得更平面化，但对产品的服务要求则更立体化。随着国际产品生产模块化和企业经营任务化的发展，服务业作为各个生产模块或任务阶段的“黏合剂”在全球价值链中的作用日益凸显，发挥着重要的指挥或协调作用，而以研发、设计或营销等为主要内容的服务本身也日渐成为全球价值链中举足轻重的增值环节。由此，服务业在全球价值链中的融入比例呈现出不断增加的态势，全球服务业对外直接投资占全球对外直接投资比例一路攀升，全球产业转移结构正从传统单一的制造业向服务业拓展延伸。由世界银行、亚洲经济研究所等机构联合编写的《全球价值链发展报告（2017）》对37个国家在1995—2013年的职业分类和业务职能匹配，发现全球制造业就业人员中从事核心活动就业人数仅占总就业人数的50%，意味着有一半的制造业就业人员从事着服务活动，这表明制造业所体现的服务增值对全球价值链的贡献，可能远高于传统增值措施的贡献。《全球价值链发展报告（2017）》指出，产品生产环节所创造的附加值愈发向价值链低端转移，而对服务业的投资则增加了获得金融、通信、运输和其他服务的机会，促使制造企业向高端攀升并获得比较优势。加大“一带一路”沿线国家制造业价值链的服务端投入，但同时应重视服务端的协同治理，审慎监管，需要在金融、健康、教育和专业服务方面进行协同治理，以打造更为一体化的市场，发挥竞争优势及发展规模经济，保证在嵌入全球价值链后仍实现可持续发展。

第三节　中国与“一带一路”沿线国家制造业全球价值链联动治理模式的构建

一、中国在“一带一路”沿线国家制造业全球价值链联动治理机制中的理念与实践

（一）中国与“一带一路”沿线国家制造业全球价值链治理理念的缘起

1. 全球价值链垄断引发全球经济结构失衡

自20世纪后期以来，在全球化的背景下，全球价值链的形成打破了冷战思维，全球贸易与投资格局发生了深刻变化，生产体系被重组划分为更细更专的模块和工序，新的商业业态和服务模式应运而生，世界经济产生了新运行模式、形成了新格局。然而，在当今的全球价值链分工体系中，发达经济体由于对技术研发和品牌管理长期占据优势，垄断了价值链“微笑曲线”的两端，而中国、东南亚等发展中经济体往往只能从事加工、组装等低附加值环节。在这种分工体系下，在全球价值链占据主导地位的企业攫取了大部分利润，而发展中经济体的加工企业只能从中获取微薄的利润。再加上庞大的国际资本对发展中经济体加工企业的股权控制，发展中经济体面临来自价值链上游、下游和水平方向的多重竞争压力。因此，全球价值链垄断阻断了作为主要消费地区的发达经济体与作为主要生产地区的发展中经济体之间经济结构自我良性调节的机制，导致发达经济体长期以低廉的价格享受发展中经济体生产的产品。这就产生了全球经济结构性失衡现象，还可能引发全球性金融危机。

2. 中国在“一带一路”沿线国家制造业全球价值链联动治理机制中的地位

习近平同志在党的十九大报告中指出：“中国秉持共商共建共享的全球治理观，倡导国际关系民主化，坚持国家不分大小、强弱、贫富一律平等，支持联合国发挥积极作用，支持扩大发展中国家在国际事务中的代表性和发言权。”（习近平，2017）在全球治理体系严重赤字、调整变革迫在眉睫之际，上述重要讲话表明了中国积极参与国际治理的决心和愿望。

近年来，中国为推动全球治理体系变革做出了重大贡献。除此之外，在国内重大会议和国际重要场合，中国领导人提出了诸如“中国积极参与全球经济治理”

“增加新兴市场国家和发展中国家在全球经济治理中的代表性和发言权”“提高中国在全球经济治理中的制度性话语权”“推动国际秩序和全球治理体系朝着更加公正合理方向发展”“倡导共商共建共享的全球治理观”等一系列主张、倡议和方案，得到了国际社会尤其是新兴经济体的支持和认同，使得中国在全球治理中的话语权和影响力不断提升。随着“一带一路”倡议的深入推进，中国提出构建以合作共赢为核心的新型国际关系，以及“利益共同体”、“责任共同体”和“人类命运共同体”理念，中国在对准国际高技术制造业，不断提高本国制造业出口附加值的同时，也从规则的接受者向参与者转变，欢迎沿线各国搭乘中国发展“顺风车”，实现产业联动升级，提升国际竞争力和话语权。

3. 中国与“一带一路”沿线国家制造业全球价值链联动治理的机遇与挑战

“一带一路”倡议是我国对外开放的必然选择，也是在全球贸易增长低迷背景下促进全球联动式发展的重要举措。在当前国内外形势下，中国与“一带一路”沿线国家若力求突破“低端锁定”位置，实现产业联动升级，深度参与国际分工与治理，无疑面临着一系列机遇和挑战。

1）中国与“一带一路”沿线国家制造业全球价值链联动治理面临的机遇

第一，当前全球价值链格局正发生着深刻变革。自20世纪90年代以来，在经济全球化浪潮推动下，跨国公司为增强自身竞争力，逐渐突破传统的国家地理界限，向全球公司转型，将价值链中各主要环节在全球范围内铺开，以期吸纳和整合全球最优质的资源。其中，海外员工、海外资产及海外销售额占比超过50%的跨国公司不在少数，而这些企业的价值链快速延伸至全球，形成了全球价值链。由此，国际经济竞争已从原来的企业产品竞争转变为整个价值链竞争。改革开放以来，中国积极利用劳动力成本优势，通过加工贸易参与国际分工，利用学习效应培养出一批已进入世界500强的企业，充分发挥其所有权优势、内部化优势和区位优势，拥有了国际优势产能，加上庞大的国家外汇储备规模，对外投资能力得到全面提升。而我国提出的“一带一路”倡议，充分联系了沿线发展中国家和新兴经济体的资源整合与互补。因此，中国与“一带一路”沿线国家应充分抓住全球价值链重构的历史机遇，深度参与国际分工与价值链重构。

第二，“一带一路”沿线国家的联动发展诉求，是“一带一路”全球价值链联动治理的重要推动力。“一带一路”沿线多为发展中国家或新兴经济体，世界银行公布的数据计算可知，“一带一路”沿线国家总人口约占全球总人数的63%，经济总量却仅约21万亿美元，占全球的比重为29%[①]。然而，这些国家普遍发展水平较低、外汇储备较少，因此存在市场规模较小、基础设施落后及财税过高等经济发展制约因素。除此之外，一些国家也不乏遭受政局动荡、民族分裂、宗教

① 资料来源：根据世界银行数据库的数据计算得出。

分歧之苦，严重阻碍了经济发展和社会进步。这些国家普遍处于经济发展的上升期，但国内发展动力不足，此时，中国提出的“一带一路”倡议及共商、共建、共享的发展理念，符合沿线各国的利益诉求和发展需要，为各国开展互利合作及参与价值链联动治理提供了广阔的空间。“一带一路”全球价值链联动治理，有助于将同等价值链层级成员联系起来，形成一个紧密的“利益共同体”和“命运共同体”，打造区域一体化，为区域内制造业发展打通技术学习与知识共享壁垒，为区域贸易带来更高的自由度。

第三，基于二十国集团（G20）多边合作组织的平台支撑。G20 是在大国协调治理模式下使新兴经济体和发达经济体在全球经济治理机制中处于相对均衡的位置，是全球经济治理的重要平台，是中国实现全球价值链跃升、主导价值链规则诉求的重要场合。辨识 G20 各方对全球价值链治理的关注点，以能效合作为切入点，即中国应当以提高能效、绿色低碳产业融入价值链，并嵌入 G20 能效合作框架中。

2）中国与“一带一路”沿线国家制造业全球价值链联动治理面临的挑战

尽管“一带一路”倡议有着坚实的推进基础和良好的发展势头，然而各国要想摆脱全球价值链的低端位势，参与全球价值链的治理和重构，也面临着诸多挑战。

第一，各国创新能力较弱，产业转型升级任重道远。在“一带一路”全球价值链中处于低端位势的企业，由于缺乏高端人才和资金等方面的要素，其核心技术和高端设备主要依赖进口，技术创新能力和强度明显不足，陷入了“模仿—引进—再模仿”的恶性闭环中，这又会进一步制约技术创新能力的提升，导致自主知识产权和品牌知名度不足。同时，由于全球价值链各环节利益的不均衡分配，主导企业占据了绝大部分利润及贸易规则、标准的制定权，而发展中国家的企业不仅获得的利润微薄，还要付出牺牲环境的代价。如此一来，产业的落后使得发展中国家难以在世界舞台上获得话语权，那么参与价值链联动治理也就无从谈起。

第二，缺乏有效的治理框架和机制。“一带一路”框架下价值链的整合与治理需要借助区域内各国经贸合作及经济走廊、自贸区等来实现。由于存在政治碎片化和规则碎片化等问题，区域内各经济体间的贸易利益关系仍较为松散，在全球价值链上的定位也不够清晰和准确，贸易投资规则无法控制价值链走向。因此，中国应主动反映发展中国家在全球价值链中的利益诉求。

第三，跨国企业逐利本质产生的负面影响。在国际价值链网络体系中，拥有核心能力和技术的跨国企业出于攫取高额垄断利润的逐利本质，通常有技术保护、不断更新核心技术、提高知识壁垒等行为，试图将发展中国家长期锁定在价值链的低端。在全球价值链随着世界经济格局的发展而发生深刻变革时，更多的国家和企业试图嵌入全球价值链以获取更多利润，主导型企业为了维持自己的利益及主导地位，会主动提升自身的研发和创新能力，同时会加强技术控制和保护。因此，一般来说，在这种情况下，“一带一路”沿线国家的产业将会面临更严峻的发展环境。

（二）中国与“一带一路”沿线国家制造业全球价值链联动实践

1. “一带一路”联动治理领域

2018 年习近平在集体会见博鳌亚洲论坛现任和候任理事时指出：“继续推动‘一带一路’建设，坚持共商共建共享，打造国际合作新平台，增添共同发展新动力，使‘一带一路’惠及更多国家和人民。”（习近平，2018a）由此可见，“一带一路”倡议是中国参与全球治理的重要平台，更是推动沿线国家积极参与全球价值链联动治理，为各国人民谋幸福的重要平台。从“一带一路”建设的领域来看，联动治理领域除“五通”领域外，还将涉及以下几个领域。

1）反腐败与廉政建设

习近平在 2019 年 4 月第二届“一带一路”国际合作高峰论坛开幕式上的主旨演讲中指出：“我们要坚持开放、绿色、廉洁理念，不搞封闭排他的小圈子，把绿色作为底色，推动绿色基础设施建设、绿色投资、绿色金融，保护好我们赖以生存的共同家园，坚持一切合作都在阳光下运作，共同以零容忍态度打击腐败。”（习近平，2019）据国际货币基金组织统计，2016 年全球的受贿等腐败行为造成全球经济每年损失 1.5 万亿到 2 万亿美元。可见，腐败问题的存在对“一带一路”的联动治理造成了极大阻碍，联动治理可在此方面大有作为，如构建反腐败指数、构建反腐败评价体系等。

2）金融创新

随着经济形式的多元化发展，经济数字化转型进度的加快，习近平在致 2018 世界人工智能大会的贺信中指出：“新一代人工智能正在全球范围内蓬勃兴起，为经济社会发展注入了新动能，正在深刻改变人们的生产生活方式。把握好这一发展机遇，处理好人工智能在法律、安全、就业、道德伦理和政府治理等方面提出的新课题，需要各国深化合作、共同探讨。中国愿在人工智能领域与各国共推发展、共护安全、共享成果。中国正致力于实现高质量发展，人工智能发展应用将有力提高经济社会发展智能化水平，有效增强公共服务和城市管理能力。中国愿意在技术交流、数据共享、应用市场等方面同各国开展交流合作，共享数字经济发展机遇。希望与会嘉宾围绕‘人工智能赋能新时代’这一主题，深入交流、凝聚共识，共同推动人工智能造福人类。”（习近平，2018b）在联动治理领域中的金融创新更重要的是金融监管模式的创新，要积极探索适合双方开展的监管模式，签订双边监管协议。其中，以中国金融学会绿色金融专业委员会和伦敦金融城合作牵头起草的《“一带一路”绿色投资原则》于 2019 年 4 月 25 日由全球 27 家国际大型金融机构在北京举行签署仪式，标志着“一带一路”金融创新联动治理迈出了重要一步。

3）文化的交流与传播

中国在文化联动治理中的文化包容程度极高，兼收并蓄，同时习近平呼吁各国“不搞封闭排他的小圈子”，实现积极开放的文化交流，更体现了“一带一路”的文化包容理念。除此之外，据文化部（现文化和旅游部，后同）统计，截至2016年底，中国已同“一带一路”沿线60多个国家签署了文化合作协定，同时，与“一带一路”相关国家还建立了各种区域性的对话机制。例如，上海合作组织成员国文化部长会晤、中国—中东欧国家文化部长合作论坛、中阿文化部长论坛、中国—东盟（10+1）文化部长会议等，这些机制从政府层面保证了“一带一路”国家文化合作的根本框架。由此可见，中国对于文化的态度并非故步自封，而是以积极开放的姿态对待。这些文化协议，既反映出了中国对文化管理的态度，也是中国在联动治理中在文化方面所取得的非凡成就。

联动治理涉及的领域不是一成不变的，而是动态发展的。联动治理触及多维度领域，将有利于联动治理向多元发展，推动中国与“一带一路”沿线国家的制造业建立更高效的全球价值链联动治理机制。

2. 联动治理机制

机制是指各要素之间的结构关系和运行方式。联动治理机制便是联动治理中各个相关要素之间的相互作用。不同于传统自上而下的传导机制，“一带一路”联动治理机制传导路径呈现出不同的特点，主要表现为以点带面、多点辐射。

1）多边合作

联动治理机制需要多方合作。顾名思义，联动治理需要多元主体的参与，从微观层面的各国企业贸易合作到中观层面的相关行业组织协会的政策交流再到宏观国家层面的制度借鉴。联动治理机制需要有法律的保障，因此，近年来与“一带一路”联动治理相关的文件不断出台，并为国际组织所接受，具有较强的国际影响力。例如，2015年的《上海合作组织成员国元首乌法宣言》、2017年联合国安理会一致通过关于阿富汗问题第2344号决议，以及2018年中非签订的《关于构建更加紧密的中非命运共同体的北京宣言》。据统计，截至2019年3月底，中国已同125个国家和29个国际机构签署173份文件①。在宏观的国际合作层面实现了联动治理机制的传导，在中观的行业层面及微观的公司层面，联动治理机制的传导同样井然有序地进行。

2）平台共建共享

联动治理机制积极强化多边机制在共商中的作用，充分利用现有的多边合作机制，如二十国集团、澜湄合作机制、中国-中东欧“16+1”环保合作机制等。

① 资料来源：国家发展和改革委员会于2019年4月18日新闻发布会上公布数据。

以现有平台为依托，发挥辐射影响作用，提高多边治理的效率和扩大影响力。除此之外，国际化平台如“一带一路”国际合作高峰论坛、中国国际进口博览会等都发挥着重要的作用。

3）专业化对话机制

“二轨”对话机制旨在提供多样化的沟通，促进对话与国际合作，与此同时，组建与“一带一路”相关的智库、联盟、研究中心等，共同联动治理机制的专业化建设。联动治理机制通过横向与纵向作为主要传导路径，形成辐射作用。同时，通过多边合作，增强联动治理机制辐射的穿透力，充分利用原有的平台资源，建立专业化对话机制，加强联动治理机制的可行性。

3. 联动治理愿景

“一带一路”倡议下的价值链联动治理是回应“逆全球化”的积极举措，同时顺应了人类命运共同体的重大时代发展规律，展示了中华民族的优良精神风貌。

中国在联动治理层面硕果累累。截至 2019 年底，中国已与 167 个国家和国际组织签署共建“一带一路”倡议相关合作文件多达 198 份。“一带一路”国际合作高峰论坛已举行两届，在两届论坛上分别形成了多达 279 项和 283 项合作成果的清单，特别是在第一届论坛上形成的合作成果中绝大部分已转为常态化工作，余下个别项目正在有序推进①。通过“一带一路”建设，中国的国际影响力正不断扩大，多边贸易合作成绩突出，中国为邻邦国家的发展做出了积极的合作贡献。同时，中国积极承担国际责任，发起成立了“一带一路”绿色发展国际联盟倡议，同 60 多个国家签订了文化合作协定。正如习近平同志于 2019 年 4 月 26 日在第二届“一带一路”国际合作高峰论坛开幕式上的主旨演讲中指出：“共建‘一带一路’为世界经济增长开辟了新空间，为国际贸易和投资搭建了新平台，为完善全球经济治理拓展了新实践，为增进各国民生福祉做出了新贡献，成为共同的机遇之路、繁荣之路。”（习近平，2019）

“一带一路”倡议及其包含的潜在全球治理体系并非不同经济形态或者文化制度下的零和博弈，反之，这种愿景动态实现了互利共赢的发展目标。新时代背景下的“一带一路”是由中国政府积极推动提出的合作倡议，中国将以全新的姿态走上国际舞台，促进各国间贸易合作健康发展，维护世界和平，促进世界繁荣。同时，联动治理愿景牢牢把握时代脉搏，不断推动初级制造业在技术、金融层面实现创新。

二、构建中国与“一带一路”沿线国家制造业全球价值链联动治理体系

随着经济全球化的不断深入，各种要素的动态变化、交互影响可谓牵一发

---

① 资料来源：第一届和第二届“一带一路”国际合作高峰论坛官方网站公报数据。

而动全身。中国的制造业在与“一带一路”建设的衔接过程中，形成了其特有的多维度治理体系，主要包括组织体系、制度体系、运行体系和评价体系四个方面（图 7-5）。

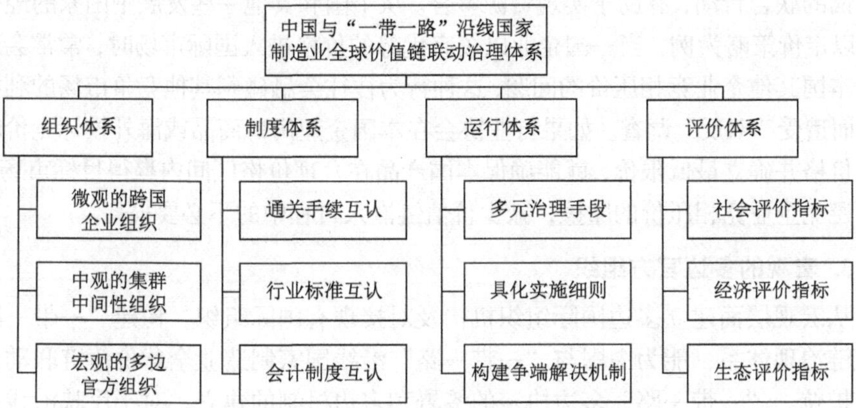

图 7-5　中国与“一带一路”沿线国家制造业全球价值链联动治理体系架构

（一）构建中国与“一带一路”制造业全球价值链联动治理组织体系

如本章第一节所述，全球价值链联动治理组织体系并非一成不变的，而是随着全球化的推进而不断演进的。全球价值链联动治理主体的表现形式包括微观的跨国企业组织、中观的集群中间性组织和宏观的多边官方组织三个层面。同样地，中国与“一带一路”沿线国家制造业全球价值链联动治理组织体系，也可以从微观的跨国制造业企业、中观的集群中间性组织、宏观的多边官方组织多角度构建多层次、多主体的联动治理组织体系。

1. 微观的跨国企业组织

中国在“一带一路”沿线国家制造业全球价值链中，从中国“走出去”的大型制造业跨国企业组织将成为参与治理的先行者。这些企业将把从参与全球价值链中获得的技术和管理经验应用到“一带一路”沿线国家制造业全球价值链中，并在全球价值链中发挥着重要作用，指导当地相对落后或刚起步的制造业企业参与全球价值链，为当地企业提供先进的技术和管理经验，促进“一带一路”沿线国家制造业价值链顺利嵌入全球价值链。

2. 中观的集群中间性组织

行业协会作为非官方民间组织，发挥着政府与企业沟通和连接的桥梁与纽带作用。作为行业内各成员企业的共同利益代表，行业协会在中国与“一带一路”沿线国家制造业全球价值链联动治理中发挥着重要的协调作用。在中国制造业企业向"一带一路"沿线"走出去"时，由行业协会或商会等中间性组织出面协商，在自愿平等互惠的基础上组织企业有序生产、销售，开展统一定价策略及售后服务标准等方面的联合行动，有助于实现资源整合。从中国和其他一些发展中国家的经验来看，以定价策略为例，当一国企业以较有优势的价格进入国际市场时，常常会遇到来自本国其他企业竞相压价的问题，这种行为往往会触碰到其他竞争市场的利益底线，而遭受"双反"调查。如果行业协会在本国企业出口商品或海外投标竞价时能协调价格并确立最低限价，就能确保本国产品在合理价格区间内赢得目标市场，从而可避免企业竞相压价的摩擦，减少价值链嵌入过程中的不必要损耗。

3. 宏观的多边官方组织

从宏观层面建立多边国际组织机构及对接现有国际组织，构建"一带一路"价值链治理体系，能为中国与"一带一路"沿线国家制造业全球价值链联动治理保驾护航。"一带一路"多边协定的签署和多边机制的建立，对于反映沿线国家诉求、增强双边和多边合作透明度、提供论坛保障、增强政治互信、减少不确定因素导致的误判及降低合作成本等方面将起到重要的作用。在具体落地方面，以"一带一路"的"五通三同"内涵为出发点和落脚点，从"一带一路"多边贸易协定、沿线国家行业标准与统计口径统一、沿线国家科教文卫交流与合作、沿线国家旅游合作等方面考虑相关协定。

（二）构建中国与"一带一路"沿线国家制造业全球价值链联动治理制度体系

参与"一带一路"倡议的国家数量较多，加之历史文化及经济政治因素导致的不同国家采用不同的治理制度，这对中国与"一带一路"沿线国家制造业全球价值链的联动治理的制度体系构建提出了更高要求。然而，正是因为制度的多样性，在某些层面难以达成一致意见，只能在一些关键领域实现衔接，其中主要包括通关手续互认、行业标准互认及会计制度互认。下文以这三方面制度互认的实践为例，介绍中国与"一带一路"沿线国家制造业全球价值链的联动治理在制度体系方面的成果。

2015 年 3 月 28 日，我国发布了《推动共建丝绸之路经济带和 21 世纪海上丝绸之路的愿景与行动》。其中，强调"沿线国家宜加强信息互换、监管互认、执法互助的海关合作，以及检验检疫、认证认可、标准计量、统计信息等方面的双多边合作"。

1. 通关手续互认

作为世界贸易组织在 1995 年成立后首份缔结的多边贸易协定，《贸易便利化协定》在促进国际贸易、减少贸易摩擦方面发挥着重要作用。更具体的具有针对性的协议还有经认证的经营者制度（authorized economic operator，AEO）。AEO是世界海关组织所倡导的一项通行管理制度，旨在实现《全球贸易安全与便利标准框架》中制定的目标，即对于包括生产商、进出口商、承运人、货运代理人、口岸和机场、货站经营商、仓储物流商等任何从事与国际贸易相关的企业，只要愿意且符合标准框架下的国际供应链安全标准和要求的，即可获得海关认证为AEO 企业[①]，该项制度为守法、守信、安全的企业提供通关便利，是海关与商界之间联盟关系的一种转变。截至 2019 年 3 月底，中国海关总署公布中国已经与欧盟、新加坡、日本等 36 个国家和地区签署了 AEO 互认协议，其中包括 14 个“一带一路”沿线国家[②]。所有经过 AEO 认证的企业需严格按照标准框架下的安全标准进行贸易往来，AEO 制度的执行及相关协议的签署一方面极大便利相关方的过海关手续，通过 AEO 认证的企业在上述互认国家间的货物通关查验效率得到大大提升；另一方面能够提高甄别高风险货物能力，有效打击走私等不法行为，保障了互认国之间的贸易安全，从而进一步促进了货物流动的畅通。

因此，加快通关手续互认，有助于提升海关应对“一带一路”倡议建设中的货物流通管理能力，有助于降低制造业全球价值链中的供应链实施成本。

2. 行业标准互认

行业标准互认对“一带一路”沿线国家制造业全球价值链建设具有基础和支撑性作用。通过加快推进与“一带一路”沿线国家和地区在产品、技术、工程、服务等行业标准方面进行双边或多边互认合作，在推动中国的高标准“走出去”、扩大在海外推广应用范围、提升中国标准国际化水平的同时，做好把国际高标准“引进来”的对接工作，全面提升“一带一路”沿线国家制造业价值链的标准水平，为嵌入制造业的全球价值链铺平道路。然而，行业产品质量评定互认的推进受到制度多样、成本高昂及观念差异等因素的影响，其实施难度较大，需要不断地探索研究出广为接受的行业标准互认依据。为此，中国于 2015 年发布的《标准联通“一带一路”行动计划（2015—2017）》确定了标准化工作任务，着力在十个方面开展工作：一是加快制定和实施中国标准“走出去”工作专项规划，助推国际装备和产能制造合作；二是以东盟、中亚、海湾等沿线重点国家和地区为方向，以中蒙俄等国际经济走廊为重点，深化标准化互利合作，推进标准互认；三是聚焦沿线国家共同的重点关切，在电力、铁路、海洋、航空航天等基础设施领域，节能环保、新一代信息技术、智能交通、高端装备制造、生物、新能源、新

① 资料来源：《全球贸易安全与便利标准框架》，2016 年。

② 资料来源：《降低企业贸易成本提升企业市场竞争力我国已与 14 个“一带一路”沿线国家实现 AEO 互认》，2019 年 4 月 24 日，http://www.chinanews.com/cj/2019/04-24/8818573.shtml[2020-07-25].

材料等新兴产业领域，以及中医药、烟花爆竹、茶叶、纺织、制鞋等传统产业领域，推动共同制定国际标准；四是在设施联通、能源资源合作、动植物检验检疫和提升双边经济贸易水平等方面，组织翻译500项急需的中国国家、行业标准外文版；五是梳理分析沿线重点国家大宗进出口商品类别，开展大宗进出口商品标准比对分析，加强面向企业的标准化服务；六是在水稻、甘蔗、茶叶和果蔬等特色农产品领域，逐步开展东盟农业标准化示范区建设；七是面向东盟、中亚、海湾和非洲等国家，推进与沿线国家和地区标准化专家交流及能力建设，加强标准化文化交流；八是在电力电子设备、防爆设备、家用电器、数字电视广播、半导体照明、中医药、海洋技术、TD-LTE 信息通信等领域，支持一批由相关行业协会、产业联盟、科研机构、高等院校和企业等牵头组织，面向东盟、俄罗斯、中亚、中东欧等重点国家和区域开展的标准化互联互通项目，研究建立标准化合作沟通机制；九是加强沿线重点国家和区域标准化研究，组织开展面向阿拉伯国家、中亚、蒙俄、东盟、欧洲、北美等重点国家和区域的标准化法律法规、标准化体系、发展战略及重点领域相关标准研究，建立“标准化智库”体系；十是支持各地发挥地缘优势、语言文化和特色产业优势，全方位开展特色标准化合作。目前，部分企业特别是科技型企业已经做出了卓有成效的努力。

3. 会计制度互认

目前国际上除了广泛接受的美国会计准则及国际会计准则外，各个国家因为税收等政策措施及规则的差异，也形成了本国的一套会计准则，中国也不例外。而制造业具有一些特殊性，仍需将库存分为原材料、半成品及成品等，若各国在这些层面的计量方式不同，对经济的发展也会产生负面的影响。因此，王开田和胡晓明（2006）提出了国际会计规范中国化的设想并阐述了其合理性，这种合理性同样适用于“一带一路”建设，促进沿线各国实现会计制度互认。会计是开展现代社会经济活动的通用商业语言，会计制度的互认是推动国际经贸往来的重要保障。“一带一路”建设旨在加强“一带一路”沿线国家之间的“五通”，促进各地区经济要素有序自由流动、资源高效配置，实现市场深度融合，共同打造一个开放、包容、均衡、可持续发展的区域经济合作框架。因此，建立全球统一高质量会计准则意义重大，支持会计准则国际趋同和建立全球统一高质量会计准则，有利于促进全球经贸往来和资本流动。为此，重点推进“一带一路”沿线国家会计准则法规体系、会计准则建设、实施及监管等领域的研究是“一带一路”沿线国家制造业价值链治理的重要手段。目前，中国正积极与“一带一路”沿线国家开展会计准则对接或互认工作。在2019年第二届“一带一路”国际合作高峰论坛资金融通分论坛上，中国财政部与新西兰、俄罗斯、巴基斯坦等9个国家的会计准则制定机构共同发起了《“一带一路”国家关于加强会计准则合作的倡议》，这标志着“一带一路”沿线国家制造业全球价值链治理制度体系的构建又向前迈出了一大步。

（三）构建中国与“一带一路”沿线国家制造业全球价值链联动治理运行体系

1. 多元治理手段

由于文化间存在明显差异，加上各国经济社会发展处在不同阶段，单一的治理模式无法有效治理嵌入全球价值链的“一带一路”沿线国家制造业。对于诸如美国于20世纪80年代末期向拉美和东欧转轨国家输出的华盛顿共识单一治理模式的历史失败经历，中国在参与“一带一路”沿线国家制造业全球价值链治理中吸取教训，绝不会将中国的经验强加于沿线国家，而是协助各国，根据各国的具体国情，探索出适合本国的发展道路。这种多元治理手段，正如乔舒亚·库珀在《北京共识》所说的一样，区域经济合作需要独立自主，应该依照国情而不是盲从西方的某种“经典”理论来制定相应的政策，只有这样才能找到适合本国的卓有成效的发展道路。因此，多元治理手段就体现在对于不同地区、不同文化、不同发展程度的国家或地区，需要采用差异化联动治理手段，构建多边次区域合作机制，助力区域内国家探索自主发展模式。基于该种思维，中国与“一带一路”沿线国家制造业全球价值链治理也应当遵循多元治理思路，通过参与主体和参与方式的多元化治理应对目前“一带一路”沿线国家制造业合作面临的挑战，一方面为中国与“一带一路”沿线发达国家制造业合作提供更广阔的空间，另一方面为中国与“一带一路”沿线发展中国家制造业合作打下更坚实的基础。

2. 具化实施细则

中国与“一带一路”沿线国家制造业全球价值链联动治理需要落实到具体实施细则上。中国与“一带一路”沿线国家制造业全球价值链联动的运行体系构建依托多元主体，同等级组织机构横向传输，自上而下的层层传导形成辐射作用。中国与“一带一路”沿线国家制造业全球价值链联动的运行体系构建中所取得的成就主要体现为跨国政策沟通流畅，许多文件被具有影响力的国际组织收录（表7-3）。

表7-3　共建“一带一路”倡议载入国际组织重要文件

签订时间	文件名称
2015年	《上海合作组织成员国元首乌法宣言》
2016年	《二十国集团领导人杭州峰会公报》
2017年	联合国安理会一致通过第2344号决议，呼吁国际社会通过“一带一路”建设加强区域经济合作

续表

签订时间	文件名称
2018 年	中拉《关于“一带一路”倡议的特别声明》
2018 年	《中阿合作共建“一带一路”行动宣言》
2018 年	《关于构建更加紧密的中非命运共同体的北京宣言》

此外，洲际合作不断加强。这主要体现在截至 2019 年 3 月底，中国已经和跨越欧洲、亚洲、非洲和南美洲四大洲的 125 个国家、29 个国际组织签署了 173 份合作文件，共建“一带一路”国家已由亚欧延伸至非洲南太平洋等区域。

为实现贸易便利化及运行体系的顺畅，多个转移领域的对接合作正有序推进。例如，2018 年中国在阿斯塔纳举行“一带一路”税收合作会议上发布的《阿斯塔纳“一带一路”税收合作倡议》，将税收协定合作网络延伸至 111 个国家和地区，有利于联动治理体制的运行体系在这些国家的税收行业实现无缝衔接，提高合作效率及数据的可比较性（推进“一带一路”建设工作领导小组办公室，2019）。

3. 构建争端解决机制

在区域经济合作中，纷争往往是难以避免的，在“一带一路”倡议建设与推进过程中，也可能会出现国际争端。因此，如何通过统一纷争解决机制妥善解决国际争端，是“一带一路”建设推进中所要研究的重要课题。建立“一带一路”争端解决机制，一方面要充分利用全球性国际争端解决机制的平台，遵循“一带一路”倡议的建设理念，充分考虑沿线国家的发展实际，遵循各国自治原则，通过双多边和平协商，逐步构建出具有可操作性的区域争端解决机制；另一方面需要在语言选择、规则编撰、程序简化、人员培训、机构建立等方面做出更多的努力，构建一个高效的、低成本的、可行的争端解决机制。“一带一路”国际争端解决机制的成功构建，必将为国际政治经济合作和国际法治建设做出重要贡献，同时为“一带一路”沿线国家制造业全球价值链联动治理的运行提供争端解决依据。

（四）构建中国与“一带一路”沿线国家制造业全球价值链联动治理评价体系

评价体系能够为中国与“一带一路”沿线国家制造业全球价值链联动治理效果的评估提供参照与标准，有利于引导治理体系朝正确的方向发展。该体系社会评价标准和经济评价标准，同时将生态效益纳入评价体系。

1. 社会评价指标

中国制造业与“一带一路”沿线国家共建区域价值链时，应吸取以往的经验，构建有效的社会评价指标，对目标国社会的政治、文化、法制等方面进行合理评价并与目标国进行全面沟通，以实现与当地社会、文化、法制的有机融合，只有这样才能防患未然，降低合作风险，探索出具有更强区域社会适应性的价值链治理模式，实现全球价值链高效联动治理的目标。

2. 经济评价指标

当前，跨国公司通过对全球价值链分解和区域生产网络融合对全球市场进行整合，并致力于推动全球价值链联动治理结构变革。目前，中国与“一带一路”沿线国家制造业全球价值链经济评价指标主要从贸易创造效应、投资促进效应、产业聚集效应三个指标来进行评价。贸易创造效应主要是基于对自由贸易区的同盟内部实现的生产要素流动效应进行观测和评价；投资促进效应主要是就双边或多边投资协定对国际直接投资的影响进行测算和评价；产业聚集效应则对区域产业集群对区域经济增长的影响进行分析和评价。随着“一带一路”各经济走廊内的产业不断聚集和延伸，以及价值链分工布局的不断优化，通过经济评价指标对中国制造业与“一带一路”沿线国家共同建设区域价值链乃至嵌入全球价值链的过程进行准确评价，有助于推动价值链联动治理精准定向选择行之有效的治理模式。

3. 生态评价指标

“一带一路”沿线不到世界40%的国土面积却居住着超过全球60%的人口，人口密度远超世界平均水平。尽管自然资源丰富，但人均资源占有率却远低于世界平均水平。总体而言，“一带一路”沿线生态环境表现出以下两大特点。首先，“一带一路”沿线地区是世界矿产资源和能源的集中生产区与集中消费区。尽管沿线地区的矿产资源总体上比较丰富，分区域间互补性较强，但据中国社会科学院测算，就能源供应和消费而言，两者几乎持平。其次，“一带一路”沿线地区又是生态环境比较脆弱的敏感区。淡水资源承载力是衡量环境承载力的重要指标，由于人口密度较大，“一带一路”沿线的人类活动比较集中，因此对淡水资源的需求远高于其他地区。据世界银行的统计数据，2014年“一带一路”沿线主要地区年境内可再生淡水资源仅为15.230万亿立方米，仅占全球的35.88%，人均可再生淡水资源仅为0.337立方米，是世界平均水平的56.83%①，再加上农业耗水量大、化肥农药施放量过高及季节性洪灾旱灾等问题突出，随着人口的增加及城镇化的发展，该地区水资源安全面临着重重压力，严重制约着沿线国家经济发展。生态环境方面，由于沿线地区多为发展中国家，许多国家工业发展尚处在较初级阶段，是全球二氧化碳和其他温室气体的主要排放地区，常年处于干旱、半干旱状态，当地的各类物种受到威胁，这些已超出了生态的承载力，且形势日益严峻。

因此，落后的社会发展模式、粗放的经济发展方式及脆弱的生态环境已经成

① 资料来源：世界银行数据库。

为“一带一路”沿线地区可持续发展的制约因素，但我们应该看到，沿线地区改善生态环境的诉求，为中国制造业与沿线地区开展绿色领域的经济技术国际合作提供了难得的契机和广阔的空间，生态环境保护已成为推进“一带一路”建设绿色高质量发展的主调。

第八章　中国与“一带一路”沿线国家制造业的全球价值链提升路径与策略

“一带一路”是中国积极参与全球经济治理及与各国共促国际经贸规则重构的重要平台，通过东西协调、陆海和内外联动，推动全方位对外开放格局的构建，实现与沿线国家共同盘活区域内资源。本章立足于全球价值链视角，在全球价值链联动治理逻辑基础上，探讨中国制造业通过“一带一路”融入全球价值链的路径选择。

第一节　全球价值链与发达国家“再工业化”

2008年国际金融危机爆发后，欧美日等发达国家认识到虚拟经济的脆弱性及发展实体经济的重要性，各国政府先后出台了“再工业化”战略，以期通过技术或制度创新抢占未来全球制造业的制高点，新一轮全球经济结构重塑时代及“再工业化”时代由此拉开了序幕。“再工业化”时代发达国家以先进制造业为主，在新能源、新技术和新材料基础上拓展出新行业、新产业，同时制定出新的产品、技术、环保、工艺和服务标准，对于作为“世界工厂”的中国而言，这必将深刻影响制造业在全球价值链中的国际分工定位。

一、发达国家“再工业化”战略的提出背景与实施路径

“再工业化”是个别发达经济体在政府支持下，促进传统工业部门回归的一种刺激经济增长的政策，通常是在这些经济体出现经济衰退现象，并将这种现象归咎于自身过度“去工业化”的情况下实施。历史上较大规模实施“再工业化”战略包括20世纪70年代美国、德国、法国、日本、意大利等国为解决其重工业基地改造问题而提出的战略，以及2008年国际金融危机发生后，以美国政府签署《制造业促进法案》为标志的“再工业化”浪潮。前者是在发展中经济体逐步推进发展工业化的背景下，各国为提升自身制造业竞争力提出的，其本质是产业竞争的结果；而后者则是在全球化高速发展导致世界经济格局发生重大变化的背景下提出的，其本质是全球价值链体系变迁的结果，其起因和发展内涵比前者更为错综复杂。

（一）全球价值链体系下发达国家“再工业化”战略的提出背景

首先，以全球价值链日益深化为特征的国际分工导致发达国家产业失衡严重，产业空心化问题突出。20 世纪 80 年代以后，一些发达国家将低端制造产业向欠发达国家转移，逐渐进入“去工业化”阶段，实体经济受到较大影响，制造业比重和产值均有了明显的下降，其经济主体进入了以金融、房地产为核心的虚拟经济替代传统工业经济的“去工业化”过程，以至于在 2008 年国际金融危机的冲击下，世界发达经济体制造业增加值波动明显，而发展中经济体却一直保持稳步发展（图 8-1）。

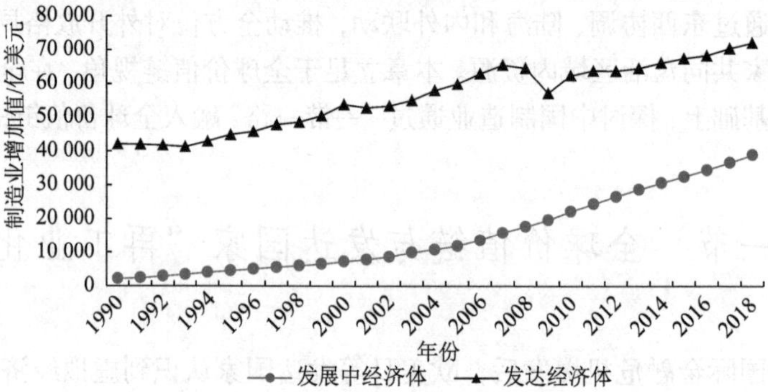

图 8-1 世界不同经济体制造业增加值变化

根据联合国工业发展组织数据库及世界银行数据库，2005—2009 年美国制造业增加值有所下降，直至 2016 年，美国传统实体经济产值仍在下滑，其中制造业增加值占 GDP 的比重进一步下降至 11.12%。制造业增加值的下降已直接导致失业人口增加，2009 年美国超过八成的失业人口来自制造业。另外，虚拟经济的不断发展与传统制造业的衰退形成了鲜明的对比。2009 年，美国以金融、保险、租赁及房地产服务业为主的虚拟经济增加值占 GDP 的比重达 32.50%，已占国民经济的 1/3 强，虚拟经济的过度发展导致泡沫破裂，经济结构和就业问题在经济受到重创时便越发凸显。截至 2016 年，虚拟经济增加值占 GDP 的比重高达 77.60%，金融行业企业利润占所有企业利润的比重约为 40.00%[①]。

而采用“雁行式”策略追随美国的日本，在产业转移后同样面临严重的“去工业化”问题。一方面，日本制造业增加值及规模均受到大幅压缩。到 2007 年，日本制造业增加值占比从 1970 年的 36%下降至 2007 年的 20%，就业人数比重从 1970 年的 27%下降至 2007 年的 18%（图 8-2）。除低端制造业转移以外，日本还向海外转移资本密集型、技术密集型产业的生产基地，高端制造业的海外生产比率日渐上升。1995 年，日本运输机械制造和电气机械制造两大产业有近 40%是海

① 资料来源：根据世界银行数据库提供的相关数据整理而得。

外生产。另一方面，日本服务业占经济总量的比重不断上升。长期以来，日本服务业占 GDP 的比重一直处于较高水平，1970 年该比重为 52%，而在全球价值链深化的过程中，该比重在 2008 年已达到 72%[①]。总体而言，长期的产业资本流出虽然为日本赢得了更低的生产成本和更大的市场，但也导致了国内产业的大量累积资金流向海外，成为日本出现产业空心化现象的直接原因。

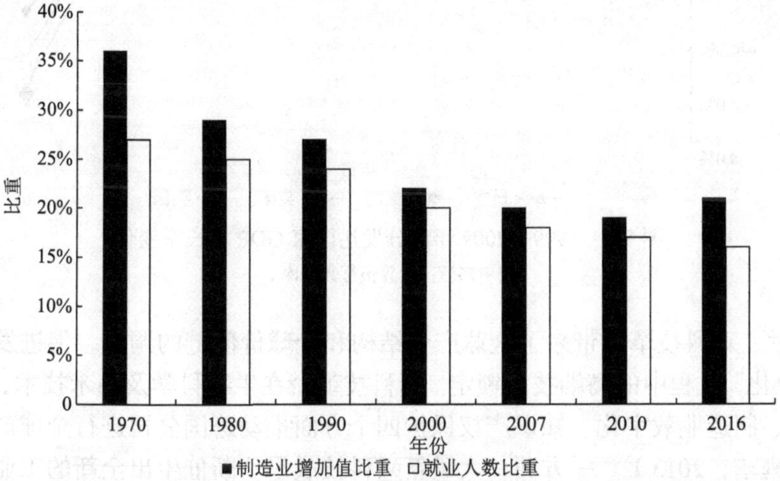

图 8-2　日本制造业增加值占 GDP 比重及制造业就业人数比重变化

资料来源：根据联合国工业发展组织数据库计算所得。

其次，国际金融危机使发达国家的虚拟经济遭受重创，“去工业化”问题日益凸显。由图 8-3 可知，2008 年国际金融危机的发生，西方国家因虚拟经济的过度发展而遭受重创。作为危机起点，美国在危机爆发后引发了股价和房价的暴跌、房地产及金融企业大量破产倒闭，进一步出现了大量的失业人员和居民财富的大幅缩水。日本 2008 年第四季度 GDP 增长率降至–5.4%，创下 20 世纪 80 年代以来的新低，同年倒闭企业近 1.3 万家。欧洲多国经济遭受重创，欧盟制造业产出下降 20%，而金融业和房地产业更甚。截至 2008 年底，欧洲银行信贷损失及资产减值达到全球的 1/3，并在 2009 年 7 月累计减值超过 3594 亿美元。爱尔兰、丹麦和西班牙等国的房价大幅下降，欧元区建筑业产值在此影响下出现了欧洲建筑业近 40 年来首次负增长[②]。因此，在发达国家多个主体行业遭受重创的情况下，金融危机发生后欧美日等国 GDP 增长率出现“断崖式”下跌。为重振国内经济，寻找经济增长点，这些国家不得不纷纷出台“再工业化”政策。

① 资料来源：根据全球统计数据分析平台及世界银行数据库提供的相关数据整理而得。

② 资料来源：世界银行数据库。

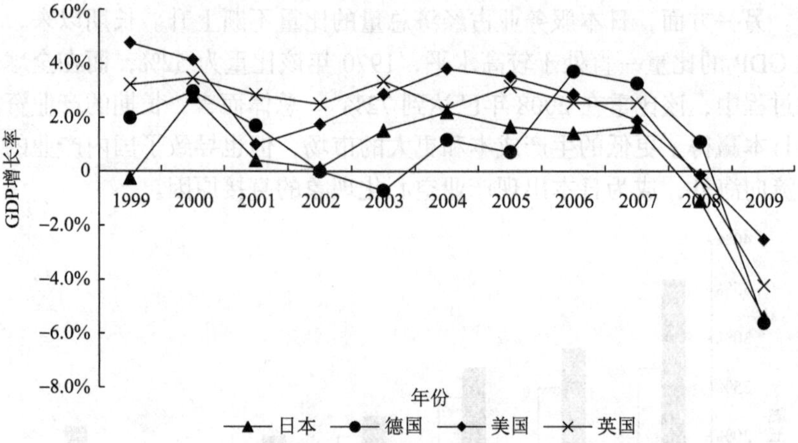

图 8-3　1999—2009 年部分发达国家 GDP 增长率变化

资料来源：世界银行数据库。

最后，新科技革命带来了全球产业结构和全球价值链的调整，促进发达国家“再工业化”过程中的高端技术锁定。新科技革命在生物科学及纳米技术、数字制造技术、制造业数字化、知识产权保护四个方面推动跨国公司进行全球产业链重构（王庭东，2013）。一方面，大量新兴科技成果不断催生出全新的工业，推动生产领域的创新；另一方面，大数据时代的到来使得传统的产业组织模式和生产流程不再具有集聚效应和要素禀赋成本带来的空间优势。同时，新技术革命自然使知识产权变成了生产环节中更重要的要素。因此，发达国家的“再工业化”不是重新重视和发展工业，也不是简单的制造业回归，而是包括改造提升现有工业和发展新工业、占据全球价值链有利位势的过程，同时加大人才培养、资源开发、技术革新等多方面的投入。以美国为例，2009 年颁布的《重振美国制造业框架》提出了涵盖加强劳动力素质培训、加大对新技术研发和产业化投入、发展有利于新技术产业化的资本市场、为劳动者创造美好的未来、加强先进交通基础设施建设、扩大出口及创造公平的市场竞争环境、营造有利于制造业发展的政策环境七大方面的政策，并重点支持清洁能源、机器人、国家安全、信息技术、新材料、生物技术等相关领域的研发及应用。由此可见，在新技术革命的影响下，欧美日等发达国家的“再工业化”战略已不再仅仅以财政激励手段重振传统工业为目标，而是试图通过产业升级来发展高端产业、开拓高新技术产业或者提高其实体经济的地位，在新全球价值链中抢占制高点。

总而言之，国际分工及全球价值链的不断深化，推动了发达国家进行产业布局调整，形成其国内“去工业化”格局。也正是生产的全球化进一步加剧了金融危机的影响力度及深度，迫使发达国家进行“再工业化”改革。新技术革命的到来，为推进“再工业化”进程和进行新一轮的国际竞争奠定了技术基础。

（二）发达国家“再工业化”战略的实施路径

受国际金融危机的影响，发达国家对自身经济结构重新进行审视，开始认识到实体经济特别是制造业对经济发展的重要性，欧美日等主要发达国家的“再工业化”战略应运而生，相继采取了一系列以重振制造业为目标的措施。除了前文提及的美国创新战略和“先进制造业国家战略”计划，还有日本的“日本再兴战略”、德国的“工业 4.0”战略、法国的“未来工业”计划等。

发达国家“再工业化”战略的实施路径，可从机制保障和政策落实两个角度进行概括。

1. 政府牵头提供机制保障，推动再工业化战略

首先，发达国家通过出台“再工业化”政策来恢复第二产业尤其是制造业规模，并出台了一系列法案进一步强化技术在工业发展中的重要地位。其中，美国的《鼓励制造业和就业机会回国策略》、“出口倍增计划”，以及《美国制造业促进法案》从生产、就业、产出等方面扶持制造业发展，具体的政策包括直接救市措施、总体“再工业化”战略规划、战略性新兴产业扶持政策和新能源战略政策法规等。欧盟发布的《指向增长与经济复苏的更强大的欧洲工业》提出了提高工业占欧盟国内生产总值的比重的具体目标。具体至德国、法国、西班牙等国的《国家工业战略 2030》、“未来工业”计划，以及发放援助资金等法案或规划，使传统产业重新回归关键产业定位，帮助制造业扩大生产规模。而日本则出台了《日本机器人新战略》和定期出台相关政策，以激发民间制造业企业的活力。部分西方发达国家和地区“再工业化”的主要政策见表 8-1。

表 8-1　部分西方发达国家和地区“再工业化”主要政策一览

国家和地区	主要实施政策	政策实施内容
美国	2009 年众议院通过《美国复苏与再投资法案》	包括减税和联邦支出，实施经济刺激方案，计划总额为 7870 亿美元
	2009 年发布《美国创新战略——推动可持续增长和高质量就业》	在《复苏与再投资法案》基础上，旨在支持创新、教育和基础设施等领域投入 1000 亿美元的经济刺激方案
	2009 年出台《美国清洁能源与安全法案》	设定“排放权指标交易”，构建了传统经济向低碳经济转型的法律框架，推动清洁能源技术发展
	2010 年颁布《美国制造业促进法案》	加大基础设施建设投入，临时减免制造业所得税或原材料进口关税
	2010 年发布“出口倍增计划”	呼吁各国开放清洁能源市场，五年内出口规模翻一番

续表

国家和地区	主要实施政策	政策实施内容
美国	2010年制定《鼓励制造业和就业机会回国策略》	取消美国海外投资企业所享的税务优惠，鼓励海外制造业回流
	2011年政府成立“选择美国”项目办公室	全面启动招商引资行动
	2011年启动“先进制造伙伴关系”计划	聚合六大高校技术资源，加大对国家安全关键产业的新兴技术进行投资，加快技术转化效率
	2012年发布《美国先进制造业国家战略计划》	从投资、人才、联邦及地方研发费用投入、合作伙伴等方面支持先进制造业发展
日本	《2010年经济产业政策重点》	强调产业政策重点为可再生资源、互联网技术等新兴产业
	2013年“日本复兴战略”	（1）推出产业振兴、战略性市场创造和国际化战略等行动计划 （2）五年内日本的全球竞争力排名跃升至第一位
	2015年发布《日本机器人新战略》	确立了用机器人技术创新带动制造业、农业、医疗护理、交通等领域的结构变革方向 （1）“实现机器人革命” （2）利用大数据、物联网和人工智能对制造业生产、流通、销售等领域进行重构
	2016年发布“科学技术基本计划”	建立高度融合网络空间及物理空间的“超智能社会”
	《科学技术创新综合战略2016》	（1）明确提出“超智能社会”的内涵和框架 （2）涵盖交通、能源、医疗、制造业、服务业等领域
	提出第四次产业革命	发展机器人等新兴产业
德国	设立“第四次工业革命平台”办事处	由德国三大工业协会组织信息发布与公众交流平台
	《德国2020高科技战略》	国家层面的高科技促进政策
	“工业4.0”战略	（1）以智能制造为主导 （2）建立一种高度灵活的个性化和数字化的产品与服务的生产模式
	《国家工业战略2030》	（1）提高经济和科技的竞争力与创新能力 （2）保障其在相关工业领域国际市场上的领先地位 （3）提出化工、机械设备制造、汽车、航空航天、光学、医学仪器、绿色科技、军工等产业作为关键产业
法国	法国“再工业化”战略	（1）扭转对外贸易逆差 （2）重点扶持数字科技产业、生态产业和能源工业、运输设备产业、化学工业和新材料、制药和生命科技产业、奢侈品和创意产业、食品和营养产业
	设立生产振兴部	以重振法国工业为目标

续表

国家和地区	主要实施政策	政策实施内容
法国	“新工业法国”计划	（1）强调创新驱动的工业转型 （2）提出包括无人驾驶汽车的 34 个优先项目
	“未来工业”计划	（1）强调数字技术改造的工业转型 （2）聚焦数字经济等 9 大领域
	“再工业化”援助计划	提供 4.6 亿欧元的“再工业化”项目援助
英国	英国工业 2050 计划	提出生产运用高科技及未来英国制造业的构想
	《产业战略：建设适应未来的英国》	（1）加大科研创新投入 （2）提出强化五个工业产出基础和包括人工智能在内的四大行业
	《技术促进增长——英国国家技能战略》	旨在建立可持续发展的新型技能人才培育战略
	“欧洲 2020 战略”	提出“智能增长”的“再工业化”政策
欧盟	《指向增长与经济复苏的更强大的欧洲工业》	明确到 2020 年把工业占欧盟国内生产总值的比重提高到 20%的“再工业化”战略目标

资料来源：根据各国和欧盟政府网站、国家报告、权威新闻报道整理而得。

其次，实施税收优惠和政府扶持政策，吸引海外企业回归本土。一些发达国家在取消本国企业海外业务所享有的现存税收优惠的同时，为回归本土的企业，特别是高端制造业企业提供土地使用和税收等方面的优惠。例如，《美国制造业促进法案》规定暂时取消或削减制造业企业进口部分原材料的关税。表 8-2 归纳了美国对中小企业实施的税收优惠的相关政策。而日本在日元贬值时为鼓励更多的企业回迁，将汇率保持在相对稳定的区间并实施货币宽松政策，推动了松下、夏普等家电制造业巨头迁回其部分产品的生产线。

表 8-2　美国为中小企业提供的税收优惠

类别	主要内容
费用扣除	私人资本为建立科研机构而捐赠的款项一律免税，企业为建立非利益性科研机构而提供的资金也免缴所得税等
加速折旧	缩短科研设备、机器设备、厂房、建筑物的使用期限等
投资抵免	购买新设备的投资可以抵免税款等
税率优惠	下调中小企业的个人所得税等
税收减免	对小企业实行长期性和永久性的投资税减免等

最后，成立制造业扶助机构，协助企业吸引外资及加大出口。美国成立了由出口促进内阁和总统出口委员会组成的出口智囊团，前者是由美国国务院及其他相关政府部门领导共同组成的，后者则由美国商界人士组成，提出“国家出口倡议”，通过“购买美国货”和“国家出口倍增计划”等贸易保护措施刺激出口，帮助美国企业争夺出口市场，挽救了深陷危机的企业。德国的“第四次工业革命平台”则是由德国信息技术、电信、新媒体协会、德国机械设备制造业联合会及德国电气和电子工业联合会三大工业协会共同建立的，通过网站等方式加强信息发布及公众交流。

2. 准确把握落脚点，落实“再工业化”战略

（1）明确产业定位。由于各国产业优势存在差异，不同发达国家实施的“再工业化”战略均各有侧重，但总体而言，扶持政策主要针对以新能源、新材料为代表的先进制造业和新兴产业，并以此为突破口，带动其他诸如精密仪器、物联网等创新型产业高质量发展。其中，美国、日本、德国分别通过《先进制造业国家战略计划》《科学技术创新综合战略 2016》《德国 2020 高科技战略》等政策计划，侧重发展高科技工业，而对传统劳动密集型产业和资源密集型产业则仅仅给予较低水平的贸易保护。而意大利、西班牙等以旅游业为主的国家，则以服装、制皮和家具等传统优势产业为突破口，逐步提高本国工业增加值的比重（表 8-3）。

表 8-3　部分发达国家“再工业化”主要创新领域

国家	主要创新领域
美国	清洁能源、卫生保健技术等
日本	可再生资源、互联网技术、机器人等
德国	数字经济、机械设备制造、军工等
法国	数字科技、制药和生命科技、奢侈品等
意大利	服装、制皮和家具等

（2）加大科研投入，鼓励科技创新。德国在《德国 2020 高科技战略》中所提出的“工业 4.0”战略，旨在支持工业领域新一代革命性技术研发与创新，该战略被纳入德国十大未来项目。在《产业战略：建设适应未来的英国》的产业战略规划中，英国政府也提出将加大科研创新投入，主要聚焦强化工业产出基础建设和人工智能等新兴科技产业。美国发布的《美国创新战略——推动可持续增长和高质量就业》，旨在通过重点支持创新、教育和基础设施，加大对美国三大主要科研机构的预算，并提出美国公共和私人研发经费投资要占到 GDP 的 3%的目标①。

① 美国三大科研机构包括国家科学基金会、能源部科学办公室和国家标准技术研究院。

（3）将中小企业视为“再工业化”的重点扶持对象。扶持方式主要包括开拓出口市场、加大融资便利度及协助利用贸易规则等。同时，由于“再工业化”过程中强调技术转型，而中小企业创新投入的资金压力较大，发达国家也通过融资支持和创新扶持等方式促进中小企业加入“再工业化”进程。德国设立专门负责中小企业的促进部门及反垄断实施部门。日本既设立了专门的中小企业政府金融机构，还通过“中小企业创新研究制度”对中小企业的可行性研究、开发研究、事业化研究等研发阶段给予补助金援助。同样地，美国也出台了小企业创新研究计划和技术转移计划，每年投入数十亿美元支持小企业开展相关的技术研发活动。

（4）积极扶持传统制造企业，增强制造业回归的信心。国际金融危机发生后，发达国家采用定向减税、降息及采购国债等财政援助政策和量化宽松货币政策等手段，既挽救了濒临破产的大型传统制造企业，确保其能够继续生存，又缓解了市场流动性问题，控制危机波及实体经济。

二、发达国家实施“再工业化”战略的初步成效及遇到的困难

2008 年国际金融危机发生之后，欧美日等发达国家的经济遭受重创，但在以“再工业化”为主线的一系列经济援助和政策调整措施下，各国虽然仍面临高失业率和低增长率的困扰，但经济逐步回暖，到 2010 年 GDP 增长率基本上恢复到危机发生前的水平，并逐渐趋于稳定。其中，日本由于“去工业化”过程中大量的制造业外移，其较脆弱的实体经济基础及较高的海外投资留存率，使得危机发生后经济增长速度受到较大影响（图 8-4）。

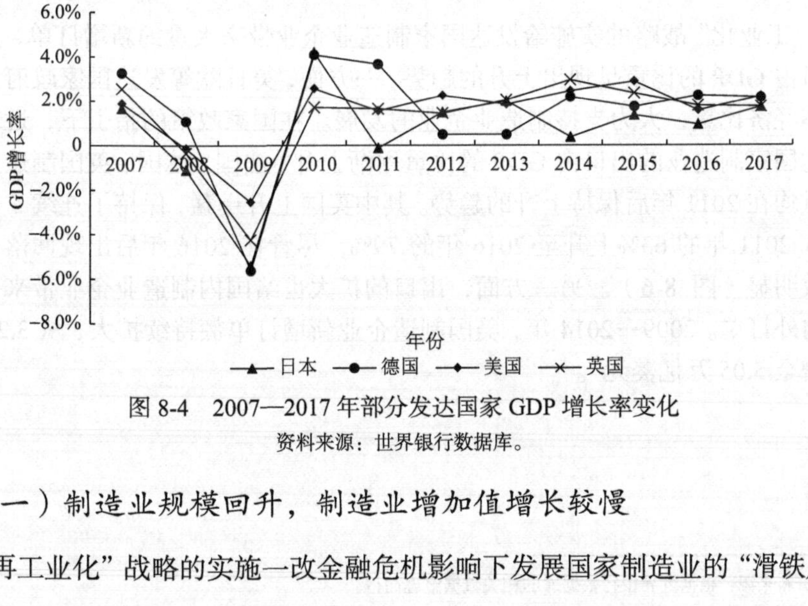

图 8-4　2007—2017 年部分发达国家 GDP 增长率变化

资料来源：世界银行数据库。

（一）制造业规模回升，制造业增加值增长较慢

“再工业化”战略的实施一改金融危机影响下发展国家制造业的“滑铁卢”局

面，制造业增加值逐渐恢复正增长（图 8-5）。美日欧等发达国家的“再工业化”战略虽然各有侧重，其行业布局也有所不同，但是其回归工业的核心思想贯穿始终。实体经济规模的正常化有效缓解了虚拟经济泡沫破裂所带来的经济重创。以美国为例，“再工业化”战略实施以来，美国制造业增加值逐渐回升，2009 年跌至 1726.7 亿美元之后开始回升，到 2011 年恢复危机发生前的水平也仅用了两年时间。通过对制造业企业的经济救助和政策支持，美日欧等发达国家的制造业衰退趋势得到了控制，在多数年份恢复正增长，为其向高端制造转型奠定了基础。德国与日本的制造业增加值率从 2009 年的−19%和−18%上升至 2010 年的 18%和 16%，其国家战略发挥了重要作用。

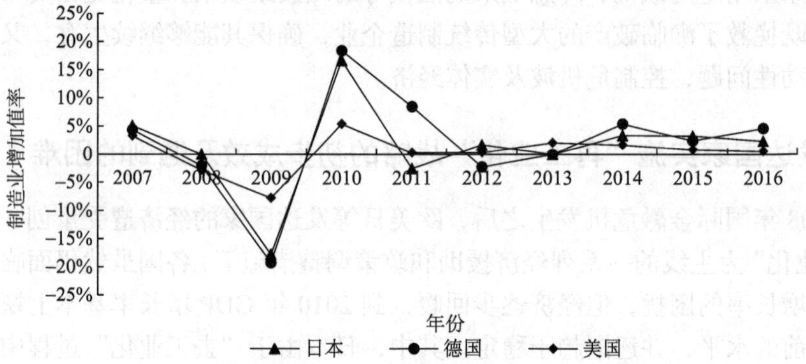

图 8-5　2007—2016 年部分发达国家制造业增加值率变化

资料来源：世界银行数据库。

“再工业化”战略的实施给发达国家制造业企业带来大量的新增订单，其制造业出口占 GDP 的比重呈现出上升的趋势。一方面，美日欧等发达国家政府为了提高实体经济比重，大力支持制造业企业的发展。在国家政策的指引下，近年来部分发达国家制造业的出口占 GDP 的比重逐渐上升，法国、德国、英国制造业的出口比重均在 2011 年后保持上升的趋势。其中英国上升迅猛，保持了连续 5 年的增长，从 2011 年的 63%上升至 2016 年的 79%，尽管在 2016 年后出现回落，但总体成效明显（图 8-6）。另一方面，出口的扩大也给国内制造业企业带来了更多的国内外订单。2009—2014 年，美国制造企业新增订单额持续扩大，从 3.27 万亿美元增至 5.05 万亿美元①。

① 资料来源：根据世界银行数据库的相关数据整理而得。

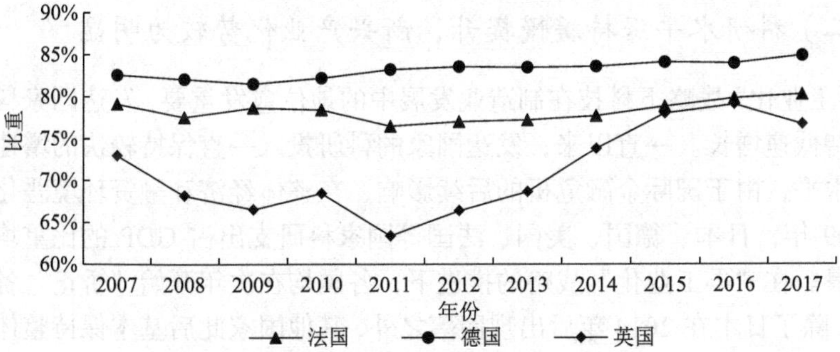

图 8-6　2007—2017 年部分发达国家制造业出口占 GDP 比重变化

资料来源：世界银行数据库计算所得。

“再工业化”战略积极引导制造业扩大利用外资的规模，但发达国家间分化明显。一方面，美日欧等发达国家通过取消企业对外投资优惠、加大外商投资的税收优惠力度、改善营商环境、施加政治压力等多种方式控制国内资本留存、扩大外资流入。其中，美国、英国等国的资本回流情况较为乐观。美国在 2002 至 2004 年，制造业对外投资规模超过其利用外资规模，但在实施“再工业化”战略以后，制造业利用外资的规模不断扩大。英国自 2007 年以来制造业对外投资规模收缩，而外商直接投资额在 2016 年有了显著上升。另一方面，意大利、希腊、日本等国的资本回流情况较不乐观。其中，意大利、希腊等欧洲国家主要由于欧债危机的后续影响，其市场投资环境仍然不佳，投资者缺乏信心，“再工业化”战略对直接投资的吸引力较弱。而日本则是由于一贯以来的垂直化全球生产模式形成了较高的资本海外留存率，在制造业生产线回迁成本过高且缺乏足够的国内市场容量的情况下，危机后的“再工业化”进程中，日本对外直接投资占 GDP 的比重很快便恢复至危机发生前的水平，且呈现出上升的趋势（图 8-7）。

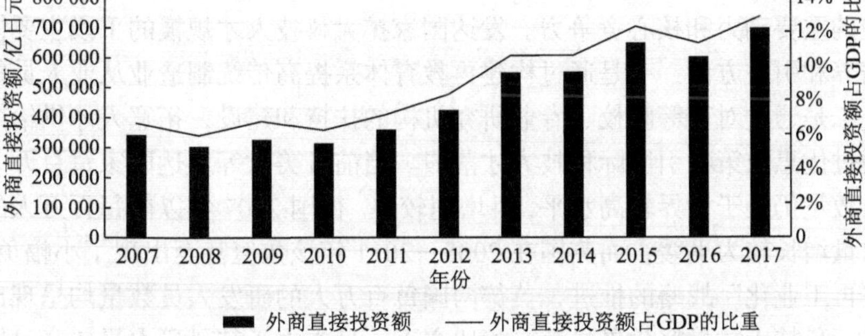

图 8-7　日本制造业对外直接投资总值及其占 GDP 比重变化

资料来源：根据经济合作与发展组织数据库、世界银行数据库的相关数据整理而得。

（二）科研水平保持缓慢提升，新兴产业优势较为明显

“再工业化”战略下科技在制造业发展中的地位愈发重要，发达国家科研投入总体保持低速增长。一直以来，发达国家的科研投入一直保持较快的增速及相对较高的水平，由于国际金融危机的后续影响，在整体经济和融资环境恶化的情况下，2009 年，日本、德国、美国、法国等国家科研支出占 GDP 的比重均出现了明显下滑。在“再工业化”战略的推进下，各国均在次年开始“矫正”各自的科研投入，除了日本在 2014 年后出现回落之外，其他国家此后基本保持整体平稳但低速增长趋势（图 8-8）。由此可见，发达国家“再工业化”过程中对科研投入规模的调控正逐步落实，但由于这些发达国家前期科研投入成本相对较高，其研发支持力度较为温和，科研投入增长稍显疲软，在日益激烈的科技竞争中动力相对不足。

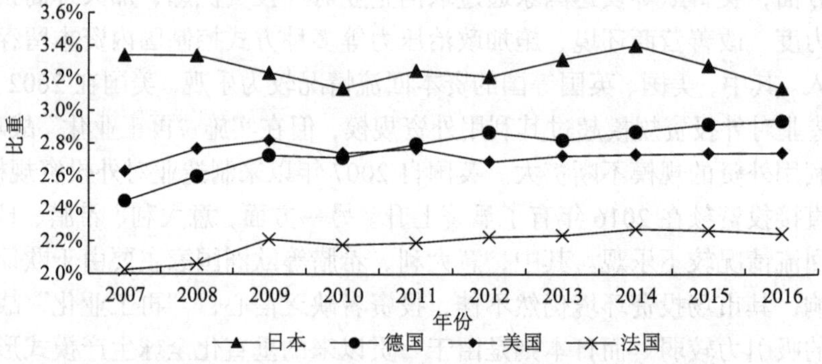

图 8-8 2007—2016 年部分发达国家科研支出占 GDP 比重变化

资料来源：根据经济合作与发展组织数据库、世界银行数据库的相关数据整理所得。

“再工业化”战略对科技人才的需求，促使发达国家科研人员的规模呈现出扩大的趋势（图 8-9）。目前，科技人才已经成为美日欧等发达国家“再工业化”进程中的重要动力和核心竞争力。发达国家扩大科技人才规模的手段主要体现在人才培养和引进方面：一是通过构建再教育体系提高传统制造业从业人员的科技素质；二是通过对高等院校、专业研究机构的扶持和建设，拓宽人才供给渠道；三是通过优惠政策吸引国际科技人才落户。当前日美欧等发达国家每百万人的研发人员数量仍处于世界较高水平，且增速较快。德国 2007 年以前每百万人的研发人员数量增长较为平缓，而英国在 2005—2011 年该数值甚至出现了小幅负增长。随着“再工业化”战略的推进，英德两国每百万人的研发人员数量均呈现出增长的态势，科技人才战略效果显著。相比之下，日本由于其科研水平较高且国内制造业比重较低，“再工业化”战略在科研投入上未发挥出显著的推动作用，日本每百万人的研发人员数量一直在较高水平上小范围波动，与其科研投入强度的变

化规律相符，同时日本与其他国家的科研优势也在“再工业化”背景下逐步缩小。

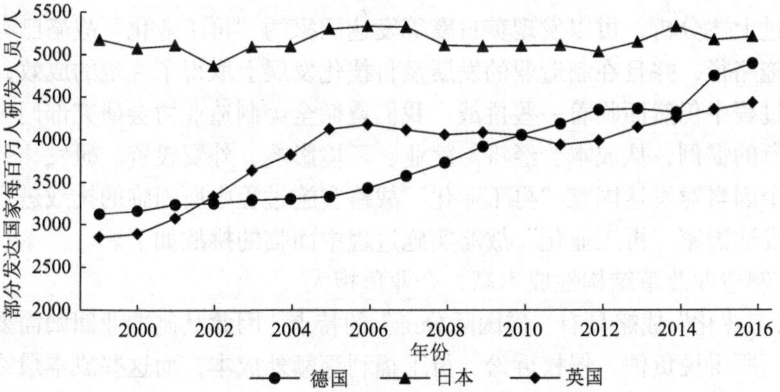

图 8-9　部分发达国家每百万人研发人员数量变化

资料来源：世界银行数据库。

“再工业化”战略下工业增长新动能愈发重要，发达国家加速发展新兴产业（表 8-4）。“再工业化”战略实施以来，美日欧等发达国家均努力探索实体经济的新增长点，重点聚焦新兴科技产业。电子信息产业方面，美国、德国、英国、法国等发达国家在“再工业化”战略实施后，该产业产值均显著增长。美国的操作系统、数据库和开发工具等核心软件的全球市场占有率仍拥有绝对优势，而欧洲也涌现了一批实力企业。新能源产业方面，欧盟的“2050 能源路线图”提出新能源比例最高将达 75%的要求，美国则在页岩气革命的影响下提出 2020 年成为石油净出口国的目标。新材料产业方面，欧美等国由政府牵头与企业或高校联合创建材料创新中心，在促进新材料产业发展和培养专业领域人才等方面均取得了一定成效[①]。

表 8-4　发达国家新兴产业发展状况

产业类别	主要发展状况
电子信息	以美国、德国、英国、法国等国为代表，美国软件及集成电路行业占据产业链顶端
新能源	欧盟新能源消费在总能源消费中增速较快，美国提出 2020 年成为石油净出口国的目标
新材料	美国、欧盟新材料发展水平领先全球
生物技术	美国拥有全球最高的生物技术总收入，德国生物技术发展速度较快
绿色产业	美国环保设备领域领先全球，欧盟绿色技术投入较高

① 美国《国家制造创新网络计划年度报告与战略规划》，2016 年 2 月。

（三）发达国家“再工业化”战略的实施挑战

通过上述分析，可以发现美日欧等发达国家的“再工业化”战略已有较为全面的实施路径，并且在制造业的发展及科技化发展上取得了一定的成效，但在具体实施过程中仍然面临着一些挑战。我们遵循全美制造业协会研究部门——制造业研究所的惯例，从成本、经济与就业、环境影响、外贸投资、研发、劳动力与薪酬六个因素对发达国家“再工业化”战略实施过程中所面临的挑战进行分析，梳理出发达国家“再工业化”战略实施过程中面临的挑战如下。

1）制造业改革结构性成本高，企业负担大

“再工业化”战略具有“逆国际分工”的特点，因此其制造业回归需要面临法规遵从、所得税负债、侵权诉讼、员工福利等额外成本，而这些成本最终也会转移到国内企业及消费者身上，使产业回迁的压力增大。由图 8-10 可知，提出“再工业化”战略的国家或地区在制造业用工成本上仍处高位，不具备成本优势。

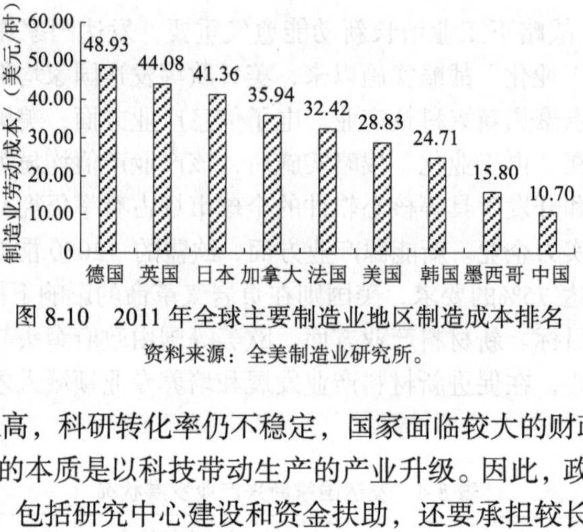

图 8-10 2011 年全球主要制造业地区制造成本排名

资料来源：全美制造业研究所。

2）科研投入高，科研转化率仍不稳定，国家面临较大的财政压力

“再工业化”的本质是以科技带动生产的产业升级。因此，政府需要承担前期高额的基础投入，包括研究中心建设和资金扶助，还要承担较长时间内科研转化率无法得到保证的风险，给危机后的欧美国家带来了较大的财政负担。

3）人口老龄化及就业门槛高，导致失业率居高不下

一方面，随着美日欧等发达国家人口老龄化问题越来越严重，就业人口减少，高质量且年轻的劳动力资源不能得到保证。另一方面，“再工业化”的创新驱动特征及对劳动力素质的高要求，使其就业门槛相对较高，就业机会较少，因此仍然无法缓解当前发达国家高失业率的现状。

4）“逆全球化”的制造业回归战略使得国际分工模式具有更大的不确定性

“再工业化”战略在某种程度上是对全球资源自由配置、生产要素自由流动的国际市场的一种干预，因此在全球化程度日渐加深、全球价值链体系日渐完善的

当下，“再工业化”战略对国际分工的扰乱，可能产生引起国际市场反噬的风险，增加了全球价值链发展的不确定性。

三、“再工业化”战略对中国在全球价值链位势的影响

（一）“再工业化”战略加大了中国提升全球价值链位势难度

中国制造业在全球价值链中一直面临着“低端锁定”的困局，但随着中国在“十二五”和“十三五”期间先后出台了《高端装备制造业“十二五”发展规划》《十大产业振兴规划》《中国制造 2025》《“十三五”国家战略性新兴产业发展规划》等一系列涉及高端装备制造业发展的重要文件，积极推动制造业转型升级，逐步向信息技术、高端装备、新材料、生物、新能源、节能环保等战略性新兴产业发展倾斜，且已初显成效。而目前欧美发达国家实施的“再工业化”战略，旨在通过新一轮科技革命，重点着眼于发展新能源、航空航天、生物医疗、纳米技术等领域的技术创新和制度创新以推进科技创新，全面抢占未来制造业新高地。从中国与发达国家制造业的重点发展领域和战略目标来看，双方在新能源、新材料和高新技术等领域具有明显的重叠性，中国与发达国家在制造业领域已经由过去的互补关系逐渐转为竞争关系。

（二）“再工业化”战略倒逼中国产业转型升级

过去中国利用人口红利和资源红利优势，带动制造业在规模上追赶甚至超越主要发达国家，并在传统产业如纺织、服装、日用品领域拥有较强优势，在部分高技术领域也取得了长足发展。但长期缺乏创新的代工制造，在疲于应付贸易壁垒、日益上涨的原材料和劳动力成本等背景下，中国制造业在全球价值链中面临“高端上不去、低端守不住”的问题。加上中国许多传统制造业一直采用粗放型发展模式，以消耗能源、污染环境为代价，对资源和生态环境的破坏已反制约着当地经济的增长，既拖慢了产业转型升级的步伐，也增大了制造业企业的压力。方兴未艾的第三次工业革命催生出一批新的制造系统和生产设备产业的发展，并带动了信息技术、新材料等产业的发展。中国制造业必须抓住这一机遇，利用政策扶持新兴产业的技术研发和产业培育，突破制造业发展中的技术瓶颈，并通过“一带一路”建设这一契机，重新定位全球价值链嵌入环节，最终摆脱中国制造业在全球价值链中的“低端锁定”，提升我国制造业在全球价值链的位势。

第二节 中国共建“一带一路”嵌入全球价值链的路径选择

欧美发达国家“再工业化”战略的实施对中国低端制造业造成了较大的冲击，在这种条件下，中国需要不断对自身具有优势的中高端制造业进行发展和革新，提升在全球价值链的位势，而“一带一路”倡议的提出为中国制造业价值链的提升提供了一个千载难逢的发展平台。

一、推进“一带一路”产能合作，提升全球资源整合能力

（一）“一带一路”沿线国家制造业发展状况

经过40多年的改革开放，特别是加入世界贸易组织后，中国大力发展自由贸易和不断增强自身制造业技术实力，部分产业向产业链上游攀升，并逐步走出国门，实现对外投资增值，国际话语权有所提升。“一带一路”倡议的提出，带动了许多处于全球价值链较低端乃至尚未参与全球价值链的许多国家或地区，利用其自身要素禀赋,发挥与中国和东亚太平洋等制造业发达国家和地区的互补优势，并通过“一带一路”国际产能合作嵌入全球价值链。

事实上，近年来中国已通过对外直接投资，将部分对技术要求不高、相对低端的制造业转移到越南、缅甸、柬埔寨、巴基斯坦、孟加拉国等制造业起步较晚的东南亚或南亚国家和地区，带动了当地制造业的发展。图 8-11~图 8-13 按照联合国工业发展组织数据库公布的关于“一带一路”部分区域制造业发展情况相关数据来看，东亚太平洋、中东北非、南亚和中亚的制造业发展与上述情况吻合。

从产业规模上看（图 8-11），“一带一路”三大区域制造业规模悬殊，但人均制造业出口有所上升。2008—2014 年，东亚太平洋地区制造业规模除在 2010 年出现短暂的下降外，整体呈现出上升的趋势，制造业增加值占世界制造业增加值比重从 2008 年 14%上升至 2014 年的 20%，与南亚和中亚地区、中东北非地区的整体发展规模差距不断拉大。这说明，“一带一路”沿线国家制造业发展存在区域不平衡状况，这种不平衡状况同样存在于产业比重和科技发展方面。

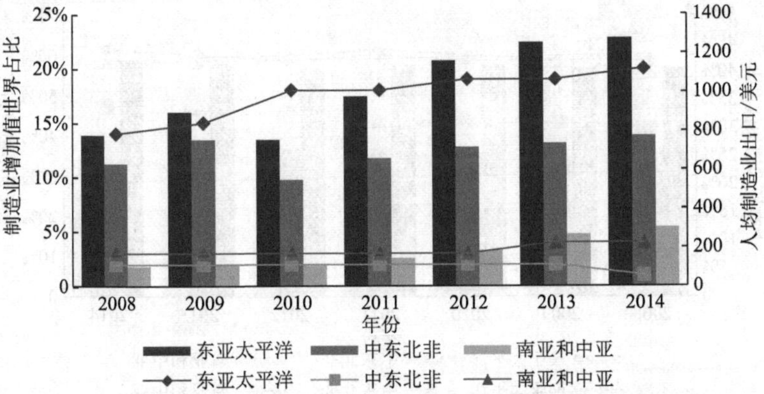

图 8-11　“一带一路”个别地区产业规模发展情况对比

从产业比重上看（图 8-12），“一带一路”三大区域制造业增加值占 GDP 的比重、制造业出口占总出口比重自 2008 年以来均较为稳定。东亚太平洋地区制造业增加值占 GDP 的比重、制造业出口占总出口比重在“一带一路”三大区域中均位列第一，南亚和中亚地区次之，中东北非地区最低。其中，南亚和中亚地区制造业出口占总出口的比重有轻微下降，2008 年该比重为 74%，2012 年降至 62%的低谷值后逐渐回升。

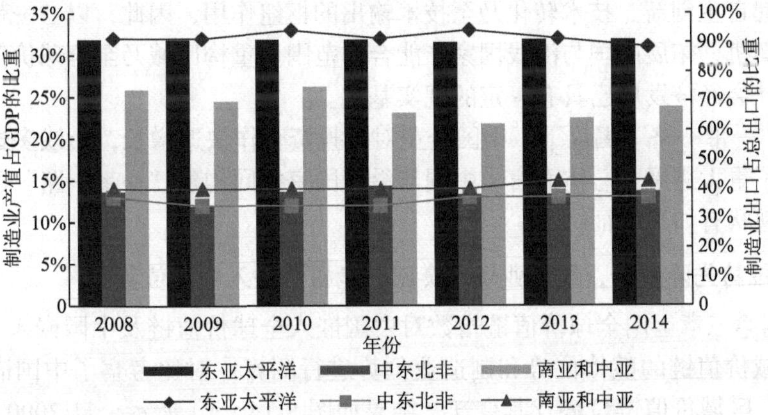

图 8-12　“一带一路”个别地区产业比重情况对比

从科技含量上看（图 8-13），“一带一路”三大区域制造业中高技术增加值占比均有小幅增长，但三大区域中高技术出口占比差距较大。2008 年以后，三大区域中高技术增加值占比较为稳定，其中中东北非地区增幅略高，从 2008 年的 30%上升至 2014 年的 34%。东亚太平洋地区中高技术产品出口能力在大区域中较强，2014 年其中高技术出口占比达到了 59%，而南亚和中亚地区、中东北非地区占比分别为 26%、33%。

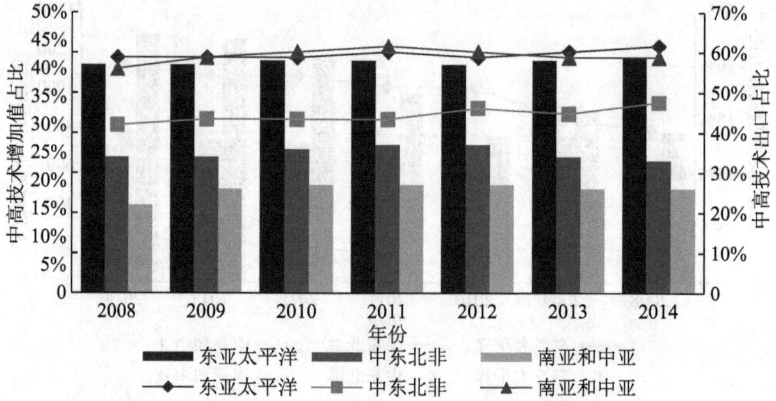

图 8-13 “一带一路”个别地区产业科技含量情况对比

资料来源：根据联合国工业发展数据库的相关数据整理而得。

（二）构建“一带一路”区域价值链现状

由于“一带一路”沿线国家的要素禀赋及发展阶段有所不同，互补互惠将成为这些国家合作的主基调。中国过去通过改革开放持续释放人口红利，在制造技术特别是信息技术方面拥有了一定的优势，在与“一带一路”沿线国家合作中能够承担起自主创新、技术转化乃至技术输出的枢纽作用，因此，以“一带一路”建设为契机，拓展中国与沿线国家产能合作范围、重构区域乃至全球价值链、推进区域社会经济发展已具有一定的现实基础。

在“一带一路”倡议下，中国企业对外投资合作快速增长，沿线多边经贸合作取得了重大进展。总体而言，中国与沿线国家共同构建“一带一路”区域价值链发展现状有如下特征。

1. 位势先降后升，制造业表现突出，危机后进入中高位势

根据第三章运用全球价值链指数对中国嵌入全球价值链及中国嵌入“一带一路”区域价值链的整体位势和制造业位势进行测算，对比考察了中国嵌入“一带一路”区域价值链位势及其变迁，结果如图 8-14（a）所示。自 2000 年以来，中国无论是嵌入全球价值链还是“一带一路”区域价值链，均呈现先降后升的情况。2005 年之前，中国无论是在嵌入全球价值链或“一带一路”区域价值链的参与率均保持在低位，特别是在加入世界贸易组织初期，因国内加工贸易发展的刺激，甚至一度迅速下滑，这种现象在嵌入“一带一路”区域价值链时更为明显。直至 2006 年中国在“十一五”期间提出落实制造业转型升级后，中国嵌入全球价值链和“一带一路”区域价值链的位势开始明显提升，但整体出口地位始终不高。国际金融危机后中国嵌入“一带一路”区域价值链整体位势升

至正数，如图 8-14（b）所示。

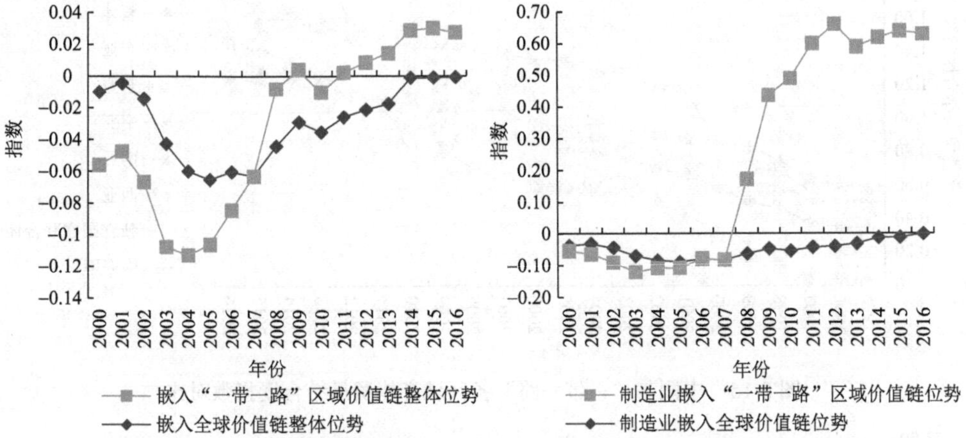

（a）嵌入价值链整体位势对比　　（b）制造业嵌入价值链位势对比

图 8-14　中国嵌入全球价值链位势与嵌入“一带一路”区域价值链位势对比

而从第四章对中国制造业嵌入“一带一路”区域价值链的产业结构比较优势分析可以看出，中国设备制造业和服装纺织业存在着明显优势，金属冶炼业比较劣势则有扩大趋势，符合中国制造业的发展特征，表明中国在“一带一路”区域价值链中拥有一定的工业科技实力和资本实力，但在化工等基础重工业及医药制造等高资本、高技术密集型产业仍有待发展。

2. 产能合作空间巨大，发展迅速，地区间差异较大

产能合作是中国制造业嵌入“一带一路”区域价值链的重要基础。产能合作主要通过贸易和投资两大渠道。在“一带一路”沿线国家城镇化进程对基础设施有巨大需求的背景下，中国良好的制造业基础表现出较显著的优势。随着“一带一路”倡议的推进，中国已经发展成为东盟、中亚、南亚和独立国家联合体的第一大产品出口贸易伙伴，以及西亚和中东欧的第二大产品出口贸易伙伴。但根据我们在第五章对中国与“一带一路”沿线国家产能贸易结合度测算结果来看，这种发展表现出较强的地区不平衡性。如图 8-15 所示，中国与中亚、西亚、东亚产能贸易结合度发展势头喜人，表现出强劲的后发力，但与中东欧与独立国家联合体地区的产能贸易结合度却发展乏力，甚至有下滑的趋势。而在产能投资方面，根据我们在第五章对中国与“一带一路”沿线国家产能投资结合度测算结果来看，中国对沿线国家的产能投资联系发展迅速并持续加强，但地区间差异却逐年加大（图 8-16）。

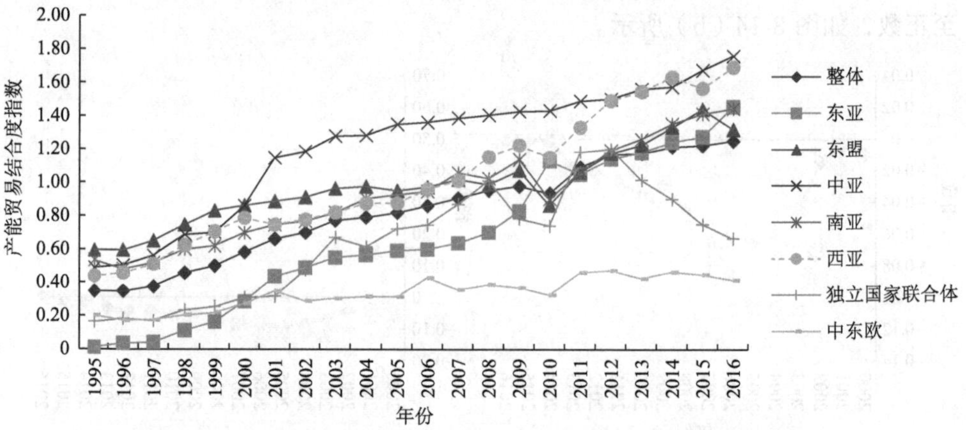

图 8-15　中国与“一带一路”各区域产能贸易结合度指数对比

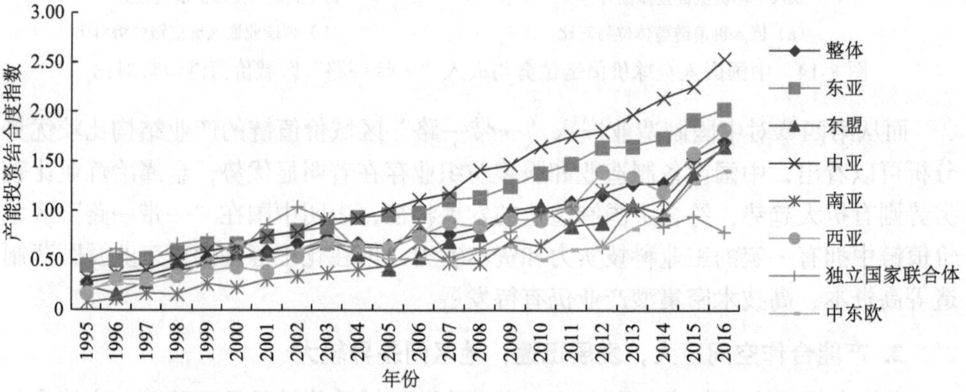

图 8-16　中国与“一带一路”各区域产能投资结合度指数对比

3. 贸易性嵌入与产业性嵌入联系紧密，企业“走出去”意义重大

中国与“一带一路”沿线国家开展产能合作是推动中国制造业嵌入全球价值链的重要引擎。目前中国制造业在“一带一路”区域价值链中处于中高端位势，实践中，中国制造业嵌入“一带一路”区域价值链可以从贸易性嵌入与产业性嵌入两种方式实现。事实上，贸易性嵌入往往能带动产业性嵌入，而产业性嵌入也能进一步加强贸易性嵌入深度，两者相辅相成，联系紧密。据商务部发布数据，截至 2016 年底，中国在 20 个“一带一路”沿线国家累计投资 185.5 亿美元，建设了 56 个合作区，入区企业多达 1082 家，总产值 506.9 亿美元。在合作区建设项目的推动下，中国在重点领域投资增长迅猛。仅 2016 年，中国全行业对外非金融类直接投资就高达 1701.1 亿美元，其中制造业对外投资同比增长 116.7%，境外加工制造业投资项目顺利推进，成功扭转了中国与“一带一路”沿线国家的进出口总额 2015 年和 2016 年连续两年负增长局面，于 2017 年达到 14 403.2 亿美元，占中国进出口贸易总额的36.2%。其中，向“一带一路”沿线国家出口7742.6亿美元，占中国总出口额的34.1%；进口6660.5亿美元，占中国总进口额的39.0%，顺差缩小，贸易更趋平衡[①]。

（三）构建“一带一路”区域价值链的意义

1）发挥互补优势，挖掘合作潜力，解决产能过剩问题

中国与“一带一路”沿线国家产业拥有较强的互补优势，中国较发达的制造业和“一带一路”沿线国家丰富的能源及矿产资源形成了较强的优势互补关系。“一带一路”建设催生出巨大的发展空间，其中基础设施建设是尤为重要的核心部分。基础设施建设可承接中国较具优势的设备制造业的过剩产能，而沿线65个国家人口30.5亿的市场空间也可承接服装纺织、文教日用等优势产业的过剩产能。目前，中国与“一带一路”沿线国家经贸往来日益密切，且仍有巨大的互补空间。构建“一带一路”区域价值链不但能够将积压的产能输出，解决产能过剩问题，还能通过投资合作，将产能过剩生产环节进行分解转移，实现生产要素配置的再调整，加大中间产品贸易量，提升出口附加值。

2）需求驱动创新，提升价值链位势，实现产业结构升级

尽管中国与“一带一路”沿线国家产业普遍具有较强的互补性，但沿线国家具体国情不同，比较优势及所处发展阶段差异明显。例如，中亚、南亚地区的主要需求集中在交通设施建设与改善民生方面，对基础设施建设需求巨大；而西亚地区的需求表现在服装纺织品及日用品等轻工业制造商品方面。这些国家除了需求侧重点不一致，其社会文化内涵差异也较大。差异化的市场必然产生对产品的差异化需求，这就倒逼中国制造业不断地进行产品创新或生产流程创新来适应各种差异化的市场。通过这种不断创新的实践，中国制造业也将形成供给侧改革的习惯性思维，更愿意利用学习机制，集中资源投入产品设计、研发和品牌建设等高附加值环节，这有利于提升产业竞争力，进而实现产业结构升级。

3）促进良性竞争，重构全球价值链

当今世界格局正发生复杂深刻的变化，后危机时代世界经济格局由单极向多级分化，个别国家仍拒绝顺应全球化和世界多极化潮流，试图采取信息封闭、文化侵略等方式“逆全球化”。“一带一路”倡议一直秉承开放的区域合作精神，致力于维护全球公平自由贸易体系和发展开放型世界经济，通过推动文明互鉴解决全球发展面临的共同难题，促进良性竞争，构建人类命运共同体，与各国共创人类美好未来。

得益于40多年的改革开放，中国已经取得一定的经济发展成就并积累了一些

① 资料来源：《“一带一路”贸易合作大数据报告2018》，2018年5月。

发展经验，通过多边不懈努力，从点对点合作到群对群融合，逐步形成链接链的“一带一路”产能合作价值链，并最终整体嵌入全球价值链分工体系，为全球经济发展发掘新增长点。

二、“一带一路”嵌入全球价值链，中国提升全球价值链位势的路径

（一）推进“一带一路”嵌入全球价值链的国际通道建设

1.“一带一路”国际通道建设现状

“一带一路”倡议自提出以来，便致力于加强沿线各国之间的国际通道建设。一方面，“一带一路”是我国经济及贸易开放水平进一步深化的重要路径，加强其互联互通有助于推动中国及沿线国家的经贸发展。另一方面，国际通道的建设有利于加强国与国之间的合作及文化沟通，有助于扩大中国的国际影响力。通过其规划路线可以看出，“一带一路”以活跃的东亚经济圈和发达的欧洲经济圈为两端，在发挥好中间段国家的联通作用和激发其发展潜力方面具有重要的作用。

当前“一带一路”国际通道建设已初具规模，多个互通路线及项目已趋于成熟（表 8-5）。首先，“一带一路”倡议提出以来，多条经济走廊提出和落实，在新欧亚大陆桥经济走廊的基础上逐渐形成“六大经济走廊”。其中，新欧亚大陆桥经济走廊作为我国第一条横跨欧亚的运输大通道，已经成为最成熟的经济走廊，实现跨境铁路和我国的东部港口的接驳，打通陆海通道。而中蒙俄、中国—中亚—西亚、中国—中南半岛、中巴、孟中印缅五大经济走廊则分别以东北、新疆、桂滇等地为核心，向“一带一路”的北线、中线、南线辐射。其次，中欧班列目前已形成五大口岸、三大通道、21 条班列线的通路格局。目前三条通道的货物主要以轮胎、高档服装、文体用品、工艺品等传统产品及笔记本电脑等为主。最后，“一带一路”倡议提出后，中国也与部分国家建立独立的双边通道项目，如中国与新加坡的国际陆海贸易新通道，以重庆为运营中心，以甘肃、青海、广西、贵州、新疆等中国西部相关省区为关键节点，利用水路、铁路、公路的多式联运方式，由广西北部湾向南通达东盟国家。目前该项目除了传统的交通物流合作，还涉及金融、通信及媒体等新合作领域。

表 8-5　“一带一路”国际通道建设项目

项目名称		时间	路线	内容
六大经济走廊	新欧亚大陆桥经济走廊	1990 年	山东日照—江苏连云港—荷兰鹿特丹	（1）我国第一条、最成熟的横跨欧亚的运输大通道 （2）以东部沿海港口及部分内陆城市为集疏运端点，以后方铁路为通道

续表

项目名称		时间	路线	内容
六大经济走廊	中蒙俄经济走廊	2014 年	（1）环渤海港口—俄罗斯 （2）二连浩特口岸—俄罗斯	（1）辐射了互联中国东北三省及蒙东全境 （2）对内覆盖 19 个省区市的 60 个城市，对外连接 12 个国家 （3）以铁矿石、铜矿粉、木材、煤炭、原油等为主
	中国—中亚—西亚经济走廊	2014 年	新疆—中亚	（1）中国最早建设的经济走廊之一 （2）以新疆为核心 （3）辐射东欧、南欧、北非地区，加强了新疆与沿途国家的经济、文化交流 （4）以新疆的黏胶纤维为主
	中国—中南半岛经济走廊	2015 年	（1）南宁—新加坡 （2）昆明—新加坡	（1）中国连接中南半岛的大陆桥 （2）中国与东盟合作的跨国经济走廊 （3）以中新（重庆）战略性互联互通示范项目为依托
	中巴经济走廊	2013 年	喀什—巴基斯坦瓜达尔港	“一带一路”倡议的旗舰项目和样板工程
	孟中印缅经济走廊	2013 年	印度—孟加拉国—缅甸—中国	（1）以云南为主要端口 （2）辐射南亚、东南亚、东亚三大经济板块
中欧班列	西部	2011 年	中西部—阿拉山口—欧洲（13 条班列线）	（1）首条中欧班列路线 （2）班列班次、货运量最多的路线 （3）以中国 IT 产品为主
	中部	2012 年	华北地区—二连浩特—欧洲（2 条班列线）	以轮胎、高档服装、文体用品、工艺品、笔记本电脑等为主
	东部	2013 年	东南沿海—满洲里—欧洲（6 条班列线）	以笔记本电脑、平板电脑、液晶显示屏、硬盘、芯片等 IT 产品为主
国际陆海贸易新通道		2015 年	中国—新加坡	（1）建立多样化新跨境融资渠道 （2）航空产业、交通物流、通信及媒体等领域合作加密

资料来源：根据中国一带一路网提供的资料整理而得。

2.“一带一路”国际通道建设的特点

当前“一带一路”国际通道以铁海联运、跨境联运为主。通过考察中国与“一带一路”沿线国家的一系列国际通道合作可以发现，当前国际通道的建设中心主要在铁路、海路的互联互通上，并通过跨境线路联通货源与市场。其中，海运通道作为传统跨境通道，其国际货物运输量比重仍然较高。截至 2018 年底，我国港口已与世界 200 多个国家、600 多个主要港口建立了联系，“一带一路”沿线国家的港口联通度更是明显高于其他交通设施。而陆路交通具有速度快和距离短的优势，但其运费门槛使其在物流市场中缺乏足够的竞争力。

当前“一带一路”国际通道线路重合度较高，物流组织效率较低。首先，除了六大经济走廊和中欧班列，许多双边的通道合作及传统的物流通道也是始于我国内陆腹地，向东南沿海和西部地区辐射。南向通道上，中国—中南半岛经济走廊、孟中印缅经济走廊、中新合作项目等路线均有重合。西向通道上，中欧班列高度集中在德国和俄罗斯，两国占比达 39.37%（图 8-17）。其次，由于国际物流通道的运输组织水平不高，类似于甩挂运输、国际海铁联运等较发达的运输方式所占比重较低。目前，中国近九成的国际贸易量仍然是通过东向海运通道完成的，说明通往中亚、欧洲的物流通道还没有发挥与其贸易量同等的作用。

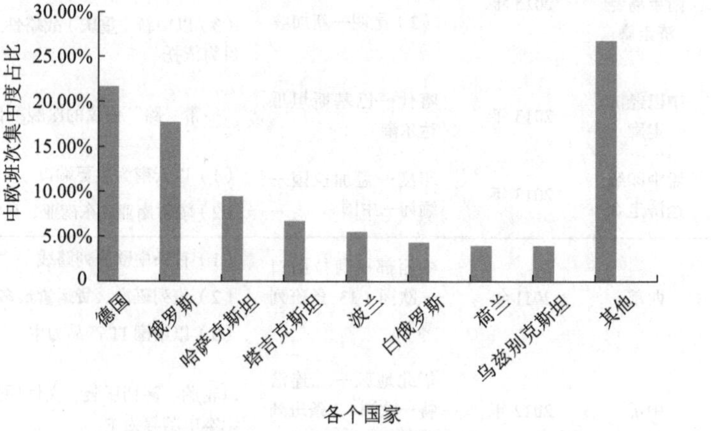

图 8-17　中欧班列线路分布

当前“一带一路”国际通道参与主体多样化，但以政府和国有企业为主导。从运营主体来看，六大经济走廊和国际陆海贸易新通道的合作主要以政府间合作的形式开展，中欧班列则是国有与民营相结合的模式，其中“渝新欧”和“郑欧”等路线是由政府主导的国有或国有控股的企业参与并成立运营企业，而“营满欧”和“义新欧”等由民营企业自主开通、自负盈亏。从具体运营者来看，国际通道涉及的运营企业较多，既有作为运营主体的班列运营企业，又有沿线铁路局、国外铁路运输企业、港务局等陆海运管理服务企业，还有船公司、中铁集装箱运输公司、货代公司等中间物流企业。

当前“一带一路”国际通道以进口贸易为主，进出口贸易量失衡。总体趋势上，中国与“一带一路”沿线国家贸易水平有了质与量的双提升，中欧班列从 2011

年的17列到2018年的累计12 000列，年运货总支从2011年的6亿美元到2018年的160亿美元，而返程班列也达到去程班列的71%（庄灵辉，2018）。但是，目前部分国际物流通道的货源和运力之间的差距暂时无法平衡，如“渝新欧”铁路回程空载率高，导致设施利用率低，运营成本升高。以成都为例，成都是“一带一路”国际通道规划的重要城市，也是中西南物流区域的中心城市，2015年成都与东盟主要国家贸易总额保持较快增长，但进出口差额较大，该年成都对印度尼西亚出口额约是进口额的8倍，对越南的出口额约是进口额的11倍。

3. “一带一路”国际通道嵌入全球通道设想

以交通通道建设为主，创新国际物流合作方式。交通通道建设是“一带一路”国际通道建设的重要基石，“一带一路”建设也推动了许多境内外铁路、公路、跨境桥梁、港口、机场等基础设施项目的开展，进一步推动国际道路、中欧班列、国际海运、国际航空、国际快递等国际运输服务网络的完善，为“一带一路”国际通道嵌入全球通道提供硬件支撑。首先，加快铁路路网建设。“一带一路”沿线国家，尤其是亚欧大陆国家间具有直线距离短的区位特点，发达的铁路网可成为区域内的高效通道。加快“一带一路”全区域的铁路路网建设，既要能弥补中国与沿线各国铁路分布不均衡的缺点，又要能打通其他国家之间的运输通道，解决目前“一带一路”国际通道建设中单向化、交叉流动水平低等瓶颈问题。其次，逐步完善各端点至全球物流网络，加强国际物流通道体系建设。目前国内的许多物流端点仍受到承载量、区位、双边关系等因素制约，因此可以借助“一带一路”的合作优势缩小制度距离、构建“点—线—面”的物流通道。最后，加深国际通道合作水平，从物流领域向其他领域延伸。目前国际通道合作已从简单的物流、交通合作向全面合作发展。以国际陆海贸易新通道为例，中新合作涉及通信、媒体、融资渠道等多领域合作，并有扩大合作领域的趋势，这为其他国际通道提供了发展参考。只有形成全面的合作联动，才能加深中国与“一带一路”沿线国家的融合度，才能避免双边关系中各自为政的窘况，才能减少经济交流、文化交流中的摩擦，为可持续合作创造条件。

实现国内与国际物流通道的串接，促进全球通道衔接的一体化和高效化。中国国土面积宽广，国内贸易极大地依赖发达的物流通道。截至2018年底，中国铁路营业总里程达到13.1万公里，位居世界第二。其中，高铁总里程近3万公里、电气化率达到 2/3（宋豪新，2019），均位居世界第一。因此，国内及国际物流的高效串接，是“一带一路”国际通道嵌入全球通道的重要保障。第一，加强通关建设，提高通道运作效率。通关效率是国际物流通道串接的关键要素，减少通关时长是近年来关务工作改革的重点。在海关总署会同相关部门制定了《压缩货物通关时间的措施（试行）》后，我国海关监管与服务水平不断提升，海关进出口通关平均时长不断缩短，但相对于国际先进港口，其通关效率尤其是进口通关效率的提高仍然任重道远。因此，提高对进出口物品的信息化、智能化管理，精简人工手续，并通过国际合作提高前端信息完善水平，是嵌入全球通道的重要发展趋势。第二，加快“一带一路”国际通道标准化和信息化对接。“一带一路”倡议提出以来，中国通过打通六大经济走廊和多个国际通道，为国际通道的对接提供了重要保障。但是，当前合作多数基于双边协议，通道对接标准和信息交流缺乏统一性，如货物标准、运输标准、检验检疫标准等。因此，在已有的协议样本基础上，探索并形成一套高效可行的标准，促进多边信息互换，能进一步加快“一带一路”国际通道嵌入全球通道。第三，扩大“一带一路”辐射影响力，打造跨境供应链物流服务平台。以现有的中国—东盟自贸区、亚太经济合作组织、上海合作组织及欧盟和非盟的合作基础为框架，成立多边的国际通道的领导机构，有利于统筹“一带一路”物流网络，有利于建立“一带一路”国际通道嵌入全球通道的最优路径，有利于增强“一带一路”国际通道的竞争力和吸引力。

4. “一带一路”国际通道嵌入全球通道面临的主要挑战

“一带一路”辐射面广，通过分析“一带一路”国际通道的现状，可以发现其在嵌入全球通道中仍面临政治挑战、制度挑战和市场管理的挑战。在地缘政治上，“一带一路”沿线国家众多，部分国家面临国内政治和周边政治不稳定的问题，外商投资风险大，容易影响整个“一带一路”国际通道网络的连贯性，甚至可能会切断其嵌入全球通道的接口。此外，“一带一路”沿线民族文化差异大，宗教差异等问题也影响了“一带一路”国际通道的建设。当前，“一带一路”通道运输组织水平在制度协调上仍有待提高，区域内的协调机制和法规仍不完善，且缺乏统一的框架和机构。事前机制如融资渠道、事后机制如评价标准等均未实现制度化。此外，不同国家之间还存在基础设施衔接不畅等问题，仅铁路设施就存在信号系统、列车长度、轴距等多方面的差别，缺乏统一的设施衔接标准。在市场管理上，当前“一带一路”国际通道的宏观建设和微观管理不对称，相关行业企业管理跟不上政策发展。一方面，“一带一路”国际通道的大多数参与主体以国有或国有控股企业为主，管理体制改革较慢。另一方面，多数国际货运企业的业务水平较低，仍依赖传统的管理方式和商业模式，缺乏政府的有效引导。

（二）推进“一带一路”嵌入全球价值链的科技交流平台建设

1. “一带一路”科技交流平台建设的现状

沿线国家间的技术转移和人才交流在“一带一路”制造业全球价值链的构建中必不可少。以科技合作论文代表的科技合作为例，吴建南等（2015）对中国与

“一带一路”主要国家的被引频次高的合作论文逐一进行检索，发现被引频次排名前10位的合作论文均出现于2000年以后，且这些论文多有英美等发达国家学者的参与，这说明中国与“一带一路”国家的科技合作基础比较弱，仍有较大的发展空间。鉴于此，推进“一带一路”倡议向纵深发展，中国政府部门、科研院所与相关企业积极行动，扎实推进与“一带一路”沿线国际科技交流平台建设，以期通过搭建平台加深与沿线国家科技合作，推动区域价值链的整体提升。一方面，我国编制了《推进“一带一路”建设科技创新合作专项规划》，从政策上保障了中国与沿线国家开展包括共建联合实验室、科技园区合作、技术转移等科技人文交流行动的顺利推进。另一方面，由科技部主导、以中国科学院牵头建设的“一带一路”国际科技组织联盟，自2013年起便着力建设平台、项目、人才三元结合的“一带一路”科技创新合作体系，先后实施了“一带一路”科技创新合作行动计划、“发展中国家科教合作拓展工程”等项目，与沿线国家共建一批联合实验室或联合研究中心，为“一带一路”建设参与国培养各层次各类专业技术人才和科研管理人才超过2500人，其中截至2018年，仅通过“亚非杰出青年科学家来华工作计划”项目就吸引了200余名亚非国家杰出青年科学家来华工作，科技合作成效显著。而与南亚和中亚俄罗斯的科技交流情况，则从贾少学（2015）根据《中国科技统计年鉴》数据对中国和印度、巴基斯坦、哈萨克斯坦与俄罗斯四个国家2010—2014年的科技交流情况进行整理，结果见表8-6。

表 8-6　2010—2014 年部分国家科技交流情况（中印巴哈俄）

年份	科研机构交流次数/次	科研人员交流次数/次	科技交流大会/次
2010	14	158	11
2011	13	354	27
2012	33	684	37
2013	51	1187	59
2014	81	1865	77

除了政府主导的科技交流平台建设外，由各类组织发起与“一带一路”沿线国家共建科技交流平台项目也在稳步推进。2016年，我国启动实施了“中国科协‘一带一路’国际科技组织合作平台”项目，并制订了详尽的实施方案，推动成员单位或组织与沿线国家相关组织签署合作备忘录、合作协议，多次举办国际研讨会、出版物发布会，并设立了各类联合培训基地和研究中心。

2. “一带一路”科技交流平台机制建构

平台搭建需要做好顶层设计，目前“一带一路”沿线国家的发展水平差距较大，社会形态及制度环境存在明显不同。科技交流实际上是人才的交流，若缺乏有效的交流平台机制，忽视交流平台搭建的顶层设计，可能会导致冲突大于合作。因此，在构建“一带一路”科技交流平台机制前，应从以下几个方面做好顶层设计。

首先，确定科技交流方向。由于“一带一路”沿线国家的社会发展水平差距较大，不同的国家对某些领域，特别是在农业和医学领域的传统技术与现代技术的认识存在分歧，而这些又是对人类福祉影响最直接的领域，需要以科技交流为切入点开展平台建设，从而逐步带动其他制造业科技交流平台建设。

其次，发挥多主体、多形式、深层交流作用。改变过去主要由政府主导的科技交流模式，积极鼓励支持更多的行业协会或商会、科技中心或技术咨询机构等中间性组织或者高新技术企业作为科技交流平台的主导建设者及管理主体，长期合作可以通过建设智库、实验室、培训中心、技术转移平台、科技园等形式，短期交流可以通过专家或学术论坛、短期科研项目、研讨会等形式，从官方到民间全方位、深层次地进行科技交流。

再次，制定保障性政策。建设离不开制度政策的保障，做好具体合作项目的相关保障政策制定或技术标准及规则的衔接工作是“一带一路”科技交流平台建设的关键，也是建设的难点。这一方面需要参考现有世界通行的科技合作与转移法规，另一方面要根据各国的具体国情，选用和制定适用于合作双方甚至多方的法规实施细则，以免政策法规在制造业嵌入全球价值链规则衔接过程中出现“水土不服”问题。

最后，建立负责人对话机制。制度政策的制定需要建立在互信互谅的基础上。建立沿线科技交流平台负责人定期对话机制，能够增进合作各方的互相理解从而保证科技交流平台作用得以充分发挥。

（三）推进“一带一路”嵌入全球价值链的经贸合作区建设

1. 中国在“一带一路”沿线经贸合作区建设的现状

境外经贸合作区是以企业为主体，以促进互利共赢为目的，推进“一带一路”倡议产能合作与装备制造合作的有效平台和重要载体。据统计，截至 2018 年末，中国企业建设境外经贸合作区 113 个，其中有 82 个分布在“一带一路”沿线的 24 个国家（商务部新闻办公室，2018）。2016 年 12 月，由商务部公布通过考核的 20 个合作区中，有 17 个位于“一带一路”沿线国家，既有服装、纺织、轻工、食品、家电、建材、汽配等传统劳动密集型产业，也有机械装备、电子信息、精细化工、生物医药等技术密集型产业（表 8-7）。以中国与马来西亚两国经贸合作创新典范——中马钦州产业园和马中关丹产业园共创“两国双园”为例，中马钦州产业园引进马来西亚及东盟的如棕榈油、橡胶等资源性产品生产企业，利用中国—东盟国际医药创新园为科技创新载体，引进国内新能源汽车、生物医药、高端装备制造等战略性新兴产业企业，共同打造集科研和技术转化应用于一体的创新合作平台（中马钦州产业园管委会，2019）；而马中关丹产业园经过多年的建设，其道路、码头、铁道等基础设施日趋完善，并引进了中国的如钢铁、陶瓷、铝型材加工、光伏设备等传统高产能产业企业，产业集群已粗具雏形，为中国与“一带一路”沿线国家尤其是与东盟国家推进产能合作、促进双向投资起到了示范作用。

表 8-7　通过确认考核的境外经贸合作区名录

合作区名称	境内实施企业名称	产业特点
柬埔寨西哈努克港经济特区	江苏太湖柬埔寨国际经济合作区投资有限公司	纺织服装、机械电子、高新技术
泰国泰中罗勇工业园	华立集团股份有限公司	汽配、机械、建材、家电、电子
越南龙江工业园	前江投资管理有限公司	轻工、纺织、建材、化工
巴基斯坦海尔-鲁巴经济区	海尔集团电器产业有限公司	家电、纺织、建材、化工
赞比亚中国经济贸易合作区	中国有色矿业集团有限公司	谦比希园区以铜钴开采、冶炼、加工为主导产业；卢萨卡园区以商贸服务、现代物流、房地产、加工制造、新技术为主导产业
中国·埃及苏伊士经贸合作区	中非泰达投资股份有限公司	纺织服装、通用机械、汽车、高低压电器、配套服务
尼日利亚莱基自由贸易区	中非莱基投资有限公司	加工制造、商务物流、石油仓储
俄罗斯乌苏里斯克经贸合作区	康吉国际投资公司	轻工、机电、木业
俄罗斯中俄托木斯克木材工贸合作区	中航林业有限公司	木材加工、销售、建筑材料销售服务
埃塞俄比亚东方工业园	江苏永元投资有限公司	轻工、纺织、冶金、建材、机电
中俄（滨海边疆区）农业合作产业区	黑龙江东宁华信经济贸易有限责任公司	农产业生产加工、仓储服务、农业生产配套
俄罗斯龙跃林业经贸合作区	黑龙江省牡丹江龙跃经贸有限公司	森林采伐、木材粗加工和深加工
匈牙利中欧商贸物流园	山东帝豪国际投资有限公司	商贸、物流
吉尔吉斯斯坦亚洲之星农业产业合作区	河南贵友实业集团有限公司	农畜种养加工、物流仓储、农机配件
老挝万象赛色塔综合开发区	云南省海外投资有限公司	工业产业、物流商贸、旅游房产
乌兹别克斯坦“鹏盛”工业园	温州市金盛贸易有限公司	食品、皮革纺织、建材、机电、电子

续表

合作区名称	境内实施企业名称	产业特点
中匈宝思德经贸合作区	烟台新益投资有限公司	化工、轻工、生物医药、机械、物流
中国·印尼经贸合作区	广西农垦集团有限责任公司	家用电器、机械制造、农产品加工
中国印尼综合产业园区青山园区	上海鼎信投资（集团）有限公司	采金冶金
中国·印度尼西亚聚龙农业产业合作区	天津聚龙集团	农业开发、精深加工、收购、仓储物流

资料来源：根据商务部"一带一路""走出去"公共服务平台和各境外经贸合作区官方宣传网站的资料整理而得。

2. 中国在"一带一路"经贸合作区的建设特点

"一带一路"倡议提出以来，得到了越来越多国家的响应，"朋友圈"也逐渐壮大。同时，通过建立亚洲基础设施投资银行强化政策支撑，通过"一带一路"国际合作高峰论坛等平台深化国际合作，通过引导境外合作区建设细化合作内容。在"政策引导—企业能动—市场主导"的模式下，"一带一路"经贸合作区已从单一的自发合作模式，发展为产业特征鲜明的多元国际合作模式，其优势主要表现为增速快、集聚效应明显及政治驱动力强等。

数量增长快速，布局趋向网络化、基地化。早至20世纪90年代，中国的境外经贸合作区不足10个，入驻企业不足百家，发展到近百个合作区和数千家入驻企业，其间经历了数量的迅速增长，而且在"一带一路"沿线国家表现得尤为明显，超过75%的境外经贸合作区分布在"一带一路"沿线地区。同时，在国家政策的引导和支持下，境外经贸合作园摆脱了以往散点随机的分布模式，由线及面地形成了网络化、基地化的布局。

经贸合作区实现了双赢，产业集聚效应初显成效。一方面，经贸合作区极大地促进了中国的对外贸易。商务部发布数据显示，截至2018年底，我国与"一带一路"进出口总额约占外贸总额的27.40%，非金融类直接投资额约占总投资额的13.00%[①]。另一方面，经贸合作区带动了东道国的就业和税收增长。2013—2018年，中国境外合作区入驻企业带动东道国近30万人就业，上缴东道国税费近22亿元。世界银行2019年的研究报告也指出，"一带一路"合作有助于全球贸易成本降低1.10%～2.20%，有望使全球经济收益在2030年提高至0.70%，有望拉动非洲国家0.13%的GDP增长[②]。

政治驱动力强，双边关系影响力大。"一带一路"建设秉承共商、共享、共建原则，由政府牵头制定合作建设的基本框架，通过列明项目清单，由企业或民

① 资料来源：商务部例行新闻发布会，2019年1月24日。

② 资料来源：世界银行2019年6月发布的《"一带一路"经济学：交通走廊的机遇与风险》。

间组织实施，利用亚洲基础设施投资银行平台，从政策、金融、文化等方面全方位跟进，护航“一带一路”朝“促进共同发展、实现共同繁荣的合作共赢之路”的方向前进。“一带一路”是一条倡导文明宽容、尊重各国发展道路和模式的优选之路，随着“一带一路”倡议影响力的扩大，由政府牵头的不同文明之间的对话有助于增进各国的理解互信，而经贸合作区也成为双边或多边友好关系的重要体现，而良好的政治关系也可为经贸合作区提供制度保障。

3. 中国“一带一路”经贸合作区嵌入全球价值链面临的问题

境外经贸合作区是中国在“一带一路”区域价值链中重要作用的体现，是在区域合作过程中取得的重要成果。但是，经贸合作区作为区域价值链的一个重要节点，其嵌入全球价值链的过程仍面临诸多问题。

合作机制层面上，经贸合作区的双边重视程度不同，规划布局不合理。一方面，部分经贸合作区存在明显的主客关系，东道国重视程度低、参与度低，与入驻企业关系高度割裂，导致合作区项目的可持续性较差，企业留存度偏低。另一方面，早期合作的部分园区定位模糊、缺乏统筹规划，入驻企业多元发展，协同性较差，且容易出现简单扎堆的问题，无法发挥集群效应。

东道国层面上，东道国的营商环境及基础设施条件仍是经贸合作区嵌入全球价值链的主要障碍。“一带一路”沿线国家众多、文化差异明显，导致东道国政策变化频繁、政权不稳定、社会动荡等风险因素较多，根据中国社会科学院世界经济与政治研究所国际投资研究室 2019 年 11 月发布的《中国海外投资国家风险评级报告（2019）》，境外经贸合作区风险评级主要为 A-BBB（中等投资风险）和 BB-B（高风险）。中国在“一带一路”沿线建设的经贸合作区主要位于发展中国家，存在经济环境、基础设施环境、制度环境、信用环境等不确定因素，使得经贸合作区在全球价值链中很难处于较高位势，在嵌入全球价值链过程中缺乏核心竞争力。

企业层面上，资金及管理水平是嵌入“一带一路”区域价值链过程中面临的主要挑战。目前“一带一路”经贸合作区缺乏较为多元的资金支持政策，主要以大型银行贷款为主，当前境外经贸合作区融资资金不足 20%。经贸合作区融资难、投资回报周期较长，在全球价值链中缺乏资本吸引力。此外，部分企业缺乏国际管理视角，本土化水平偏低。

（四）推进“一带一路”嵌入全球价值链的区域经济融合发展

1. “一带一路”倡议与区域经济融合发展现状

过去，受改革开放倾斜政策的影响，随着东部沿海地区参与全球价值链的程度日益加深，在“十二五”规划制定以前，中国区域经济发展不平衡问题凸显，总体呈现出经济总量“东高西低”、对外经贸合作“沿海快内陆慢”及区域城市群“月明星稀”的经济发展格局。首先表现在包括产业集聚效应积累对外合作经验产业基础上的差异；其次表现为产业结构差异，中西部产业结构优势发挥不足，尽管第二、三产业占比有所提升，但相对于东部沿海地区仍有差距；最后表现为几个区域城市群中特大型一线核心城市的辐射带动作用不足，发展经验有待向内地延伸。

我国西部地区地域面积辽阔，是丝绸之路经济带的核心区域，具有人口相对稀少、资源丰富但生态脆弱的特点。自 2000 年实施西部大开发战略以来，中西部经济总量历年变化情况具体见表 8-8。由表 8-8 可知，进入“十二五”后，特别是在“一带一路”倡议的带动下，前期基础建设的经济效益逐步显现，中部和西部地区经济发展迅速，中西部加总生产总值从 2010 年的 71 294 亿元上升到 2018 年的 163 925 亿元，而中西部与东部地区经济差距从 2010 年的 55 313 亿元到 2018 年的 102 416 亿元，表明中西部与东部差距比例在逐渐缩小，经济发展表现瞩目。2017 年中西部第二产业经济总量高达 63 600 亿，比“十二五”前的 2010 年增长了 113.6%，同时，第三产业更是增长了 185.4%，在经济总量中的占比从 2010 年的 37.3%提高到 2017 年的 54.4%[①]，经济结构日趋均衡。“一带一路”以西安为核心，集结甘肃、宁夏、新疆、内蒙古、西藏、青海，以中欧班列为抓手，打通“一带一路”西北区域陆空交通运输网，同时建设西安港为“一带一路”上最大的内陆型国际中转枢纽港及商贸物流集散地，打造国家西部中心城市，面向中亚、西亚、俄罗斯等沿线各国各区域、城市、港口、口岸的交通无缝连接，带动西部经济大开发。据西安国际港务区统计，2018 年，由西安发出的中欧班列开行量达到 1235 列，运送货物 120.2 万吨，重在率 99.9%，实现了重在率、货运量、实载开航量三个“全国第一”，开通以来累计开行了 13 000 列，西安港是目前国内唯一获得国际、国内双代码的内陆港口，先后在德国和哈萨克斯坦等国设立了多处海外仓，已进入全球航运体系（康乔娜，2019）。

表 8-8　2000—2018 年东部、中部、西部地区经济总量变化　单位：亿元

年份	东部地区				中部地区			西部地区			绝对值	
	广东	江苏	山东	加总	河南	江西	湖北	陕西	云南	新疆	中西部加总	与东部差距
2000	9 662	8 583	8 542	26 787	5 138	2 003	4 276	1 661	1 955	1 364	16 397	10 390
2001	12 039	9 457	9 195	30 691	5 533	2 176	3 881	2 011	2 138	1 492	17 231	13 460
2002	13 502	10 607	10 275	34 384	6 035	2 450	4 212	2 253	2 313	1 613	18 876	15 508
2003	15 845	12 443	12 078	40 366	6 868	2 807	4 757	2 588	2 556	1 886	21 462	18 904
2004	18 865	15 004	15 021	48 890	8 554	3 457	5 633	3 176	3 082	2 209	26 111	22 779

① 资料来源：《中国统计年鉴》。

续表

年份	东部地区				中部地区			西部地区			绝对值	
	广东	江苏	山东	加总	河南	江西	湖北	陕西	云南	新疆	中西部加总	与东部差距
2005	22 367	18 306	18 516	59 189	10 587	4 057	6 250	3 676	3 473	2 604	30 647	28 542
2006	26 588	21 742	21 900	70 230	12 363	4 821	7 617	4 744	3 988	3 045	36 578	33 652
2007	31 777	26 018	25 776	83 571	15 012	5 800	9 333	5 757	4 773	3 523	44 198	39 373
2008	36 797	30 982	30 933	98 712	18 018	6 971	11 328	7 315	5 692	4 183	53 507	45 205
2009	39 483	34 457	33 869	107 809	19 480	7 655	12 961	8 170	6 169	4 277	58 712	49 097
2010	46 013	41 425	39 169	126 607	23 092	9 451	15 967	10 123	7 224	5 437	71 294	55 313
2011	53 210	49 110	45 362	147 682	26 931	11 703	19 632	12 512	8 893	6 610	86 281	61 401
2012	57 068	54 052	50 013	161 133	29 599	12 949	22 250	14 454	10 309	7 505	97 066	64 067
2013	62 475	59 753	55 230	177 458	32 191	14 410	24 792	16 205	11 832	8 444	107 874	69 584
2014	67 810	65 088	59 427	192 325	34 938	15 715	27 379	17 690	12 815	9 273	117 810	74 515
2015	72 813	70 116	63 002	205 931	37 002	16 724	29 550	18 022	13 619	9 325	124 242	81 689
2016	80 855	77 388	68 024	226 267	40 472	18 499	32 665	19 400	14 788	9 650	135 474	90 793
2017	89 705	85 870	72 634	248 209	44 553	20 006	35 478	21 898	16 376	10 881	149 192	99 017
2018	97 277	92 595	76 469	266 341	48 055	21 985	39 367	24 438	17 881	12 199	163 925	102 416

资料来源：根据 2000—2018 年《中国统计年鉴》整理而得。

以粤港澳大湾区为代表的沿海区域经济一体化的创新，是东部区域经济与“一带一路”融合发展的重要支撑区。得天独厚的地理优势、发达的基础设施、先进制造业和服务业基础、强劲的高科技产业及良好的营商环境无疑是粤港澳大湾区发展的重要优势。如何通过实现区域经济一体化，融入“一带一路”倡议，发挥区域经济发展的示范作用，目前大湾区发展面临的最大难题是规则对接。南沙、横琴、前海三个自由贸易试验区的设立，旨在通过在实验区内进行开放型规则和制度衔接的压力测试，对合作风险进行防控，降低制度建设成本，并促进区域经济融入“一带一路”建设当中，加快“一带一路”全球价值链重构步伐。

当前，中国进入增长速度换挡期、结构调整阵痛期及前期刺激政策消化期“三期叠加”阶段，东部沿海区域进入产业结构优化升级阶段，中西部进入产业及基础设施建设驶入发展快车道，各地区均面临着不同层次的压力，只有加快新一轮的对外开放，融入“一带一路”全球价值链建设中，有助于各区域挖掘出各自高质量发展的新动力。

2. “一带一路”区域经济融合嵌入全球价值链路径

“一带一路”倡议内涵强调发挥国内各区域比较优势，进一步提升开发型经济水平，强调东西联动合作与对沿线国家开发合作的内外平衡格局，以及海上通道与陆上通道互联互通，双向兼顾策略，其本质与国内区域经济融合发展相一致。因此，区域经济融合在嵌入全球价值链的路径选择上，也应遵循开发格局内外平衡、通道建设双向兼顾的发展原则。

1）区域产业互融，实现开发格局的内外平衡

要实现开发格局的内外平衡，绘制内外价值链关联蓝图是关键。目前，中国政府已根据各个区域优势，结合“一带一路”建设区域地缘特征，制订了各种区域发展战略规划，其中包括长三角一体化、粤港澳大湾区、西部大开发、振兴东北老工业基地、推动中部地区崛起等区域经济发展战略。与“一带一路”沿线国家的经济社会发展水平差异一样，这些战略区域之间的发展水平和建设方略也存在生命周期或资源禀赋的差异。换句话说，当“一带一路”倡议在推进各个区域努力对外开放时，却忽视了对国内区域的开发，因此可能出现重复建设或无序竞争情况。只有从细处入手，推进区域间经济和价值链融合，才能设计出“一带一路”全球价值链内外关联蓝图，从而在嵌入全球价值链中全面提升各个区域的产业竞争力，并最终实现“一带一路”开发格局的内外平衡。

2）交通设施互通，实现通道建设的双向兼顾

中国既是陆地大国，也是海洋大国。除了拥有广袤的土地，还拥有绵长的海岸线、辽阔的海域，这有助于中国的海洋经济实现迅速发展。目前，中国作为世界造船大国和航运大国，沿海港口的货物吞吐总量、船舶制造产能均居世界第一，进出口贸易中超过90%通过航运承担。正因如此，中国东部沿海城市在改革开放的影响下，外向型经济发展迅速，经济规模远超中西部地区，交通设施建设无论是在规模上还是在布局上均优于中西部地区，经济要素流动效率也高于中西部地区，从而形成了经济发展的“马太效应”。

“一带一路”倡议区域经济融合发展少不了区域间经济要素的顺畅流通，而在对外物流大通道的基础上，打通国内区域间的交通要道是关键。这既需要由西向东打通内陆连接海路的通道，又需要由东向西打通连接“一带一路”沿线国家的陆路通道，实现通道建设的双向兼顾。对于由西向东打通内陆连接海陆的通道，需要通过加强民航航线、高铁设施及港口快速公路互联互通的基础设施建设，做好主线与支线接驳及交通信息化水平的提升与全区域覆盖。由西向东的道路互通发达，是扩大中欧班列双向货源和加快经济要素流动的根本，也是保障由东向西打通对外陆路通道发挥经济效益的关键，更是“一带一路”区域经济融合嵌入全球价值链的基础条件。

第三节　共建“一带一路”提升中国制造嵌入全球价值链的策略抓手

根据上述分析可判断，中国应深化“一带一路”倡议建设，加强和扩大开放，

提高对外开放水平，而推进“一带一路”的产能合作和提升中国对全球资源的整合能力可能是一个有效的路径选择与政策措施。

一、夯实“一带一路”经济合作基础，提升中国制造嵌入全球价值链的位势

产能合作是“一带一路”倡议中经济合作的主旋律，高效的国际产能合作能推动“一带一路”制造业全球价值链向外延伸，对沿线国家发挥本国优势、嵌入全球价值链、推动社会经济发展有积极作用。同时，通过产能合作，中国制造业能够通过产品输出和产业转移等方式解决产能过剩和资源匮乏问题，不断优化产业结构，实现产业升级，从而提升在全球价值链中的位势。

（一）优化产业布局，创新产能合作方式

“一带一路”产能合作过程是实现优势互补、合作发展的共赢之举。随着“一带一路”产能合作向纵深发展，中国制造业在构建“一带一路”全球价值链过程中应该认识到各个国家的优势和差异，根据自身的行业、产业发展现实，从横向的行业布局到纵向的产业链布局，做到坚持以市场和资源优化配置为导向，合理布局国际市场，只有这样才能真正发挥产业资源整合作用，获得优质资源，成为拥有高端治理话语权的全球价值链的重要参与者。对于以轻工、纺织服装、家电、废品回收为主的传统优势产业，应以资本“走出去”为主；对于以通信设备、电力设备、工程机械、高铁和轨道交通为主的装备制造优势产业，应以技术“走出去”为主，同时带动以钢铁、水泥、电解铝、光伏设备为主的富余产能优势产业产品“走出去”。

在布局过程中可以采用多种合作方式。从行业角度考虑，境外产业园、经贸合作区、海外仓的建设，能利用龙头企业带动，与当地产业实现有效衔接，发挥产业聚集效应，加快嵌入全球产业链的步伐。从企业角度考虑，以轨道交通和基础设施建设为例，技术方面可以采用“建设—移交”（building-transfer，BT）、“建设—运营—移交”（build-operate-transfer，BOT）、“建设—拥有—运营”（build-own-operate，BOO）等方式，在资本方面尝试与公私合营（public-private-partnership，PPP）、融资租赁、并购等多种融资形式结合，探索出一套完整的“建设+融资+运营”合作方式，保障中国企业的技术、资金优势得以充分发挥。

（二）凝聚价值共识，提升政策兼容性

“一带一路”倡议提出的7年，也是沿线各国政策沟通不断深化的7年。中国作为“一带一路”建设的引领者，正努力推动价值链重构，旨在通过构建价值认

同，将不同历史文化和宗教信仰的人们凝聚起来，在“开放民主包容”的政策制定机制基础上进行有效政策沟通，降低各种风险因素的干扰，从而提升政策兼容性，为产能合作营造良好的制度环境。这除了需要加大对海外市场的调研外，还要优化国内政策环境。对于海外市场，既要做到对当地劳工标准、技术标准、商业习惯、环保政策等法律体系有深入的了解，还要做到对当地的人文风俗、价值理念等多方面的隐性表达有充分认识。只有通过全方位、多层面的沟通对话，才能更好地在“共商、共建、共享”的价值认同基础上增进政治互信，协调解决风险分担、利益协调和规则标准对接等问题，顺利推进产能合作，最终嵌入全球价值链。而对于国内制度环境，需要正视目前企业参与国际产能合作的相关体制机制不健全的问题。同时，应建立产能合作的事前、事中和事后监管机制。

（三）打造人才智库，强化国际化经营能力

企业是产能合作的主体，人才是企业经营的灵魂。近年来，中国企业在参与“一带一路”产能合作中遭遇到来自法律、人文、环保等方面的冲突，蒙受不少损失。这归根结底是国际化经营人才的匮乏导致参与全球价值链的竞争力不足。以前，中国企业在海外投资建厂，技术或管理等核心岗位的人才多采用从国内输出的模式，但在国际化经营中经常遇到超越语言之外的跨文化交流的困难，因此这种人才输出模式的可持续性有限。特别是“一带一路”覆盖了多个国家，沿线60多个国家通行着50多种官方语言，聚集了全球几乎所有的宗教类型，这些区域文化特点、意识形态、社会风尚、教育理念、政治结构的多样性为人类创造了许多文明瑰宝，但也成为文明冲突特别是不少国家内部社会冲突的重要根源。因此，只有拥有熟悉目的国当地的法律环境、投融资规则、商业习惯及项目管理方法的人才队伍，才能在错综复杂的投资环境中应对自如。打造人才智库，聚集中外经营管理人才，一方面能够为中国企业参与“一带一路”全球价值链提供智力支持，健全企业内部管理制度，协助企业应对突发事件或新情况；另一方面能够对本国输出的企业经营者或当地聘请的管理者开展针对当地营商环境、经营意识、战略思维等方面的培训，为企业参与“一带一路”价值链注入发展动力，强化其国际化经营能力，全面提升中国制造业在全球价值链的位势。

二、构建中国参与“一带一路”沿线国家制造业全球价值链联动治理的动力机制

传统的全球价值链联动治理的动力机制以生产者和购买者二元驱动模式为主，即由生产者投资来推动市场需求，形成价值链的垂直分工体系，或由拥有强大品牌运营优势和国内销售渠道的采购商来拉动奉行出口导向战略的价值链。无

论是哪种动力机制，都属于单向驱动，研究者仅从单一视角考虑全球价值链联动方向，甚少从合作角度考虑驱动力内涵。

“一带一路”建设的目标是要建立一个政治互信、经济互融、文化互动的利益共同体、命运共同体和责任共同体，构建一个互惠互利的经济发展新局面。传统的单向治理思维已无法适应多元的合作驱动新格局。本书从宏观角度，构建由政治驱动力、社会驱动力、经济驱动力和文化驱动力四个基本动力组成的中国与“一带一路”制造业全球价值链联动治理的动力机制。

（一）价值认同是中国参与“一带一路”沿线国家制造业全球价值链联动治理的政治驱动力

“一带一路”沿线国家和地区大多属于高政治风险区域，加上一些国家内部政局动荡、领导人更替频繁及冲突不时爆发等因素的影响，“一带一路”建设面临着高政治风险导致的社会发展不稳定、经济与贸易发展滞后等问题。此外，一些相邻国家之间有领土、领海争端或者宗教、民族问题，政治环境极其复杂，投资环境较为恶劣。因此，“一带一路”沿线国家或地区政府大多希望通过提升本地区经济和社会发展水平来稳定本国的社会秩序，带领国人走上和平发展的道路。这种政治诉求体现在“一带一路”沿线国家多处在政府主导的治理体系中，各国政府成为推动“一带一路”合作的关键主体，并在政策沟通过程中奉行多边主义、互相尊重、共商共赢、积极对话。

以价值认同为前提的政治驱动力推动的目标是区域合作和发展，手段是政策沟通，这需要构建开放包容民主的制度安排和对话机制，将沟通交流贯穿寻求共识、消除分歧、化解矛盾、谋求发展的全过程，协调解决风险共担、利益共享和规则标准对接等问题，促成沿线地区的战略、决策、政策和规则趋向基本一致，增进政治互信，协力打造命运共同体和利益共同体，为制造业价值链的联动治理创造稳定的政治环境。

（二）城镇化是中国参与“一带一路”沿线国家制造业全球价值链联动治理的社会驱动力

工业化与城镇化是社会发展的重要标志。全球化使整个世界内嵌于全球价值链当中，全球价值链从工业化国家贯穿到新兴工业化国家，再扩展到亚非拉次发达国家。这些国家受到工业化影响，加快了自身经济社会发展及城镇化的进程。但这种城镇化是被动产生而非通过社会自身内在发展实现的，因此，发展过程中往往会出现诸如贫富差距悬殊、管理制度不完善、公共设施匮乏、城市规划混乱及环境破坏等一系列问题和矛盾。“一带一路”沿线是当今世界上最具活力和潜力的区域，聚集了全球超过60%的人口，其中超过一半是城镇人口，如何解决城镇化进程中的矛盾与问题是“一带一路”建设过程中各国合作的关键目标。

城镇化建设过程中首先要解决的是城镇化进程中的要素流动问题。顺畅的要素流动能够提升电网、通信、口岸、建筑等基础设施建设效率，这就需要加快建设“一带一路”物流大通道，实现设施联通，利用中国与“一带一路”沿线国家制造业互补优势，实现区域制造业合作嵌入全球价值链。而要解决的信息、通关、检验、认证、融资等运营管理问题，以及制度对接、执法互助、标准互认、信息服务平台等合作问题，则需要进一步进行政策沟通，并不断加强机制建设与合作。因此，可以说“一带一路”沿线国家城镇化进程是中国与“一带一路”制造业全球价值链联动治理的社会驱动力。

（三）贸易投资合作是中国参与“一带一路”沿线国家制造业全球价值链联动治理的经济驱动力

作为世界经济增长的重要推动因素，促进国际贸易与投资合作是“一带一路”建设的核心任务。近年来，由于贸易保护主义、孤立主义、民粹主义等思潮不断抬头，以传统包括世界贸易组织、国际货币基金组织和世界银行三大经济组织为核心的多边贸易体制受到前所未有的挑战，新的贸易与投资壁垒层见叠出，严重制约着经济全球化背景下全球经济发展步伐。中国与“一带一路”沿线国家及沿线国家之间有着较明显的贸易互补优势，贸易投资自由化能促进不同发展水平的国家发挥自身优势，通过互补贸易和投资合作，寻找本国经济增长点，这是各国参与“一带一路”建设的核心经济利益。为实现贸易投资便利化，中国与全球超过100个国家签署了有关“一带一路”的合作协议或合作备忘录123份①，以期通过这些合作共识的形成，积极营造合作便利化的政策环境。此外，截至2018年底，中国企业与24个沿线国家的政府或机构共建了82个境外经贸合作区，为当地创造了超过24万个就业岗位，累计上缴东道国税收超过24亿美元，为中国企业带来新的投资收益的同时，也使东道国受益，真正实现了互利共赢。在经济增长利益的驱动下，“一带一路”沿线国家，特别是西亚、中亚和中东欧的一些国家与中国签署自贸协定的意愿日益增强，并开始从由政府主导的联合研究入手，积极推动双边谈判的启动，实现交通设施联通，这将加快中国制造业嵌入“一带一路”区域价值链步伐，从而推动区域价值链套嵌全球价值链的发展。

另外，贸易投资将直接接触当地市场，能有效促进产能水平提升和科技进步，有利于中国制造业向创新路径发展，从而推动中国制造业转型升级，并带动制造业与服务业融合，进一步挖掘沿线市场需求，实现贸易畅通后资金融通

① 资料来源：国家发展和改革委员会于2019年11月15日例行新闻发布会公布的数据。

便水到渠成。

（四）人文交流是中国参与“一带一路”制造业全球价值链联动治理的文化驱动力

“一带一路”全球价值链已经超越了传统的由跨国企业引领构成的全球价值链，其联动治理主体已经上升到政府部门甚至国家或地区，在互尊互信基础上进行共商、共建、共享的联动治理。然而，联动治理过程中无可避免地面临多元文化差异造成的文化冲突。因此，人文交流将成为中国参与“一带一路”制造业全球价值链联动治理的文化驱动力，也是中国制造企业“走出去”的潜在动力。这主要表现在中国将成为世界多元文化交流的一个枢纽，作为以实体经济存在的中国制造业可能会成为各种文化交流的实际缓冲区，促使中国制造企业成为“一带一路”沿线各国制造业嵌入全球价值链的首选桥梁，从而推动中国更进一步参与到制造业全球价值链的联动治理中。

综合前文分析，中国参与“一带一路”制造业全球价值链联动治理的动力机制及其运作逻辑结构见图 8-18。

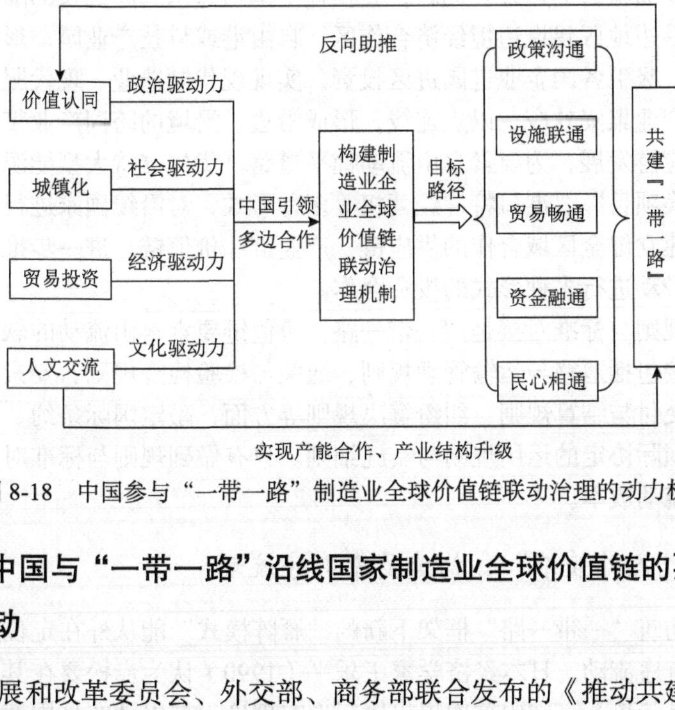

图 8-18　中国参与“一带一路”制造业全球价值链联动治理的动力机制

三、保障中国与“一带一路”沿线国家制造业全球价值链的要素有序自由流动

国家发展和改革委员会、外交部、商务部联合发布的《推动共建丝绸之路经济带和 21 世纪海上丝绸之路的愿景与行动》中明确指出，共建“一带一路”旨在促进经济要素有序自由流动、资源高效配置。该文件还指出“有序自由”体现了

"共商、共建"的规划协调深层含义，突出"高效"折射出了"共享"经济效益的宗旨。在全球化背景下，各国要素的有序自由流动是资源高效配置的基础，而开放型经济国家参与全球价值链首先就是要解决要素"有序流动"和"自由流动"问题，即要素流动既是在协调互补、和谐共生的基础上建立，避免无序竞争和低水平同质发展的"有序流动"，也是在完备的设施、完善的政策保障下实现的"自由流动"。只有各国参与全球价值链的经济要素实现了真正意义上的有序自由流动，中国与"一带一路"制造业全球价值链的重构才能顺利进行，中国制造业参与全球价值链的位势向高端转移才能真正实现。

（一）"软硬兼施"，铺设要素自由流动通道

首先，基础设施互联互通是"一带一路"全球价值链要素自由流动的硬件基础。"一带一路"基础设施建设就是要推进陆上大通道，加快海空两路港口建设，完善油、电、信息建设，建设成一条集港口、铁道、公路、空港、油气管道、网信等于一体的立体的、多维的通道。具体而言，就是要加快包括边境口岸设施和交通枢纽城市基础设施项目、跨境物流通道扩容项目，以及与沿线国家的交通及油、电、网联通项目的建设。同时，要发挥中国与邻国之间绵长的陆、海边境线的优势，在沿边地区建设边境经济合作区、自由港或科技产业园，形成实验区或特色产业园，吸引各国企业进园进区投资，实现现代制造业、现代服务业、现代农业等相关产业聚集效应，以点连线，形成沿边、沿境的跨国产业带，推进区域产业链及供应链发展，为要素自由流动铺平道路。优先支持大型能源和基建企业通过"资源换项目"、港口特许经营权等多种形式，对沿线国家进行海外投资与运营，逐步建立健全区域合作的供应链、产业链和价值链，进一步推动跨境产业园区建设，带动进行多种形式的投资合作。

其次，规则与标准对接是"一带一路"价值链要素自由流动的软件保障。规则与标准对接包括道路与运输管理规则、通关与检验检疫规则、要素检测与技术标准、货物交付与结算规则、纠纷解决规则等方面，敲定国际条约、国际惯例、国际公约、国际协定的运用规则与实施细则。只有做到规则与标准对接，要素流动才能降低流动成本。

（二）"内外兼修"，构建要素有序流动

首先，构筑"一带一路"框架下新的"雁阵模式"能从外在定位上控制价值链要素依次有序流动。日本经济学家王乐平（1990）认为赤松要在其《我国羊毛工业品的贸易趋势》一文中首次提出雁行形态理论，其以"产品周期理论"为基础，解释工业发展水平不同的东亚各国，由于其产业所处的阶段各异，在各国制

造业之间形成了一个“雁阵模式”。一般认为，拥有先进的技术密集与高附加值产业结构的国家会占据雁阵分工体系的“头雁”位置，新兴工业化经济体拥有资本密集型产业则处于雁阵两侧第二梯度位置，而以提供原材料及技术含量低的劳动密集型产业为主的欠发达地区则处于“尾雁”位置。中国制造业在与“一带一路”沿线国家进行产能合作过程中，根据各国劳动力成本和自然资源禀赋的相对优势，对沿线雁阵两侧及尾端的发展中国家要素流动遵循第二梯度与第三梯度分工体系定位，避免重复或交叉流动。

其次，推进数字网络建设能从内在技术上控制各国经济要素有序流动。随着信息科技的高速发展，物联网已成为人类社会进入“智慧时代”的标志。通过信息交换和通信，人、机、物能在任何时间、任何地点实现互联互通。物联网通信技术的推广和应用，能确保“一带一路”建设过程中各国经济要素能根据实际需求互通有无，避免信息不透明导致的无序竞争。中国在通信、大数据、云计算及人工智能方面的技术优势是加速“一带一路”物联网建设的基础，如何发挥中国在数据资源管理、数据资产运营、大数据应用平台开发技术优势，依托交通枢纽城市的陆港、空港优势，与沿线国家深化数据采集、归类、分析、交易、应用等全方位战略合作，共建“一带一路”数据港，推进数字丝绸之路建设，是从内在技术层面对经济要素有序流动的有力保障。

参 考 文 献

宾建成. 2011. 欧美“再工业化”趋势分析及政策建议[J]. 国际贸易, (2): 23-25.
曹如中, 郭华, 李丹. 2013. 合作竞争环境下企业竞争情报战略联盟研究[J]. 情报理论与实践, (3): 6-10.
查日升. 2015.中国参与全球经济治理模式研究——基于全球价值链治理视角[J]. 宏观经济研究, (5): 9-17.
陈佳贵, 黄群慧, 钟宏武. 2006. 中国地区工业化进程的综合评价和特征分析[J]. 经济研究, (6): 4-15.
陈万灵, 何传添. 2014.海上丝绸之路的各方博弈及其经贸定位[J]. 改革, (3): 74-83.
陈伟光, 黄亮雄, 程永林, 等. 2017. “一带一路”经济学创立及其诸多向度[J]. 改革, (2): 5-16.
陈文慧. 2009. 中国与东盟国家产业结构现状分析[J]. 东南亚纵横, (11): 93-97.
陈晓亮, 韩永辉, 邹建华. 2011. 全球化背景下美国“资产经济”模式与世界经济不平衡[J]. 经济学家, (8): 96-104.
戴翔. 2015. 服务业“两化”趋势与我国服务出口复杂度的提升战略[J]. 国际贸易, (5): 60-66.
高峰. 2017. 中欧班列存在哪些不足和欠缺?[J]. 上海企业, (3): 46-47.
郭宏宇, 竺彩华. 2014. 中国—东盟基础设施互联互通建设面临的问题与对策[J]. 国际经济合作, (8): 26-31.
郭进, 杨建文. 2014a. 美国再工业化的战略实施对中国制造业出口的影响[J]. 对外经贸实务, (2): 9-12.
郭进, 杨建文. 2014b. 美国再工业化战略对中国产业发展的影响及对策[J]. 经济问题探索, (4): 139-144.
过文英, 胡凯, 姚宝. 2016. 德国概况[M]. 上海:上海外语教育出版社.
韩永辉, 罗晓斐, 邹建华. 2015. 中国与西亚地区贸易合作的竞争性和互补性研究——以“一带一路”战略为背景[J]. 世界经济研究, (3): 89-98, 129.
胡再勇, 付韶军, 张璐超. 2019. “一带一路”沿线国家基础设施的国际贸易效应研究[J].数量经济技术经济研究, (2): 24-44.
黄亮雄, 安苑, 刘淑琳. 2013.中国的产业结构调整: 基于三个维度的测算[J]. 中国工业经济, (10): 70-82.
黄凌云, 刘冬冬, 谢会强. 2018.对外投资和引进外资的双向协调发展研究[J]. 中国工业经济, (3): 80-97.
黄群慧. 2018-08-17.推动我国制造业高质量发展[N]. 人民日报, (07).
黄先海, 余骁. 2017. 以“一带一路”建设重塑全球价值链[J]. 经济学家, (3): 32-39.
贾少学. 2015. “一带一路”科技人文交流趋势研究[J]. 科学管理研究, (6): 9-12.
蒋冠宏. 2017. 中国企业对“一带一路”沿线国家市场的进入策略[J]. 中国工业经济, (9): 119-136.
蒋希蘅,程国强. 2014. “一带一路”研究若干观点要览——对近期国内学术研究、国外研讨会观点的调研报告[R]. 国务院发展研究中心, (10).
今井贤一. 1986. 日本的信息产业政策[J]. 科技导报, (1): 16-19, 26.
金碚, 吕铁, 邓洲. 2011.中国工业结构转型升级: 进展、问题与趋势[J]. 中国工业经济, (2): 5-15.
金玲. 2015. “一带一路”: 中国的马歇尔计划? [J]. 国际问题研究, (1): 88-99.
康乔娜. 2019-3-23. 襄西欧国际货运班列首发[N]. 西安晚报, (01).
雷鸣. 2006. 商会和行业协会在日本经济高速增长过程中的作用[J]. 现代日本经济, (4): 6-10.
李兵, 颜晓晨. 2018. 中国与“一带一路”沿线国家双边贸易的新比较优势——公共安全的视角[J]. 经济研究, (1) : 183-197.
李大元, 王昶, 姚海琳. 2011.发达国家再工业化及对我国转变经济发展方式的启示[J]. 现代经济探讨, (8): 23-27.
李敬, 陈容, 付陈梅. 2016. 中俄印新四国货物贸易特征及比较优势分析[J]. 管理世界, (10): 174-175.
李克强. 2015. 政府工作报告——2015 年 3 月 5 日在第十二届全国人民代表大会第三次会议上[EB/OL]. http://www.gov.cn/guowuyuan/2015-03/16/content_2835101.htm[2020-07-25].
李克强.2017.李克强主持召开国务院常务会议 部署创建“中国制造2025”国家级示范区[EB/OL]. http://www.xinhuanet.com/politics/2017-07/19/c_1121347333.htm[2020-07-25].
李焱, 吕品, 黄庆波. 2018. 中国汽车产业在全球价值链中的地位——基于Koopman的地位指数和 Fally 的长度指数分析[J]. 国际贸易问题, (4): 24-35.
连玉君. 2009.中国上市公司投资效率研究[M].北京:经济管理出版社.
林民旺. 2015. 印度对“一带一路”的认知及中国的政策选择[J]. 世界经济与政治, (5): 42-57, 157-158.
刘仕国, 吴海英. 2013. 全球价值链和增加值贸易: 经济影响、政策启示和统计挑战[J]. 国际经济评论, (4): 86-96, 6.
刘伟, 张辉, 黄泽华. 2008. 中国产业结构高度与工业化进程和地区差异的考察[J].经济学动态, (11): 4-8.
刘卫东. 2015. “一带一路”战略的科学内涵与科学问题[J]. 地理科学进展, (5): 538-544.
刘志彪, 吴福象. 2018. “一带一路”倡议下全球价值链的双重嵌入[J]. 中国社会科学, (8):17-32.
刘志彪, 张杰. 2007. 全球代工体系下发展中国家俘获型网络的形成、突破与对策——基于 GVC 与 NVC 的比较视角[J].中国工业经济, (5): 39-47.
刘志彪, 张杰. 2009. 我国本土制造业企业出口决定因素的实证分析[J]. 经济研究, (8): 99-112, 159.
刘志彪. 2011. 重构国家价值链: 转变中国制造业发展方式的思考[J]. 世界经济与政治论坛, (4): 1-14.
卢锋, 李昕, 李双双, 等. 2015. 为什么是中国?——“一带一路”的经济逻辑[J]. 国际经济评论, (3): 9-34, 4.
马佳羽, 韩兆洲. 2018. 中国对“一带一路”沿线国家出口持续期及影响因素研究[J]. 统计研究, (6): 31-42.
马晓河. 2014. 结构转型、困境摆脱与我国制造业的战略选择[J]. 改革, (12): 22-34.
潘辉, 唐海燕, 唐东波, 等. 2018. 美国制造业回归对上海发展先进制造业的影响及对策[J]. 科学发展, (9): 74-83.

齐东平. 2005. 中间性组织的必要性及其组织功能[J]. 中国工业经济, (3): 22-28.
邱斌、叶龙凤、孙少勤. 2012. 参与全球生产网络对我国制造业价值链提升影响的实证研究——基于出口复杂度的分析[J]. 中国工业经济, (1): 57-67.
商务部新闻办公室. 2018.【2018 年商务工作年终综述之三】“一带一路”经贸合作成效显著[EB/OL]. http://www.mofcom.gov.cn/article/ae/ai/201812/20181202820669.shtml[2019-05-20].
尚涛. 2010. 我国创意产业国际贸易结构与竞争力演进分析[J]. 财贸经济, (8): 83-90.
申现杰, 肖金成. 2014. 国际区域经济合作新形势与我国“一带一路”合作战略[J]. 宏观经济研究, (11): 30-38.
盛斌, 黎峰. 2016. “一带一路”倡议的国际政治经济分析[J]. 南开学报(哲学社会科学版), (1): 52-64.
盛世豪. 2008. 经济转型与发展方式转变: 主要特征与政策取向[J]. 商业经济与管理, (7): 68-75.
施炳展. 2010.中国出口产品的国际分工地位研究——基于产品内分工的视角[J]. 世界经济研究, (1): 56-62, 88-89.
施国庆, 周君璧. 2018.“一带一路”倡议下行业社会评价指标研究[J]. 广西社会科学, (3): 151-156.
施国庆. 2017. “一带一路”: 中国社会学发展新空间[J]. 清华社会学评论, (1): 199-205.
史智宇. 2003. 出口相似度与贸易竞争: 中国与东盟的比较研究[J]. 财贸经济, (9): 53-57, 97.
宋豪新. 2019-06-09. 铁轨铺展新蜀道[N]. 人民日报, (06) .
推进“一带一路”建设工作领导小组办公室. 2019-4-23. 共建“一带一路”倡议: 进展、贡献与展望[N].人民日报海外版, (03).
王贵国, 李鋈麟, 梁美芬. 2016. “一带一路”的国际法律视野: 香港 2015“一带一路”国际论坛文集[M]// “一带一路”的国际法律视野: 香港 2015“一带一路”国际论坛文集. 杭州: 浙江大学出版社.
王海运, 赵常庆, 李建民, 等. 2014.“丝绸之路经济带”构想的背景、潜在挑战和未来走势[J]. 欧亚经济, (4): 5-58, 126.
王金波. 2014. 全球价值链的发展趋势与中国的应对[J]. 国外理论动态, (12): 34-39.
王京烈. 2014. 共建“丝绸之路经济带”的机遇及中国中东战略[J]. 阿拉伯世界研究, (3): 16-31.
王开田, 胡晓明. 2006. 中国会计国际化与国际会计中国化的文化思考[J]. 会计研究, (7): 72-76.
王克岭, 罗斌, 吴东, 等. 2013.全球价值链治理模式演进的影响因素研究[J]. 产业经济研究, (4): 14-20, 58.
王乐平. 1990. 赤松要及其经济理论[J]. 日本问题. (3):117-126.
王勤. 2011. 中国-东盟经济关系 20 年: 回顾与展望[J]. 南洋问题研究, (4): 20-26.
王勤. 2014. 东南亚国家产业结构的演进及其特征[J]. 南洋问题研究, (3): 1-9.
王恕立, 吴楚豪. 2018. “一带一路”倡议下中国的国际分工地位——基于价值链视角的投入产出分析[J]. 财经研究, (8): 18-30.
王庭东. 2013. 新科技革命、美欧“再工业化”与中国要素集聚模式嬗变[J]. 世界经济研究, (6): 3-8, 87.
王亚军. 2018. “一带一路”国际公共产品的潜在风险及其韧性治理策略[J]. 管理世界, (9): 58-66.
王展祥, 王秋石, 李国民. 2010. 发达国家去工业化与再工业化问题探析[J]. 现代经济探讨, (10): 38-42.

王正军, 任天书. 2008. 中间性组织相关研究综述[J]. 商业时代, (35): 12-13.
魏龙, 王磊. 2016. 从嵌入全球价值链到主导区域价值链——“一带一路”战略的经济可行性分析[J]. 国际贸易问题, (5): 104-115.
吴碧林, 眭鸿明. 2007. 行业协会的功能及其法治价值[J]. 江海学刊, (6): 196-200, 239.
吴福象, 段巍. 2017. 国际产能合作与重塑中国经济地理[J]. 中国社会科学, (2): 45-64, 206.
吴家曦, 李华燊. 2009. 浙江省中小企业转型升级调查报告[J]. 管理世界, (8): 1-5, 9.
吴建南, 杨若愚, 郑长旭. 2015.中国与发达国家及“一带一路”国家科技合作态势对比分析[J]. 情报杂志, (11): 79-83.
吴建新, 刘德学. 2007. 全球价值链治理研究综述[J]. 国际经贸探索, (8): 9-14.
吴敬琏. 2013. 中国增长模式抉择[M]. 上海: 上海远东出版社.
吴正刚, 韩玉启, 朱慧明. 2005. 模块化企业群共同演进研究[J]. 管理评论, (12): 49-53, 64.
习近平. 2018a. 习近平集体会见博鳌亚洲论坛现任和候任理事[EB/OL]. http://www.xinhuanet.com/politics/2018-04/11/c_1122666235.htm[2020-07-25].
习近平. 2018b. 习近平致 2018 世界人工智能大会的贺信[EB/OL]. http://www.gov.cn/xinwen/2018-09/17/content_5322692.htm[2020-07-25].
习近平. 2019. 习近平在第二届“一带一路”国际合作高峰论坛记者会上的讲话[EB/OL]. http://www.xinhuanet.com/2019-04/27/c_1124425067. htm[2020-07-25].
习近平.2017.决胜全面建成小康社会 夺取新时代中国特色社会主义伟大胜利——在中国共产党第十九次全国代表大会上的报告[M]. 北京: 人民出版社.
夏先良. 2015. 构筑“一带一路”国际产能合作体制机制与政策体系[J]. 国际贸易, (11): 26-33.
熊宇. 2011. 承接生产者服务业外包对制造业升级的促进——基于全球价值链视角[J]. 国际经贸探索, (5): 4-10.
徐梁. 2016. 基于中国与“一带一路”国家比较优势的动态分析[J]. 管理世界, (2): 170-171.
徐亮. 2015. 美国对“一带一路”倡议的认知分类与反应策略[J]. 学理论, (32): 15-16.
许家云, 周绍杰, 胡鞍钢. 2017. 制度距离、相邻效应与双边贸易——基于“一带一路”国家空间面板模型的实证分析[J]. 财经研究, (1): 75-85.
许统生, 梁肖. 2016. 中国加总贸易成本的测算及对制造业出口结构的影响[J]. 财贸经济, (3): 123-137.
严建援, 颜承捷, 秦凡. 2003. 企业战略联盟的动机、形态及其绩效的研究综述[J]. 南开学报, (6): 83-91.
杨桂菊, 刘善海. 2013. 从 OEM 到 OBM: 战略创业视角的代工企业转型升级——基于比亚迪的探索性案例研究[J]. 科学学研究, (2): 240-249.
姚兰. 2013. 2012 年欧盟对华召回通报达近年新高[J]. 纺织服装周刊, (6): 15.
叶林, 余江. 2014.中国工业化的进展、新情况和成功实现[J].武汉大学学报(哲学社会科学版), (2): 117-125.
余娟娟. 2014. 全球价值链分工下中国出口技术结构的演进机理与路径[J]. 产业经济研究, (6): 31-40.
余永庆. 2018. 社会治理创新中的商会作用探讨[J]. 中国商论, (16): 172-173.
俞荣建. 2010. 基于全球价值链治理的长三角本土代工企业升级机理研究[M]. 杭州: 浙江大学出版社.

约瑟夫 · E. 斯蒂格利茨，沙希德 •尤素福. 2013. 东亚奇迹的反思[M]. 北京：中国人民大学出版社.
岳中刚，刘志彪. 2011. 基于渠道控制的国内价值链构建模式分析：以苏宁电器为例[J]. 商业经济与管理，(6): 5-12.
张超，张晓明. 2017. “一带一路”战略的国际争端解决机制研究[J]. 南洋问题研究，(2): 24-34.
张二震，戴翔. 2016. 全球价值链演进与提升我国外贸竞争力[J]. 中国国情国力，(8): 25-28.
张晓晶，李成. 2014. 美国制造业回归的真相和中国的应对[J]. 求是，(12): 28-30.
张谊浩，王胜英. 2004. 国际贸易与对外直接投资相互关系的实证分析——基于我国数据的 Granger 非因果检验[J].国际贸易问题，(1): 71-75, 80.
张咏华. 2015. 制造业全球价值链及其动态演变——基于国际产业关联的研究[J]. 世界经济研究，(6): 61-70, 128.
张原. 2018. 中国对“一带一路”援助及投资的减贫效应——“授人以鱼”还是“授人以渔”[J]. 财贸经济，(12): 112-125.
赵永亮. 2012. 国内贸易的壁垒因素与边界效应——自然分割和政策壁垒[J].南方经济，(3): 13-22, 36.
中国科学院可持续发展战略研究组. 2015. 2015 中国可持续发展报告：重塑生态环境治理体系[M]. 北京：科学出版社.
中马钦州产业园管委会. 2019-05-24. 建设中的中马钦州产业园区[N]. 人民日报，(15) .
周亚敏. 2018. “一带一路”：中国的全球价值链治理方案[J]. 中国发展观察，(5): 22-23.
诸竹君，黄先海，宋学印. 2016. 中国企业对外直接投资促进了加成率提升吗？[J]. 数量经济技术经济研究，(6): 77-93.
庄灵辉. 2018-12-13. 中欧班列已累计开行超过 12000 列[N]，成都商报，(05).
卓越，张珉. 2008. 全球价值链中的收益分配与“悲惨增长”——基于中国纺织服装业的分析[J]. 中国工业经济，(7): 131-140.
Azadegan A, Wagner S W. 2011.Industrial upgrading, exploitative innovations and explorative innovations[J]. International Journal of Production Economics, 130(1): 54-65.
Bazan L, Navas-Alemán L. 2003.Upgrading in global and national value chains: recent challenges and opportunities for the sinos valley footwear cluster, brazil[EB/OL] http://ecoxs02.eco.unipmn.it/eventi/eadi/papers/bazannavasaleman.pdf[2018-12-20].
Figueiredo P N. 2008.Industrial policy changes and firm-level technological capability development: Evidence from Northern Brazil[J]. World Development, 36(1): 55-88.
Finger J M, Kreinin M E. 1979.Measure of export similarity and its possible uses[J]. Economic Journal, (89): 905-912.
Gereffi G, Humphrey J, Sturgeon T. 2005.The governance of global value chains[J]. Review of International Political Economy, 12(1): 78-104.
Gereffi G. 1999. International trade and industrial upgrading in the apparel commodity chain[J]. International Journal of Production Economics,48(1) : 37-70.
Gereffi G. 2001.Beyond the producer-driven/buyer-driven dichotomy the evolution of global value chains in the Internet Era[J]. Ids Bulletin, 32(3): 30-40.
Gereffi G.2018.Global value chains and development redefining the contours of 21st century

capitalism[M]. Cambridge :Cambridge University Press: 117.

Gereffi G, Humphrey J, Sturgeon T. 2005.The governance of global value chains[J]. Review of International Political Economy, 12(1): 78-104.

Gibbon P, Ponte S. 2008.Global value chains: from governance to governmentality? [J]. Economy & Society, 37(3): 365-392.

Glick R, Rose A K. 1999. The asian financial crisis: Contagion and trade: Why are currency crises regional?[J]. Journal of International Money and Finance, 18(4), 1-617.

Group W B, IDE-JETRO, OECD, et al. 2017.Global value chain development report 2017[R]. World Bank Publications:1-252.

Hummels D, Ishii J, Yi K. 2001.The nature and growth of vertical specialization in world trade[J]. Journal of International Economics, (54): 75-96.

Humphrey J, Schmitz H. 2000. Governance and upgrading: Linking industrial cluster and global value chain research[EB/OL] https://www.researchgate.net/publication/320809220_Governance_and_Upgrading_Linking_Industrial_Cluster_and_Global_Value_Chain_Research[2020-07-25].

Kaplinsky R, Morris M, Readman J. 2002.The globalization of product markets and immiserizing growth: Lessons from the South African furniture industry[J]. World Development, 30(7): 1159-1177.

Kaplinsky R. 2000.Globalisation and unequalisation: What can be learned from value chain analysis? [J]. Journal of Development Studies, 37(2): 117-146.

Kogut B. 1985. Designing global strategies: Comparative and competitive value-added chains[J]. Sloan Management Review, (26): 15-28.

Koopman, R , Powers W, Wang Z et al. 2010. Give credit where credit is due: tracing value added in global production chains[J]. SSRN Electronic Journal, 123(7):1-58.

Krugman P R.1995. The growing world trade: Causes and consequences[J]. Bookings Papers on Economic Actibity , (1): 327-377.

Paul K, Venables A J. 1995. Globalization and the inequality of nations[J]. The Quarterly Journal of Economics , 110(4): 857-880.

Perrow C.1986. Complex Organizations-A Critical Essay[M]. New York: McGraw-Hill.

Ponte S, Gibbon P. 2005. Quality standards, conventions and the governance of global value chains[J]. Economy & Society, 34(1): 1-31.

Porter M E. 1985. Competitive advantage: Creating and sustaining superior performance[M]. New York: Free Press.

Raphael K. 2004. Spreading the gains from globalization: What can be learned from value-chain analysis? [J]. Problems of Economic Transition, 47(2): 74-115.

Schmitz H, Knorringa P. 2000. Learning from global buyers [J]. The Journal of Development Studies, 37(2): 177-205.